JN233916

経済学概論

武野秀樹・新谷正彦・駄田井正・細江守紀◆編

はしがき

　本書は経済学にはじめて接する諸君のために書かれたものである．経済は多様な生き物である．大学の新入生にとって，経済はなにを意味するであろうか．たとえば，アルバイトをすることによってはじめて実社会を知るということから，どこで働けばいくらもらえる，どのような職場があるのかとか，上司の存在をはじめて気にしだすとかであろうか．そんなことより，自分の将来に思いをはせ，卒業後に景気はどうなっているかを考える．あるいは，環境が気になり経済と両立するのであろうかと思案する．現在，日本経済はバブルの崩壊後の失われた10年とやらで国内だけでなく，海外からもさまざまな悲観的な見方がでている．たしかに周りを見渡すと自信喪失した口調で日本経済の現状を説明し，また経済に対する政府の失政を厳しく糾弾する人びとがいる．たいていの場合，あたらずとも遠からずで，100パーセント間違った主張ではない．経済は生き物であり，多くの側面をもっている．新入生にとって実感する経済を語ることはいわば巨象のしっぽをさわって耳をさわってその部分について話していることになるかもしれない．確かに，経済を知るということは大変重要なことであり，また，難しいことである．本書は若い読者にそうした経済を知るためにどのような方法で理解し，どのようなものとして経済をみることができるかということを示すために書かれている．したがって，入門レベルの解説のなかに日本経済の多くの問題，データがちりばめられており，経済とはなにかということを，その多様な生き物を理解するための装置として記述されている．

　なお，本書は経済・経営系の大学生が入学して基礎から経済学の体系的な知識を習得して基本的な経済問題に対する理解をもって実社会に出ていくためのテキストシリーズの1つとして書かれている．本書はその体系の最初の入門テ

キストであり，その意味で，大きな役割をもっている．経済学のあらゆる分野は基本的にミクロ的視点とマクロ的視点をもっている．ミクロ的視点は個別の経済主体の行動に関するものであり，マクロ的視点はそれらの経済主体の総体の動きを明らかにするためのものである．本書の前半，第1章から第7章まではミクロ的視点から，後半，第8章から第14章まではマクロ的視点から書かれたものである．ただ，注意しなければならないことは，ある課題を追求する場合には両者の視点を統合していかなければ本当の理解はできないということである．本書では一応，ミクロとマクロに分けた構成となっているが，必要な場合には同一の課題をそれぞれ扱っている．たとえば，財政問題，雇用問題，環境問題，貿易問題などはそうである．その意味で複眼的視野をもって経済学および経済を学んでもらいたいのである．このテキストシリーズは1・2年生対象のテキストとして『経済学概論』，『経済数学』，『情報解析と経済』が提供される．経済学を学ぶためのいわばエコノミックリテラシーの修得を目的としている．これらをスタートとして『ミクロ経済学』，『マクロ経済学』，『財政』，『金融』などの基本科目に対応するテキストが用意されている．またそれらの修得をもとにしてさらに3・4年生対象のテキストが刊行予定である（このうち『現代ミクロ経済学』，『現代マクロ経済学』は既刊）．詳しい体系は本書の末尾に示されている．本書がこのテキストシリーズでの基礎テキストとして十分な役割を果たし，読者に対して経済学の世界に対する親切な水先案内人になることを願っている．

　本書を刊行するにあたって，西日本理論経済学会および会員の方々からさまざまなサポートをいただいた．また，論文の整理などにあたっては九州大学大学院の川崎晃央氏，円能寺誠氏の手助けをいただいた．このことが両氏の今後の研究への有益な示唆となったとすれば望外の喜びである．なお，本書の編集にあたって多大なお世話になった勁草書房の宮本詳三氏に感謝申し上げたい．

　平成14年12月8日

武野　秀樹
新谷　正彦
駄田井　正
細江　守紀

執筆者紹介

細江 守紀（九州大学大学院経済学研究院教授）（序章，第1章補論）

新谷 正彦（西南学院大学経済学部教授）（第1章）

池田 康弘（熊本大学法学部助教授）（第2章）

福澤 勝彦（長崎大学経済学部教授）（第3章）

有馬 弥重（長崎県立大学経済学部講師）（第4章）

佐藤 秀樹（九州産業大学経済学部助教授）（第5章）

三浦 功（九州大学大学院経済学研究院助教授）（第6章）

緒方 隆（九州国際大学国際商学部教授）（第7章）

武野 秀樹（兵庫大学経済情報学部教授）（第8章）

久保 和華（宮崎公立大学人文学部専任講師）（第9章）

前田 純一（広島修道大学経済科学部教授）（第10章）

長島 正治（埼玉大学経済学部助教授）（第11章）

金尾 敏寛（阪南大学教授）（第12章）

板倉 理友（日本文理大学商経学部助教授）（第13章）

駄田井 正（久留米大学経済学部教授）（第14章）

目　　次

はしがき

序　章　経済学の課題 …………………………………………………………3
　0.1　経済学とはなにか　3
　0.2　市場メカニズム　5
　0.3　ミクロ経済学とマクロ経済学　6
　0.4　戦後日本経済の発展　7
　0.5　日本経済の直面する問題1　9
　0.6　日本経済の直面する問題2　10

第1部　ミクロ経済学を学ぶ

第1章　消費者の行動と需要 …………………………………………………13
　1.1　需　　要　13
　1.2　需要の増加と需要量の増加　15
　1.3　需要の特性　16
　1.4　需要の価格弾力性と売上高　21
　1.5　需要の諸側面　24
　1.6　100円バスの経済学　27

補　論　選好と消費 …………………………………………………………30
　1　消費の選好と無差別曲線　30
　2　消費需要の決定　34

第2章　生産者の行動と供給 …… 37
- 2.1　生産活動　37
- 2.2　等量曲線と費用最小化　39
- 2.3　短期費用関数と利潤最大化　41
- 2.4　生産の決定　43
- 2.5　長期費用曲線　45

第3章　労働の供給と需要 …… 49
- 3.1　はじめに　49
- 3.2　労働の特性について　49
- 3.3　労働供給の特徴　54
- 3.4　労働需要の決定　59
- 3.5　企業人事について　62
- 3.6　少子化問題　68

第4章　市場の役割と評価 …… 74
- 4.1　はじめに　74
- 4.2　市場の働き　74
- 4.3　余　剰　80
- 4.4　市場取引の効率性　86
- 4.5　貿易の利益とはなにか　90

第5章　市場の失敗 …… 94
- 5.1　はじめに　94
- 5.2　外　部　性　95
- 5.3　公　共　財　100
- 5.4　費用逓減　106

第6章 産業と規制 …………………………………………………… 111
- 6.1 不完全競争の問題 111
- 6.2 規模の経済とはなにか 114
- 6.3 規制の必要性と規制の問題点 117
- 6.4 ネットワーク産業のあり方 121
- 6.5 知的財産権の確立に向けて 124

第7章 環境を考える …………………………………………………… 129
- 7.1 環境問題とはなにか 129
- 7.2 環境問題はなぜ発生するか 130
- 7.3 経済的解決法を考える 131
- 7.4 今後の課題 149

第2部 マクロ経済学を学ぶ

第8章 経済循環と国民所得 …………………………………………… 155
- 8.1 経済循環と国民経済計算 155
- 8.2 経済循環の表示方法 159
- 8.3 国民勘定システム 163
- 8.4 日本経済のフロー構造 166

第9章 国民所得の決定 ………………………………………………… 174
- 9.1 はじめに 174
- 9.2 消費需要の説明 174
- 9.3 投資需要の説明 177
- 9.4 国民所得の決定 178
- 9.5 乗数効果とは何か 181
- 9.6 投資需要と IS 曲線 185

第10章 財政とマクロ経済 …………………………………… 188

- **10.1** 日本の財政　188
- **10.2** 財政のマクロ的役割　195
- **10.3** 財政赤字の意味　197
- **10.4** 税制のあり方　201

第11章 国際取引のマクロ経済 ……………………………… 207

- **11.1** はじめに　207
- **11.2** 国際取引と国際収支　207
- **11.3** 国際収支表の項目　209
- **11.4** 生産物市場の均衡と双子赤字　212
- **11.5** 開放経済体系と乗数　213
- **11.6** 国際取引と外国為替　218
- **11.7** 為替相場　220
- **11.8** 名目為替レートと実質為替レート　222
- **11.9** 国際金融資本取引　224
- **11.10** タイ経済の経験　226

第12章 マネーの役割 ……………………………………… 230

- **12.1** マネーサプライとはなにか　230
- **12.2** 貨幣需要と利子率　232
- **12.3** 日本銀行　240
- **12.4** 不良債権問題　247

第13章 物価と失業 ………………………………………… 252

- **13.1** 物価をどのように測定するか　252
- **13.2** 物価の変動とマクロ経済　255
- **13.3** デフレスパイラルとはなにか　264
- **13.4** 失業の発生と雇用政策　267
- **13.5** 日本の雇用の今後　271

第14章 経済成長 …………………………………………………………274
  14.1 日本の経済成長　274
  14.2 経済成長の要因　275
  14.3 経済成長の理論　281
  14.4 環境と経済成長　286
  14.5 アジアの成長をめぐって　289

索　引 ……………………………………………………………………293

経済学概論

序章　経済学の課題

0.1　経済学とはなにか

　経済学の第1の課題は資源配分の問題である．ここでいう資源配分の問題とは2つの意味をもっている．まず，現在の経済社会において実際に社会の有する資源がどのように配分されているかという問題，すなわち，実証に関する問題を意味する．それと同時に，われわれの利用できる資源をどのように配分すべきか，どのように配分するのが望ましいかという，規範性を追求する問題をも意味する．前者の問題を追求する経済学を実証的経済学（positive economics）といい，後者の問題を規範的経済学（normative economics）という．実証的経済学では経済の運行メカニズムを把握するとともにその展開の論理を追求していくものである．経済学はこの実証性と規範性を同時に追い求める学問である．

　さて，資源配分という場合の資源とはどういうものであろうか．資源といっても分析の対象によっていろいろの意味をもつ．たとえば，地球上の限りある資源としての天然資源の利用のあり方を探るという場合もあるが，人材という資源がいかに活用されているかを検討するという場合もあろう．あるいは，時間という資源がいかに配分されているかという問題も考えられよう．通常，経済学で取り扱う資源とは

$$\left\{\begin{array}{l}労働\\資本\\土地\end{array}\right.$$

という生産に有用な資源を意味し，必ずしも天然資源や再生産不可能資源だけ

を意味していない．資源の1つとしての労働は，特定の個人の労働時間として考えるならば，労働時間の決定問題にかかわりをもつことになる．その場合考えなければならないのは労働しない時間との関係である．この時間を余暇時間というとすれば，余暇と労働とに時間を配分する仕方が問題となるのである．これに対して，一国全体の失業問題などを取り扱うのはまさに労働者の有効な配分の問題である．失業者の多くの群れに直面しては誰しも経済の運営の失敗を痛感せざるをえないであろう．これに対して，資本は技術を体化した生産設備のことで，資本の蓄積は経済の成長に重要な役割を果たす．また，資本がどのような産業分野に蓄積されているかは一国の経済発展の特徴を物語ることになるであろう．さらに，土地は農業など第1次産業における生産的投入物として不可欠なものであり，また，工場，オフィス，あるいは空港などインフラ建設のために利用される．とくに，日本での地価対策がしばしば議論されるが，これはまさに土地という資源の有効利用の問題である．

　経済学でこのような資源の配分問題を第1に考える必要があるのは資源の希少性に起因する．資源の希少性とは，われわれが使用したい資源の量は実際に使用可能の資源の量よりはるかに多い状況にある場合を指す．なるほど，われわれの経済においては需要と供給というものがあって，ある市場では供給が需要より多いという意味で供給過剰という事態が起こるが，これはここでいう希少性の問題と異なる．市場での供給過剰や需要過剰というのは価格に対応したものであり，われわれのいう希少性は本源的な不足を指すのであって，いわば，価格ゼロのときに必要量（欲求量）が存在量より多い場合を問題にするのである．こうした希少性に直面してわれわれ人類はこれまで多くの方法でほとんど無意識な形でその解決を図ってきた．暴力や略奪がその希少性に対する解決方法であった時代もあったし，権威の序列に従って配分されてきた時代もあった．現在は市場メカニズムというルールのもとにその希少性が処理されている．

　資源の必要性はもちろん人々による直接的な利用のためということもあるが，それ以上にそれを使って，財・サービス（以下では財と一括して呼ぶ）が生産されるという面にある．通常，資源配分という場合，財の配分まで含めている場合がほとんどである．以下ではこの意味で資源配分を理解しておこう．ここで，財の区分をしておく．財とはそもそもグッズ（goods）であるから，人々に有用なもの，幸福をもたらすものという意味をもっている．したがって，有害な

財とは形容矛盾である．煤煙や騒音は財ではなくバッズ（bads）である．財はさきほどの希少性に関連して希少財とそうでないもの，すなわち，自由財に分かれる．自由財は人々の欲求する量より存在量が多い財を意味し，経済学の対象にはならない．自由財としては天然・自然のもの——空気や水——などが考えられるが，これらも時・所によっては希少財となる．たとえば，水などはいくらでも無尽蔵にあると考えられていた時代があったが，現代では水を手にするのは容易ではなくなりつつある．日本アルプスの冷水を1リットル1,000円でありがたがる時代なのである．経済の膨張は自由財を希少財に変えていくプロセスでもある．希少財はまた私的財と公共財に分かれる．私的財と公共財の区別は本篇であらためて行うが，簡単にいうとその財の使用・消費において，ある個人が排他的に行うことができるものを私的財という．また，そのような排他性をもたない財を公共財という．たとえば，道路サービス等はこの意味で公共財であり，通常の消費財はほとんどが私的財である．

0.2 市場メカニズム

このように，有限な資源の配分の問題を取り扱うのが経済学といってよいであろうが，とくに，今日，多くの国で採られている資源配分制度である市場経済の分析が経済学の基本的な分析内容といってよい．市場経済とは資源，財・サービスの所有者たちがその配分をめぐって自由意思で取引する経済システムである．ここでいう取引とは，財の販売のように，代金の支払いと交換にその財の所有権がかかわるものである．このような市場経済における取引は価格の機能を理解することがなによりも重要である．市場では買い手と売り手が価格を通して財の需要と供給を形成し，取引する．

そもそも，どのくらいの人々がどの程度その財を所望しているのか，その情報を集めることはきわめて難しいし，同様に，どれくらいの人々がどの程度その財を手放したいのか，その情報を集めることはきわめて難しいであろう．実

際，そのような情報を直接求めるためのコストはもし求めるとすれば膨大な金額になるであろう．しかし，このような情報が行き届かなければ取引は効率的でなくなり，無駄の多いものとなってしまうであろう．市場経済ではこうした情報の獲得を直接に各人に委ねることなく，価格の上下というものでそれらの情報を間接的に知ることができる．すなわち，市場経済は価格メカニズムを使うことによって情報獲得費用を節約し，取引を実現しているのである．市場では，人々は流布している価格をもとに需要を形成し，供給を行う．価格を通して人々は財の希少性を調整し，財の絶対的な不足に対して対応しているのである．このとき，需要が供給を上回れば，価格の上昇が導かれ，それが，需要の減少，供給の増加をもたらし，需要と供給の調整が図られる．逆に，供給が需要を上回れば，価格の下落が導かれ，それが，供給の減少，需要の増加をもたらし，需要と供給の調整が図られる．この意味で，市場は価格をバロメーターとして，人々の要求が調整される場ということができ，価格は人々の財に対するさまざまな情報を体化したものであり，価格なしではそれらの情報の収集に費やすであろう膨大なコストを価格機構は節約していることになる．

　もちろん，市場メカニズムが機能しない分野もある．これは市場の失敗といわれる分野である．とくに，公共財の分野では，政府という権威による，あるいは，官僚による配分メカニズムが市場メカニズムに代わって支配的である．この意味で現実の経済は混合経済ということができるであろう．経済学は資源配分に関する学問といったが，この公共部門での資源配分の問題，また，市場メカニズムと公共部門との関連に関する問題も同様に重要な経済学の研究分野である．

0.3　ミクロ経済学とマクロ経済学

　さて，これまでは経済学の課題を一般的に述べてきたが，具体的な分析対象の違いによって経済学はミクロ経済学とマクロ経済学に分けることができる．

　ミクロ経済学は文字通りミクロ的（microscopic）に経済学をみていこうというもので，取引主体そのものの行動および結果としての市場の成果を分析の対象としている．代表的な取引主体としては家計と企業があげられる．家計は自己の所得をもとに消費活動を行い，貯蓄活動を行い，その所得は自己の資産た

とえば労働の供給や土地の貸与等によって得られる．このような家計の行動を統一した理論によって説明するのが消費理論である．また，もう1つの代表的な取引主体としての企業は家計からの労働や資本の供与をもとにして，生産活動を行う．生産の目的は私企業の場合利潤追求である．したがって，企業は市場においてさまざまな生産要素を購入し，市場に財を供給する．これは生産論での分析対象である．生産要素をめぐる買い手と売り手の取引を行う場を抽象的に生産要素市場といい，生産された財の売買が行われる場を抽象的に財市場という．これらの市場は価格を媒介とした需要と供給のせめぎあいによって構成されていることはすでに述べたところである．ミクロ経済学はこうした市場における需要と供給を家計や企業の行動様式から統一的に説明し，市場のワーキングを明らかにしていく学問である．また，政府による市場へのさまざまな介入政策のミクロ的側面にも分析のメスをあてている．

これに対してマクロ経済学は文字通りマクロ的（macroscopic）に経済を眺めようとしたもので，一国全体の経済の動きを一貫した方法で分析している．もちろん，経済全体はいくつかの市場から構成されている．代表的には財市場，労働市場，貨幣市場などがあげられるが，ミクロ経済学ではこれらの市場における個別の経済主体の行動に分析の焦点があてられているのに対して，マクロ経済学では，集計された概念（消費や所得など）を使ってこれらの市場を一般的に把握し，特徴づける．たとえば，財市場といえば，ミクロ経済学では特定の財市場を意味しているが，マクロ経済学ではすべての財の市場を集計した，単一の財市場として把握している．このように集計されたものとしての財市場や貨幣市場などの市場間のつながりを理解し，最終的には経済全体の動きを把握しようとするのである．また，マクロ経済学は政府や金融当局による財政金融政策の問題を重要な研究分野としている．とくに，経済の安定化や経済成長に対する政策の果たす役割は大きい．

0.4 戦後日本経済の発展

本書は，ミクロ・マクロ経済学の基本的分析を学ぶとともに，そうした分析用具を使って，日本経済の特徴を明らかにすることを意図している．そこで，この序章において日本経済のこれまでの展開を簡単にスケッチしておくことは

有益になるであろう．

　日本は第2次世界大戦での敗戦の荒廃から立ち直り，1955年は経済白書が「もはや戦後ではない」と宣言したように，その頃までには戦前の経済水準を追い越し，新しい経済発展の時代に突入した．高度経済成長時代の到来となる．1970年代前半までの約20年間に及ぶこの高度経済成長期には年平均10％の成長率で経済は成長し，先進国の仲間入りを果たした．1973年に発生した石油ショックは日本だけでなく世界の経済を不況に陥れたことはすでに歴史的事件として記されている．この石油ショックに世界中が苦しむなかで，日本はいち早く脱出し，1979年の第2次石油ショックを乗り越えて，新たな経済成長の道をたどることができた．この間の経済の回復は日本経済が優れた調整能力を示したものといえるが，輸出の拡大によるところが大であった．この間，高金利とドル高に悩まされた世界経済を立て直すべく，1985年ニューヨークのプラザ・ホテルでのG5（先進5ヵ国蔵相・中央銀行総裁会議）によって，ドル高への協調介入が確認され，ドル安（＝円高）と低金利の時代が始まった．日本政府はこれに対応すべく内需主導の経済運営を行い，80年代の新たな技術

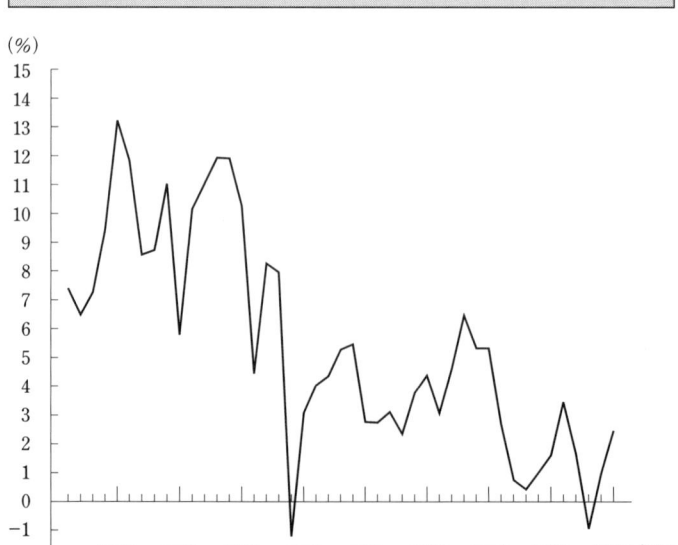

図0.1　実質GNP成長率

革新の波にのって設備投資需要の増加に導かれて新たな経済の拡大期を迎え，経済大国の地位を確立した．1955年に実質国民総生産は43兆円であったが，1990年には388兆円と10倍に経済が拡大し，1人当たりの国民総生産はアメリカを抜いて世界第3位となった．しかし，この間の低金利政策は経済の加熱を促進し，株価や地価の急騰をもたらし，1989年末よりの数次にわたる金融引き締めにより，経済は不況へ突き進んだ．この間，輸出の拡大を背景にした円高の持続により，1994年1ドル＝100円時代を迎えることになった．1995年には，ついに90円台に突入し，日本経済はきわめて深刻な事態となった．平成不況といわれる今日の停滞はこうした経済の危機的状況から脱出が容易でないことを意味し，戦後日本経済の上昇曲線の大きな転換点となっている．

0.5 日本経済の直面する問題1

めざましい発展をとげ経済大国としての地位を得ることができたが，この90年代前半において直面している不況のなかで，日本は重大な試練を経験しつつあるといってよい．巨額の経常黒字を生み出す体質に対して，多くの国から非難されており，海外からの輸入に対する障壁としての国内市場の閉鎖性，不透明性，日本の行政による経済への介入政策としての規制の過剰性，さらには，日本企業の行動様式そのものが国際経済における日本経済の特異性の原因として槍玉にあげられるようになった．経済のグローバル化やウルグアイ・ラウンドの締結にみられる国際協調体制の強化のなかで，世界経済に大きな影響力をもつ国が得意な経済活動あるいは経済システムをもって，ひとり巨額の経常黒字をあげているとなれば，これは一国繁栄主義ととられてもしかたあるまい．日本政府はそうした非難による貿易摩擦の激化を防ぐために輸入制限的な規制を緩和ないし撤廃するに至っている．

日本の企業の競争システムの特徴として系列化によるグループ間競争，長期的継続的取引があげられ，これまでは日本の経済発展の積極的な要因として評価されていたが，今日ではこのような競争システムが海外からはきわめて排他的なものとして，あらためて海外からの非難の対象となっている．また，この競争システムをサポートしてきた日本の産業政策や内外価格差の原因として政府・行政による過剰な規制介入の不当性が指摘され，産業政策の見直しや規制

緩和の問題が対内・対外的に重要な課題となった．

　1990年代に入ってから貿易黒字の拡大による急激な円高は，日本のこれまでの経済成長パターンを大きく変えることになった．とくに，日本の自動車や家電などの量産・輸出主導型産業の輸出は困難になり，また，急激な円高により，多くの企業がその生産拠点を海外に求めはじめた．たとえば，1994年はじめて，わが国の自動車の海外生産台数が，輸入台数を上回り，カラーテレビの輸入が輸出を上回った．さらに，輸入制限的な規制が緩和ないし撤廃されてきたことにより，競争激化がおこり国内の価格は低下の傾向をみせはじめている．このような新しい変化は日本の経済あるいは企業のあり方を大きく変える可能性をもっている．とくに，これまでの国内の垂直的な産業構造の変化，国際分業の展開，また，規制によって保護された産業の再編などのなかにあって，新たな日本経済の方向を見定めるために構造改革の必要性は叫ばれてきた．

0.6　日本経済の直面する問題2

　1990年代に入って景気後退期をむかえた日本経済は，その後2度の回復期を経験したが結局本格的な景気回復にはならず，2000年になると新たな景気後退過程に入った．このなかで不良債権問題が大きな課題としてあげられている．とくに不良債権の抜本的処理による問題企業の整理，高付加価値産業への産業構造調整の促進が重要であるという主張が進められている．また，そうした構造改革よりもむしろマクロ的政策の重要性を主張する方向もある．マクロの物価指標であるGDPデフレータでは過去7年以上マイナスとなっており，長期のデフレ状態に陥っている．この90年代からつづいている長期不況をどのようにみるかは今後の21世紀の日本経済の道筋を理解するうえにも大変重要な課題である．

　21世紀において直面する大きな課題である少子化問題，環境問題，アジアの急成長などの長期的な問題とあわせて現在の日本経済の現状を認識し，それらに対してどのように考えていくべきか，どのような判断をすべきかなどを少しずつ身につけていかなければならない．本書はそうした現在経済が直面する課題をできるだけ取り入れて初心者用に書かれた経済の入門書である．

第1部　ミクロ経済学を学ぶ

第1章　消費者の行動と需要

1.1　需　　要

　経済活動といえば，まず，人々の消費活動を思い浮かべるであろう．人々は毎日，多くの種類の財を適当な量だけ購入し，消費している．消費している主体は一般に家計（household）と呼ばれるが，家計は個人である場合もあるし，家族である場合もある．家計は一般に消費だけおこなっているわけではない．まず，消費活動をするために所得を獲得しなければならない．このためにはどこかの企業で働かなくてはならないし，また，自分のもっている土地などの資産を貸与して地代などを得るかもしれない．さらに，得られた所得の一部は貯蓄にまわすことになろう．本章では家計の消費行動に関する問題を取り扱う．

　いま，Aさんがサクランボを好きであるとしよう．サクランボの価格が100 g 500円のとき，Aさんは350 g購入するとしよう．しかし，その価格が100 g 1,000円のとき，Aさんは100 gしか購入しないとしよう．また，その価格が100 g 200円のとき，Aさんは500 g購入するとしよう．

　これに対してBさんはそれほど好きではないとし，その価格が100 g 500円のとき，Bさんは100 g購入するとしよう．その価格が100 g 1,000円のとき，Bさんは購入しないが，その価格が100 g 200円のとき，Bさんは300 g購入するとしよう．

　AさんとBさんと同様に，多くの人々は，サクランボの購入に関して，その価格が高いとき購入量を少なくし，価格が安いとき購入量を多くするという行動をとっている．個人によって差があるものの，サクランボの価格と購入量との関係は，一般的に，図1.1のようにグラフを用いて描ける．すなわち，縦軸に価格をとり，横軸に購入量をとると，価格と購入量との組み合わせを d

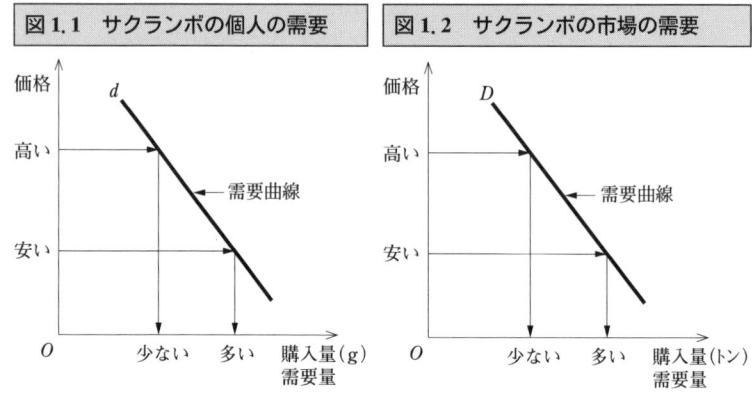

のような右下がりの線を用いて描くことができる．

　経済学では，個人（たとえば，Ａさん）のサクランボに関するすべての価格と購入量との関係を，サクランボの**個人の需要**と呼ぶ．そして，サクランボの個人の需要を表す図1.1のd線をサクランボの個人の**需要曲線**と呼び，購入量を**需要量**と呼ぶ．サクランボについて，Ａさん，Ｂさんおよび他の人々の需要は同じではないが，図1.1の関係，すなわち，価格が高いと需要量が少なく，価格が安いと需要量が多いという関係が，多くの財について存在する．

　Ｋ地域に住むＡさん，Ｂさんおよび他の人々すべてのサクランボの需要を合計したものを，Ｋ地域におけるサクランボの**市場の需要**と呼ぶ．また，市場でサクランボを購入するＡさん，Ｂさんおよび他の人々すべてを総称して，消費者と呼ぶことにしよう．サクランボの市場の価格と需要量との関係は，図1.1と同様に，図1.2のように右下がりの市場の需要曲線Dによって表される．図1.1と図1.2との違いは，図1.1において横軸の単位が小さいが，図1.2において，消費者の数が多くなっているために，横軸の単位が大きくなっていることである．

　サクランボ以外の財についても，同様に，価格と需要量との関係，すなわち，**需要**を，個人と市場との両方について，右下がりの需要曲線によって描くことができる．図1.3はある財の市場の需要を示したものである．

　図1.3に示される関係，すなわち，価格が高いと需要量が少なく，価格が安いと需要量が多いという関係を**需要の法則**と呼ぶことにする．すなわち，需要

| 図 1.3 ある財の市場の需要 | 図 1.4 サクランボの需要の増加と需要量の増加 |

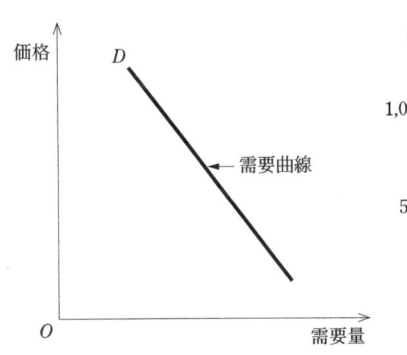
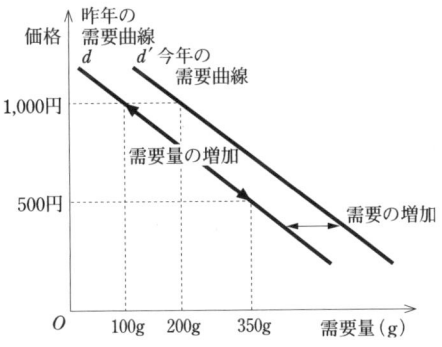

の法則とは，ある財の需要量がその価格と負の関係にあることを表している．

なお，図 1.3 の需要曲線は，直線で描かれているのに，曲線と呼ぶことに疑問をもたれる人がいるかもしれないが，直線は曲線の特殊な形なので問題ないことに注意しよう．経済学において，より一般的な需要曲線は，左下の方向に丸みを帯びた曲線で描かれる．われわれは，説明を簡単にするために，直線で需要曲線を描くことにする．

サクランボの市場の需要は，A さんの住む K 地域を取り上げて説明している．しかし，経済学である財の市場という場合，架空の広がりを想定している．

1.2 需要の増加と需要量の増加

サクランボ好きの A さんの所得が昨年に較べて増加したとしよう．A さんは，今年，サクランボの価格が 100 g 1,000 円のとき，200 g 購入できるようになり，その価格が 100 g 500 円のとき，A さんは 700 g 購入できるようになった．

昨年と今年における A さんのサクランボの需要曲線を図 1.4 のように描くことができる．昨年の需要曲線 d の右側に，今年の需要曲線 d' が描かれている．この場合，需要曲線 d が，需要曲線 d' の位置まで右へ移動したことになり，需要が増加したという．

経済学では，需要曲線が右へ動くことを**需要の増加**と呼び，逆に，需要曲線

が左へ動くことを**需要の減少**と呼ぶ．

　Aさんの昨年の需要曲線dをみてみよう．Aさんは，サクランボの価格が100 g 1,000円のとき，100 g購入する．サクランボの価格が100 g 1,000円から100 g 500円に下がったとき，Aさんは350 g購入するので，サクランボの価格500円の低下によって，Aさんの需要量は250グラム増加したことになる．これは，Aさんの昨年の需要曲線dに沿った変化であり，価格の低下による**需要量の増加**といわれる．逆に，サクランボの価格が100 g 500円から100 g 1,000円に上がったとき，Aさんは，Aさんのサクランボの需要曲線dに従ってサクランボの購入量を350 gから100 gへ250 g減少させる．これも，Aさんの昨年の需要曲線dに沿った変化であり，価格の上昇による**需要量の減少**といわれる．

　Aさんのサクランボの需要曲線の変化，すなわち，**需要の変化**と，価格の変化による需要曲線に沿った変化，すなわち，**需要量の変化**とを区別することは重要である．

　Aさんのような個人のサクランボの需要の変化とサクランボの需要量の変化とは，サクランボの市場の需要についても，同様に述べることができる．サクランボについていえる需要の変化と需要量の変化とは，他のすべての財についてもいえる．ある財の価格の低下は，その財の需要曲線に沿った需要量の増加を引き起こす．逆に，その財の価格の上昇は，その財の需要曲線に沿った需要量の減少を引き起こす．需要曲線の右への移動を需要の増加と呼び，需要曲線の左への移動を需要の減少と呼ぶ．所得の変化が，需要曲線を移動させる大きな要因であるが，他の要因として消費者の嗜好の変化や人口の変化等が考えられる．価格変化以外による需要の変化と，価格変化による需要量の変化とを区別することは重要であることを再度指摘しておくことにする．

1.3　需要の特性

　ほとんどの財について，需要の法則が成立する．しかし，個々の財の需要に差がある．これらの差異をどのように表せばよいであろうか．サクランボの例を用いて説明しよう．

　サクランボ好きのAさんは，サクランボの価格が100 g 1,000円のとき

100 g 購入し，100 g 500 円のとき 350 g 購入し，価格が 100 g 200 円のとき 500 g 購入する．サクランボがそれほど好きでない B さんは，その価格が 100 g 1,000 円のとき購入しないが，100 g 500 円のとき 100 g 購入し，100 g 200 円のとき 300 g 購入する．A さんと B さんとのサクランボの需要を比較する「物差し」を考えよう．

　サクランボの価格が，100 g 500 円から 100 g 200 円に低下したとき，A さんはサクランボの需要量を 150 g 増加させ，B さんはそれを 200 g 増加させる．このように，価格の変化を同じにして，需要量の変化を比較する方法が考えられる．この方法は，サクランボのように同じ財の需要を比較する場合，使用できる．しかし，サクランボと T シャツの需要を比較するように，比較する財が異なる場合，需要量の単位が異なり，使用できない．そこで，財の需要量を示す単位を除外するために，価格の変化と需要量の変化を百分率で表す方法を考えよう．

　サクランボの価格は 100 g 500 円から 100 g 200 円へ低下したので，$(200-500) \div 500 \times 100$ で，サクランボの価格が 60%低下したことになる．この価格低下によって，A さんはサクランボの需要量を 350 g から 500 g へ増加させたので，$(500-350) \div 350 \times 100$ で，A さんのサクランボの需要量が 42.8%増加したことになる．同様に，B さんはサクランボの需要量を 100 g から 300 g へ増加させたので，$(300-100) \div 100 \times 100$ で，B さんのサクランボの需要量が 200%増加したことになる．サクランボの価格 60%の低下に対して，A さんはサクランボの需要量を 42.8%増加させ，B さんはサクランボの需要量を 200%増加させた．価格の変化と需要量の変化の単位は共通になったが，価格の低下が，いつも 60%とは限らない．そこで，価格 1%の低下に対して需要量何%の増加となるかで，表現してみよう．

　サクランボの価格 60%の低下に対して，A さんはサクランボの需要量を 42.8%増加させる．A さんの場合，サクランボの価格 1%当たりの低下に対して，需要量を何%増加させるかは，(需要量の増加率 42.8%)÷(価格の低下率 60%)，すなわち，約 0.71%となる．同様に，B さんの場合，サクランボの価格 1%当たりの低下に対して，需要量を何%増加させるかは，(需要量の増加率 200%)÷(価格の低下率 60%)，すなわち，約 3.33%となる．サクランボの価格 1%の低下に対して，A さんはサクランボの需要量を 0.7%増加させ，B

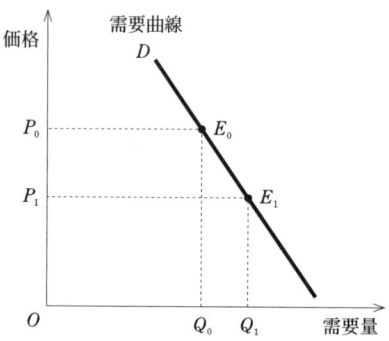

図 1.5　需要の価格弾力性の計算

さんはサクランボの需要量を約 3.3％増加させたことになり，B さんのサクランボの価格低下に対する需要の反応は，A さんより大きいことがわかる．

　価格 1％の低下に対して需要量何％の増加となるかという「物差し」は，サクランボと T シャツの需要を比較するように，異なる財を比較する場合にも，利用できる．価格 1％の低下に対して需要量何％の増加となるかという「物差し」を，**需要の価格弾力性**と呼ぶ．価格を略して，**需要の弾力性**と呼ぶこともある．需要の価格弾力性は，個人の需要と市場の需要との両方に，利用することができる．

　図 1.5 に示す需要曲線 D を用いて，需要の価格弾力性の計算方法を，整理しておこう．

　需要曲線上の点 E_0 は，価格 P_0 のとき，需要量が Q_0 となることを示し，需要曲線上の点 E_1 は，価格 P_1 のとき，需要量が Q_1 となることを示す．価格の P_0 から P_1 への低下と需要量の Q_0 から Q_1 への増加が生じ，価格 P_0 で需要量 Q_0 を基準として，価格 P_1 で需要量 Q_1 を比較する場合の需要の価格弾力性を計算する方法を，もう一度示すことにする．

　価格低下の百分率は，(比較される価格 P_1 ー基準の価格 P_0)÷(基準の価格 P_0)×100 で計算され，需要量増加の百分率は，(比較される需要量 Q_1 ー基準の需要量 Q_0)÷(基準の需要量 Q_0)×100 で計算される．したがって，価格 1％の低下に対して需要量何％の増加するかを示す需要の価格弾力性は，(ー1)×(需要量増加の百分率)÷(価格低下の百分率) で求めることができる．なお，

価格低下の百分率は，マイナスの値となるので，需要の価格弾力性を正の値で表すために，需要の価格弾力性を計算する式において，マイナス1が掛けられている．また，需要の価格弾力性には，単位を付けない．

Aさんのサクランボの需要の価格弾力性を，上記の式にしたがって，再度，計算してみよう．$P_0 = 500$円と$Q_0 = 350$gとを基準とし，$P_1 = 200$円と$Q_1 = 500$gとを比較する．

(価格低下の百分率) ＝ (比較される価格P_1 − 基準の価格P_0)
　　　　　　　　　÷ (基準の価格P_0) × 100
　　　　　　　　＝ (200 − 500) ÷ 500 × 100 ＝ −60.0%．
(需要量増加の百分率) ＝ (比較される需要量Q_1 − 基準の需要量Q_0)
　　　　　　　　　　÷ (基準の需要量Q_0) × 100
　　　　　　　　　＝ (500 − 350) ÷ 350 × 100 ＝ 42.8%．
Aさんの(サクランボの需要の価格弾力性)
　　　　＝ (−1) × (需要量増加の百分率) ÷ (価格低下の百分率)
　　　　＝ (−1) × (42.8%) ÷ (−60.0%) ＝ 0.71．

Bさんのサクランボの需要の価格弾力性は，3.33となる．この再計算は，読者のみなさんの練習問題としよう．

需要の価格弾力性を，価格が低下する場合について計算したが，価格が上昇する場合についても，上の計算式は同様に用いることができる．この場合は，価格の上昇に対して需要量が減少するので，需要量減少の百分率は，マイナスの値となる．したがって，需要の価格弾力性を正の値で表すために，需要の価格弾力性を計算する式において，同様に，マイナス1が掛けられる．価格の低下と上昇の両方を含めて，需要の価格弾力性を計算する式は，より一般的に，

(需要の価格弾力性) ＝ (−1) × (需要量変化の百分率) ÷ (価格変化の百分率)
　　　　　　　　　＝ (−1) × (需要量変化率) ÷ (価格変化率)

となる．

ある財の需要の価格弾力性が1であるということは，その財の価格が1％低下した場合，その需要量が1％増加すること，または，その財の価格が1％上昇した場合，その需要量が1％減少することを意味する．より一般的に，ある

財の需要の価格弾力性が1である場合，その財の価格の1％の変化がその需要量の1％の変化を引き起こすといえる．また，ある財の需要の価格弾力性が1より大である場合，その財の価格の1％の変化がその需要量を1％以上変化させ，ある財の需要の価格弾力性が1より小である場合，その財の価格の1％の変化がその需要量を1％以下変化させることになる．したがって，需要の価格弾力性1を基準として，需要の価格弾力性が1より大である財の需要は，**弾力的**であり，需要の価格弾力性が1より小である財の需要は，**非弾力的**であるといわれる．

　Aさんのサクランボの需要の価格弾力性が約0.71であるので，Aさんのサクランボの需要は非弾力的であるといえる．また，Bさんのサクランボの需要の価格弾力性が約3.33であるので，Bさんのサクランボの需要は弾力的であるといえる．弾力性は，英語でelasticityであるので，弾力性を表す際に，$e=0.71$や$e=3.33$と表すことがある．

　個々の財の需要を比較する「物差し」として，需要の価格弾力性が有効であることが理解できたと思う．個々の財の需要の特性を需要曲線の傾きが示していることと需要の価格弾力性との関連を整理しておくことにする．

　図1.6は，需要が非弾力的（$e<1$）である需要曲線D_1と需要が弾力的（$e>1$）である需要曲線D_2とを示し，需要が非弾力的な需要曲線の傾きが，弾力的な場合に比べて大きくなることを示している．

　図1.6において，価格がP_0からP_1へ低下した場合，非弾力的な需要曲線

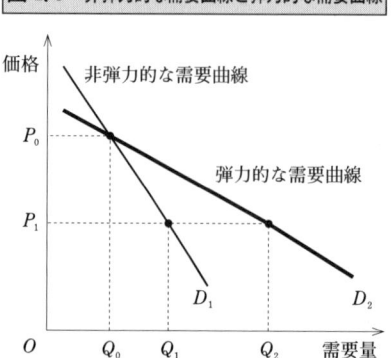

図1.6　非弾力的な需要曲線と弾力的な需要曲線

図1.7 極端な需要曲線

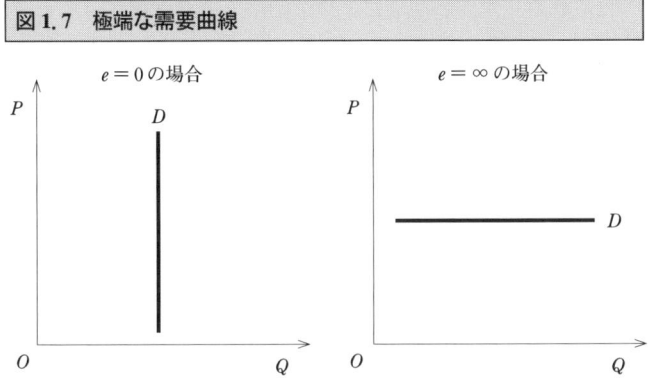

D_1 の需要量が Q_0 から Q_1 へ増加し，弾力的な需要曲線 D_2 の需要量が Q_0 から Q_2 へ増加する．同じ大きさの価格の低下 $P_0 P_1$ に対し，弾力的な需要曲線 D_2 の需要量の増加量 $Q_0 Q_2$ が非弾力的な需要曲線 D_1 の需要量の増加量 $Q_0 Q_1$ に比べて，大きいことがわかる．非弾力的な需要曲線 D_1 の傾きは $P_0 P_1 / Q_0 Q_1$ であり，弾力的な需要曲線 D_2 の傾きは $P_0 P_1 / Q_0 Q_2$ であるので，弾力的な需要曲線 D_2 の傾きが非弾力的な需要曲線 D_1 の傾きに比べて大きいことがわかる．

需要の価格弾力性の極端な場合は，需要の価格弾力性がゼロである場合（$e=0$）と無限大である場合（$e=\infty$）とである．需要の価格弾力性がゼロである需要曲線は，図1.7に示すように，横軸に垂直（縦軸に平行）となり，価格が変化しても需要量が変化しない．需要の価格弾力性が無限大である需要曲線は，図1.7に示すように，縦軸に垂直（横軸に平行）となり，どの需要量に対しても価格が同じで変化しない．

（**需要の所得弾力性**を，価格の場合と同様に，所得の1％の変化に対して，需要量が何％変化するかということで定義することができる．所得の弾力性が負（所得が増加すると需要量が減少する）の財は，**下級財**と呼ばれる．所得の弾力性が正の財は，**上級財**と呼ばれる．上級財のうち，所得弾力性が1未満の財は**必需品**であり，1以上の財は**奢侈品**となる．）

1.4　需要の価格弾力性と売上高

ある財の生産者が，販売額の増加策を考えたとしよう．値下げも販売額の一

増加策と考えられる．需要の法則により，価格の引き下げは，消費者の需要量の増加，すなわち，生産者の販売量の増加をもたらす．しかし，販売量の増加，イコール販売額の増加となるとは限らない．この点を，サクランボのAさんの需要とサクランボのBさんの需要とを例に考えてみよう．

　サクランボ好きのAさんは，サクランボの価格が100g500円のとき350g購入し，価格が100g200円のとき500g購入する．サクランボがそれほど好きでないBさんは，その価格が100g500円のとき100g購入し，100g200円のとき300g購入する．サクランボの価格が100g500円から100g200円へ低下したとしよう．Aさんのサクランボの購入金額は，サクランボの価格が100g500円のときの1,750円（＝500×3.5）から，100g200円のときの1,000円（＝200×5）へ750円減少する．Bさんのサクランボの購入金額は，100g500円のときの500円（＝500×1）から，100g200円のときの600円（＝200×3）へ100円増加する．同じサクランボの価格の低下に対して，Aさんのサクランボの購入額が減少し，Bさんのサクランボの購入額が増加していることがわかる．小売店からみれば，サクランボの価格100g500円から100g200円への値下げは，Aさんに対して販売額の減少であり，Bさんに対して販売額の増加となる．

　逆に，サクランボの価格が100g200円から100g500円へ上昇したとしよう．Aさんのサクランボの購入金額は，1,000円から1,750円へ750円増加する．Bさんのサクランボの購入金額は，600円から500円へ100円減少する．小売店からみれば，サクランボの価格の値上げは，Aさんに対して販売額の増加であり，Bさんに対して販売額の減少となる．これらの差は，Aさんのサクランボの需要の価格弾力性が0.71と，Bさんのサクランボの需要の価格弾力性が3.33との差異，すなわち，2人のサクランボの需要の差異によって表れたものである．

　需要の価格弾力性と販売額と価格の変化との関係を，AさんとBさんとの例を用いてまとめると次のようになる．需要の価格弾力性が1より小さい場合，価格の引き下げが販売額の減少となり，価格の引き上げが販売額の増加となる．また，需要の価格弾力性が1より大きい場合，価格の引き下げが販売額の増加となり，価格の引き上げが販売額の減少となる．

　価格の引き下げと販売額の増減と需要の価格弾力性との関係を，2つの財を

図1.8 需要の価格弾力性と販売額（その1）

図1.9 需要の価格弾力性と販売額（その2）

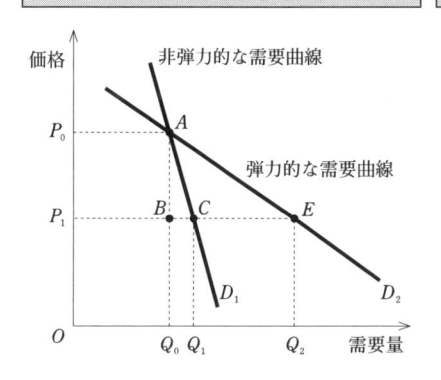

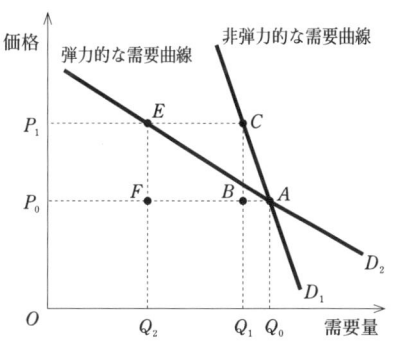

用いて，図1.8から再確認しよう．

非弾力的な需要（$e<1$）の財を財1，および弾力的な需要（$e>1$）の財を財2とし，それぞれの需要曲線が需要曲線D_1と需要曲線D_2として，図1.8に描かれている．まず，両財とも，価格P_0で需要量Q_0が需要されている．次に，両財とも，価格P_0から価格P_1への値下げによって，財1の需要量はQ_1へ，また財2の需要量はQ_2へと増加している．

価格P_0のとき，販売額（＝価格×需要量）は，両財とも，四角形OP_0AQ_0で表される．価格引き下げ後の価格P_1のとき，財1の販売額は四角形OP_1CQ_1で表され，財2の販売額は四角形OP_1EQ_2で表される．3つの四角形において，四角形OP_1BQ_0が共通なので，価格引き下げによる販売額の増加部分である四角形Q_0BCQ_1と四角形Q_0BEQ_2とが，価格引き下げによる販売額の減少部分P_1P_0ABより大きいかどうかが問題となる．図1.8において，需要が非弾力的な場合，価格引き下げによる販売額の増加部分が価格引き下げによる販売額の減少部分より小さく，価格引き下げによって販売額が減少することがわかる．また，需要が弾力的な場合，価格引き下げによる販売額の増加部分が価格引き下げによる販売額の減少部分より大きく，価格引き下げによって販売額が増加することがわかる．

価格の引き上げと販売額の増減と需要の価格弾力性との関係を，図1.9を用いて，同様に，再確認できる．これは，読者のみなさんの練習問題としよう．価格P_0から価格P_1への値上げについて，各自で再確認を行ってほしい．需要

の価格弾力性と販売額と価格の変化との関係を，再度，確認しておこう．需要の価格弾力性が1より小さい場合，価格の引き下げが販売額の減少となり，価格の引き上げが販売額の増加となる．需要の価格弾力性が1より大きい場合，価格の引き下げが販売額の増加となり，価格の引き上げが販売額の減少となる．

1.5 需要の諸側面

1.5.1 ブランド効果

　ルイ・ヴィトン，プラダ，エルメス，コーチ，グッチ，キタムラ，フェンディ，バーバリー，サザビー，シャネルと，カタカナ文字が並んでいるが，何だかわかるだろうか．これらは，百貨店などで人気の高いバッグの主要33ブランド（銘柄）から「使いたい」ものを女性が選択するアンケートの結果を，1位から10位まで表示したものである（1,021人の有効回答，『日本経済新聞』2002年6月1日付による）．これらブランドのバッグは，高価格である．しかし，その人気が高く，高価格でも，女性消費者はそれを購入しようとする．

　バッグとして機能をもつ商品は，安い価格のものから高価格のものまで，多数，市中で売られている．しかし，どうして，上記ブランドのバッグを女性の消費者は購入することを欲し，また購入するのであろうか．これらブランドのバッグは，形，デザイン，色，材質や利便性に特徴がある．消費者は，それらを優れたものとして受け入れ，また，そのブランドであれば，それらが優れていると信じることになる．また，高価格であるために，消費者は，なかなか購入できない．したがって，これらブランドのバッグをもつ消費者は，バッグを利用することから得られる満足のほかに，もたない消費者に，ブランドのバッグをもつという顕示欲を満足させることができる．高価なこれらブランドの新作バッグをもつ人は，とくに高い顕示欲を満たしているといえよう．また，なかなか購入できなかった消費者は，これらブランドのバッグを購入することによって，ブランドのバッグをもつグループに仲間入りできたという満足感と，安心感とを得ることができる．バッグを例に，消費者が，有名ブランドの商品を購入しようとし，購入する理由を説明した．このような消費者の行動を，消費者の**ブランド志向**という．読者のみなさんは，どれだけブランド志向の例をあげることができるだろうか．

消費者のブランド志向を，需要の価格弾力性から説明できる．数あるバッグのなかから，有名ブランドのあるバッグ，たとえば，ルイ・ヴィトンのバッグでなければならないと一部の消費者に信じ込ませることを，**商品の差別化**という．バッグ全体の需要は，弾力的であるが，差別化された有名ブランドのバッグの需要は，非弾力的である．有名ブランドのバッグの消費者は，有名ブランドのバッグが，形，デザイン，色，材質や利便性で優れていると信じているわけであるから，その需要が非弾力的となり，高価格であっても購入するわけである．

1.5.2　代替財と補完財

2001年に，日本でも，狂牛病が発生した．その結果，消費者は，牛肉の需要を大きく減少させることになった．また，牛肉の代わりに，消費者は，豚肉や，鶏肉を多く需要することになった．いままで，1つの財の需要について述べてきたが，この牛肉の需要の例で，1つの財の需要が他の財の需要に影響を与えることがわかる．消費者は，牛肉の需要量を減少させ，その代わりに，豚肉と鶏肉との需要量を増加させた．この場合，牛肉と豚肉とは，**代替財**であるという．同様に，牛肉と鶏肉とは代替財である．このように，需要量の変化を示すある財と，その変化と反対の需要量の変化を示す財とは，代替財であると定義できる．読者のみなさんは，多くの代替財の例を，容易にあげることができる．

みなさんは，コーヒーを，どのように飲むだろうか．そのまま，ブラックで飲む人もいるが，多くの人は，砂糖を入れ，また，ミルクやクリームを加えて飲むだろう．この場合，コーヒーの需要量と砂糖の需要量とは，セットになっており，同一の方向に変化することになり，コーヒーと砂糖とは，**補完財**であるという．読者のみなさんは，多くの補完財の例についても，容易にあげることができるであろう．

1.5.3　ネットワーク効果

みなさんは携帯電話機をもっていると思う．友人といつでもどこでも通話ができ，大変便利である．しかし，友人が携帯電話機をもっていなければ，この便利さはない．携帯電話機が出現したとき，いまの携帯電話機から想像できな

いくらい，その形が大きく，かつ重いものであった．また，携帯電話機の価格は，大変高く，携帯電話の加入者は少なく，通話できる範囲も狭いものであった．その後，技術の進歩によって，携帯電話機は，小型軽量化し，かつ，高性能となり，価格も低下した．価格の低下とともに，加入者が増加し，通話範囲も拡大した．携帯電話機の高性能化，低価格化，加入者の増加，および通話範囲の拡大は，相互に影響しあいながら，発展してきた．

みなさんの携帯電話機の購入による満足度は，みなさんの友人のどれだけ多くが携帯電話機を購入しているかどうかによって，左右されるであろう．同様に，ある消費者の携帯電話機の需要による満足度は，その通話の相手となる消費者の携帯電話機の需要量によって決まる．このような状態を**ネットワーク外部性**が存在するといい，需要の外部性の一例となる．一般に，ある財から得られる1人の満足度がその財を消費する他の人々の数によって決まるような場合，ネットワーク外部性が存在するという．

ネットワーク外部性をもつ財に，補完財がある場合，別の効果が表れる．ビデオレコーダーとビデオテープとは補完財である．ビデオレコーダーの普及の初期に，ビデオの録画方式は，ソニーのベータ方式と松下グループのVHS方式との2方式であった．ベータ方式は，VHS方式に較べて画像が美しく，技術的に優れているといわれていた．ところが，松下グループは，技術を広く公開した．その結果，VHS方式のビデオレコーダーを製造する企業が増加し，VHS方式のビデオレコーダーが多く売り出され，価格も安くなった．また，VHS方式のビデオレコーダーが多く売り出されると，それに相乗して，VHS方式のビデオソフトを製造する企業が増加し，VHS方式による多くの種類のビデオソフトが多量に売り出されることになった．また，多種類のVHS方式のビデオソフトが買えるのであれば，VHS方式のビデオレコーダーを購入することが，消費者にとって，満足度を高めることになり，VHS方式のビデオレコーダーの需要が増加する．そうすると，VHS方式のビデオレコーダーの生産が増加し，……と，上記の循環が生じる．そして，ベータ方式のビデオレコーダーの需要が減少し，生産中止となり，ベータ方式のビデオレコーダーは市場から姿を消してしまった．この場合，ビデオレコーダーは，ネットワーク外部性をもっていることになる．技術的に劣っているといわれたVHS方式のビデオレコーダーが，世界標準となった．このような形の世界標準を，デ・フ

ァクト・スタンダード（**事実上の標準化**）と呼ぶ．読者のみなさんは，パーソナル・コンピュータの基本ソフトについても同様に説明できるであろう．（ネットワーク外部性をもつ財に対して，企業の生産・販売政策とか，政府の政策的関与とかいった問題に興味をもつ読者は，中級のテキストを参照のこと．）

1.6　100円バスの経済学

　西日本鉄道（地元では西鉄（ニシテツ）と呼ばれている）は，1999年7月1日より福岡都心部（JR博多駅と繁華街天神地区とを含む1.5キロ四方の区域内）の運賃を，180円より100円に値下げし，都心部循環バスも新設した．その結果，2000年2月16日までの利用客は，前年の同期間と較べて78%増加した．この結果，西鉄の運賃収入は，この区域内で従来に較べて増加するであろうか．あるいは，減少するであろうか．新しいサービスの結果に対して西鉄は，「初乗り運賃を180円から100円に引き下げたために，収益自体はトントン」といっているが，経済学の立場より，運賃値下げの効果をどのように説明できるであろうか（数値情報は，『日本経済新聞』2000年3月4日付夕刊より入手）．われわれは，この問題に対して，需要の価格弾力性と販売額と価格の変化との関係から答えることができる．

　与えられた情報より，西鉄の都心部のバス利用の需要の価格弾力性を計算することができる．都心部のバス利用の需要に変化がなかったとしよう．運賃値下げによる価格変化率は，

　　　（比較される価格－基準の価格）÷（基準の価格）×100
　　　　　　　　　　　　　　＝（100－180）÷（180）×100＝－44.4%

となり，需要量変化率は78%であるので，需要の価格弾力性は次のように計算できる．

　　　（需要の価格弾力性）＝（－1）×（需要量変化の百分率）÷（価格変化の百分率）
　　　　　　　　　　　　　＝（－1）×（需要量変化率）÷（価格変化率）
　　　　　　　　　　　　　＝（－1）×（78%）÷（－44.4%）＝1.76

都心部のバス利用の需要の価格弾力性は1.76であるので，運賃の引き下げは，

運賃収入の増加となる．しかし，利用客とコストの関係を議論する情報をもちあわせていないので，西鉄の運賃収入の増加が，利潤の増加となったかどうかは不明である．

日本マクドナルドは 2000 年 2 月 14 日（月曜日）から平日のハンバーガーを 65 円，チーズバーガーを 80 円とそれぞれ半額に値下げした．その結果，初日の 14 日の半額の対象となった 2 商品の販売個数は，1,154,900 個と，前週月曜日（7 日）の 4.5 倍に，また，15 日のそれは，さらに 6.4 倍となったと報じられている（数値情報は，『日本経済新聞』2000 年 2 月 19 日付夕刊より入手）．

与えられた情報より，日本マクドナルドの平日のハンバーガーの需要の価格弾力性を計算することができる．チーズバーガーを無視して，14 日の需要の価格弾力性を計算することにしよう．ハンバーガー半額による価格変化率は，

$$(比較される価格 - 基準の価格) \div (基準の価格) \times 100$$
$$= (65 - 130) \div (130) \times 100 = -50.0\%$$

となり，需要量が 4.5 倍となったので，需要量変化率は，350.0% となる．したがって，需要の価格弾力性は，

$$(需要の価格弾力性) = (-1) \times (需要量変化の百分率) \div (価格変化の百分率)$$
$$= (-1) \times (需要量変化率) \div (価格変化率)$$
$$= (-1) \times (350.0\%) \div (-50.0\%) = 7.0$$

となる．同様に，15 日の需要の価格弾力性は，10.8 となる．ハンバーガーの需要は，弾力的（需要の価格弾力性が 1 より大）だったので，日本マクドナルドの平日のハンバーガー半額という販売戦略は，販売収入の増加となる．この販売収入の増加が，利潤の増加となったかどうかは費用との関係を分析する必要がある．（日本マクドナルドの 2002 年 6 月の中間決算によれば，2001 年の狂牛病による需要減と，半額セールの中止で，既存店売上高が，15% 減少したと 2002 年 8 月 10 日け『日本経済新聞』が報じている．狂牛病による需要の減少があるが，値上げによる販売収入の減少は当然である．）（日本マクドナルドは，販売収入減少の打開策として，2002 年 8 月 5 日よりハンバーガーを 59 円に値下げした．8 月 5 日から 11 日までの 1 週間に，値下げしたハンバーガーの販売量は，前週比 3.7 倍となり，売上高が増加したと 2002 年 8 月 13 日付

『日本経済新聞』が報じている．価格が半額になったと仮定して，新聞記事の数値例を検証してみよう．)

西鉄バスと日本マクドナルドとの例は，需要が弾力的な場合であったが，次に，需要が非弾力的な例を取り上げてみよう．

日本たばこ協会によると，1999年度に販売された紙巻きたばこの本数は，1998年の「たばこ特別税」による値上げの影響で，前年度比1.3%減少したそうだが，販売額は，4.3%増加した（数値情報は，『日本経済新聞』2000年4月22日付より入手）．日本たばこによると，1998年の「たばこ特別税」による値上げ率は，平均8.55%であったとのことである．これらの情報より，需要量の変化率と価格の変化率とがわかるので，たばこの需要の価格弾力性を

$$
\begin{aligned}
(\text{需要の価格弾力性}) &= (-1) \times (\text{需要量変化の百分率}) \div (\text{価格変化の百分率}) \\
&= (-1) \times (\text{需要量変化率}) \div (\text{価格変化率}) \\
&= (-1) \times (-1.3\%) \div (8.55\%) = 0.5
\end{aligned}
$$

と計算することができる．すなわち，たばこの需要は，非弾力的（需要の価格弾力性が1より小）であるので，「たばこ特別税」によるたばこ価格の値上げは，販売額の増加となる．新聞報道にある販売額4.3%の増加は，経済学の理論通りであることがわかる．

参考文献

林紘一郎（1998）『ネットワーキング　情報社会の経済学』NTT出版．
林敏彦（1984）『ミクロ経済学』東洋経済新報社．
Mankiw, N. G. (1998) *Principles of Economics*, 2nd ed., Thomson Learning（足立英之ほか訳（2000）『マンキュー経済学I　ミクロ編』東洋経済新報社）．
西村和雄（1995）『ミクロ経済学入門』第2版，岩波書店．
Stiglitz, J. E. (1997) *Economics*, W. W. Norton（藪下史郎ほか訳（1999）『スティグリッツ　入門経済学』第2版，東洋経済新報社）．
Varian, Hal R. (2003) *Intermediate Microeconomics*, 6th ed., W. W. Norton.

補論　選好と消費

補1　消費の選好と無差別曲線

補1.1　消費の選好

本補論では消費者としての家計の消費行動を選好の観点から取り扱う．さて，家計（以下，消費者と呼ぶ）はさまざまな財の組を購入し，消費しているわけだが，これは，たとえば，財 X をどれだけ買って，財 Y をどれだけ買うかというような選択行為とみることができる．したがって，その選択のための消費者の判断基準がどのようなものであるかを考察する必要がある．経済学ではこの価値判断のことを選好（preference）と呼んでいる．

いま，2財 X, Y の数量をそれぞれ x, y で表し，ある消費者がその2組の財の組み合わせ $A_1 = (x_1, y_1)$，$A_2 = (x_2, y_2)$ の選択に直面しているものとしよう．図補1はこの2つの財の組み合わせを表している．

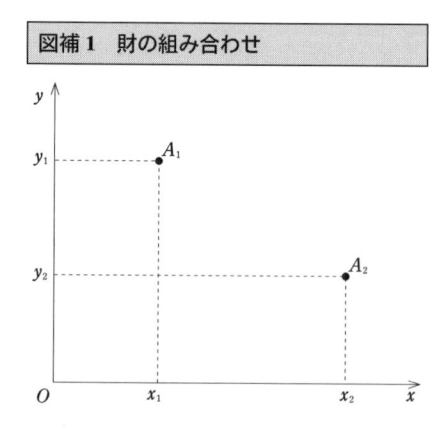

図補1　財の組み合わせ

ここで金銭的な制約を考えないとすれば，消費者は
(1) A_1 を A_2 より好む，
(2) A_2 を A_1 より好む，
(3) A_1 と A_2 を同程度に好む

という選好の順序に関する3つの可能性のどれかをもつであろう．

補 1.2 無差別曲線と消費の限界代替率

ある財の組み合わせを考えて，その財の組み合わせと無差別な財の組み合わせのすべてを表したものは無差別曲線といわれる．図補2のように2財の空間を考えたとき，各人の嗜好に応じて無差別曲線群を描くことができるが，この無差別曲線群について次の性質がある．

(a) 無差別曲線は北東方向にいくにしたがって高い選好順序をもつ，
(b) 無差別曲線は右下がりの曲線となる，
(c) 無差別曲線同士が交わらない．

いま，財 X_1, X_2 についてのある消費の組 (x_1, x_2) を考え，財 X_1 を Δx_1 だけ減少させたとしよう．このとき，不利益をこうむるが，その代わり，財 X_2 を適当に増やして $(x_2 \to x_2 + \Delta x_2)$，$(x_1 - \Delta x_1, x_2 + \Delta x_2)$ という財の組を考えれば元の消費の組 (x_1, x_2) と同程度に好ましい組がとれる．このとき，$\Delta x_2/\Delta x_1$ は同程度の好ましさを保ったままで，財 X_1 を財 X_2 に代替する代替比率を表している．財が連続的量で表されるときには，この Δx_1 をゼロに近づけ

図補2 限界代替率と無差別曲線の凸性

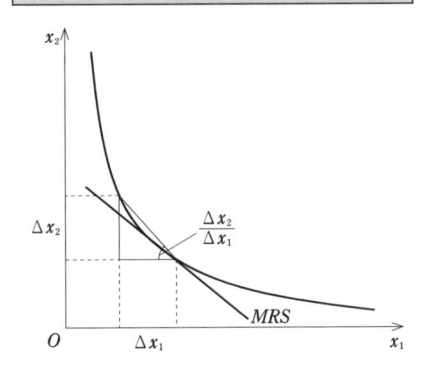

ていったときのその比率の極限が考えられるが，それを，財 X_1 の財 X_2 に対する限界代替率（MRS：marginal rate of substitution）といい，図補2における無差別曲線の傾きの絶対値となっている．

$$\lim_{\Delta x_1 \to 0} \frac{\Delta x_2}{\Delta x_1} = MRS$$

これは，財 X_2 で測った財 X_1 の限界的評価を表している．いいかえると財 X_1 をほんの少し減少させたとき，財 X_2 をどれだけ増加させると満足するかを表しているといってよい．

財の量は多くの場合1単位，2単位，……というように分割できないが，分割可能と考えて議論する方が経済学で扱う概念はより明確になり，また，分析が容易になるので，以下では財は分割可能，したがって，連続量として取り扱うことにする．

無差別曲線の形状について原点に対して凸の性質をもつ財の組み合わせが多い．この性質が満たされれば，限界代替率は x_1 が多くなるにつれて減少していくことは明らかである（これを限界代替率逓減の法則という）．これは，特定の財の量が多くなるにつれて，その財に対する評価が低下すると解釈できる．

補1.3　効用と限界効用

このようにして，消費者は自分の選好を財空間上の無差別曲線によって表すことができるが，実は，特定の無差別曲線群は財空間上の特定の関数によって表されることが知られており，この関数は効用関数（または選好関数）と呼ばれる．また，効用関数の値を効用（Utility）と呼べば，ある財の組 A がある財の組 B より好まれるということは，A の効用が B の効用より大きいといいかえることができる．

ここで用いる効用の概念は任意の2組の財の組み合わせの比較のためにのみ導入されたもので，効用の値そのものには特別の意味をもたせていない．この意味でこの効用のことを序数的効用という．これに対して効用の値そのものに意味をみいだし，効用の差とか効用の比とかを求める見方もある．これを基数的効用という．現代の経済学ではほとんど序数的効用という考え方がとられている．

さて，ある消費者の特定の無差別曲線はある効用関数 U に対して $U(x_1, x_2)$

$=c$（c はある定数）を満たす (x_1, x_2) の組によって表されるので，限界代替率は効用関数を使って表すことができる．たとえば財 X_1 が Δx_1 だけ減少したとき，効用を一定にするために財 X_2 を Δx_2 だけ増加させる必要があるとしたら，

$$U(x_1-\Delta x_1, x_2+\Delta x_2) = U(x_1, x_2)$$

となるが，$\Delta x_1 \to 0$ とすると，この式は

$$U(x_1, x_2) - \frac{\partial U}{\partial x_1}\Delta x_1 + \frac{\partial U}{\partial x_2}\Delta x_2 = U(x_1, x_2)$$

となり，

$$MRS = \lim_{\Delta x_1 \to 0} \frac{\Delta x_2}{\Delta x_1} = \frac{dx_2}{dx_1} = \frac{\partial U/\partial x_1}{\partial U/\partial x_2} \tag{1}$$

と表せる．ここで，$\partial U/\partial x_i$ は他の財の量を変化させない状態での財 X_i の増加による効用の変化分で限界効用（Marginal Utility）と呼ばれる．したがって，限界代替率は限界効用比に等しいということができる．

限界効用の値は序数的効用の観点からは意味のないものではあるが，基数的効用の観点からは重要な概念である．たとえば，財 X と財 Y の組 $(2, 6)$ における効用は $U(2, 6)$ と表すことができるが，この場合，財 X の限界効用とは財 X をもう 1 単位追加して得られる効用の増加分 ΔU，すなわち，

$$U(3, 6) - U(2, 6)$$

を意味する．財の量が増えるにつれて効用は増えるがこの増え方が減少するとすれば，それは限界効用逓減の法則といわれる．上で示した限界効用の概念は離散的単位の場合の定義であった．こんどは連続量で限界効用を表すことにする．各財の組み合わせ (x, y) において財 X の量を Δx だけ増加させたとする．このとき効用の増加の割合は

$$\frac{U(x+\Delta x, y) - U(x, y)}{\Delta x}$$

となるが，いま，y の値を固定させて，x の値を変化させたときの効用の値の変化をみてみよう．この Δx をゼロに近づけたとき，これはある値になるが，その値のことを財 X の限界効用という．すなわち，財 X の限界効用とは

図補 3　効用と限界効用

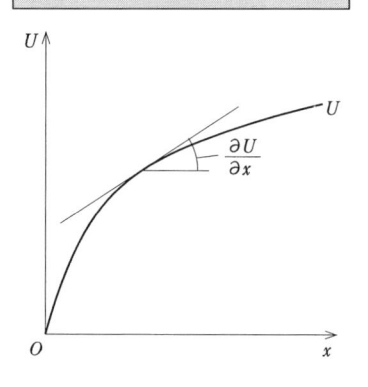

$$\lim_{\Delta x_1 \to 0} \frac{U(x+\Delta x, y) - U(x, y)}{\Delta x} = \frac{\partial U(x, y)}{\partial x}$$

を表す．こうして X 財の限界効用とは効用関数 $U(x, y)$ の x 成分に関する傾きとなる．したがって，限界効用逓減とは図補 3 のように効用関数の傾きが減少することを意味する．

補2　消費需要の決定

補 2.1　予算制約

これまでは消費者の財の組に対する選好が無差別曲線や効用関数で表されることを示してきたが，実際の消費需要を考えるときに予算制約を配慮しなければならない．

いま，ある消費者がもっている所得を I で表し，簡単のため，これまでのように，2 財 X_1, X_2 に対する消費支出だけを考えよう．それぞれに対する単位価格を p_1, p_2 とすれば，この消費者が購入できる財の組み合わせの集合は

$$p_1 x_1 + p_2 x_2 \leqq I \tag{2}$$

で表される．この集合は図補 4 に示しているように予算空間と呼ばれ，また，支出＝収入となる財の組み合わせ ($p_1 x_1 + p_2 x_2 = I$) の集合は予算線と呼ばれる．予算線は

図補 4　予算空間

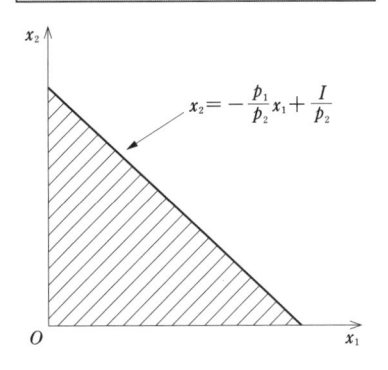

$$x_2 = -\frac{p_1}{p_2}x_1 + \frac{I}{p_2}$$

と書けるので，予算線の傾きは $-(p_1/p_2)$ すなわち財 X_1 と財 X_2 の相対価格になる．

補 2.2　最適消費需要

消費者は自分の選好基準からみて，この予算空間上の最適な財の組み合わせを選ぶであろう．すなわち，効用最大化行動にしたがって，財の組み合わせを選ぶであろう．このとき，最適な消費需要の組はどのように特徴づけられるであろうか．まず，予算線上の点が選ばれることは明らかである．また，図補 5 において点 A や点 B のように無差別曲線が予算線を横切る点ではそれぞれ矢印の方向に行けばもっと高い効用を与えることになる．したがって，最適需要の組は予算線と無差別曲線が接する点 C で決まる．

したがって，予算線の傾き（＝－相対価格）が無差別曲線の傾き（＝－限界代替率）に等しい点で，消費の組み合わせが選ばれるわけである．すなわち，最適需要条件（効用最大化条件）は，

$$\frac{p_2}{p_1} = MRS = \frac{\partial U/\partial x_2}{\partial U/\partial x_1} \tag{3}$$

となる．すなわち，財の価格比が対応する財の限界効用比に等しいことになる．また，これは

図補 5　最適消費需要

$$\frac{\partial U/\partial x_1}{p_1} = \frac{\partial U/\partial x_2}{p_2} \tag{4}$$

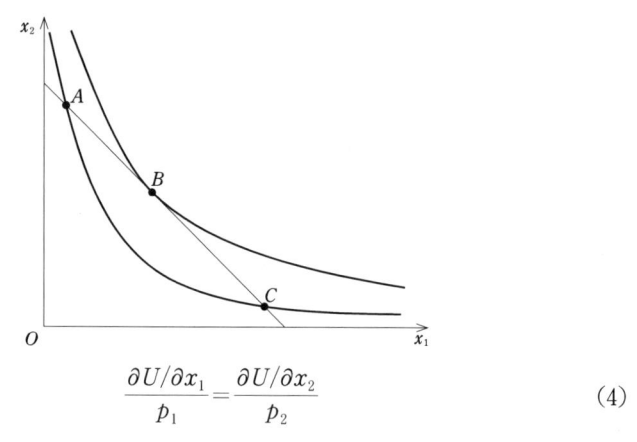

と変形できる．この式は各財の単価当たりの限界効用が等しくなるように消費するのがベストであることを示しており，加重限界効用均等式といわれる．

たとえば，効用関数が $U = x_1 x_2$ のときの最適消費需要を求めてみよう．まず，相対価格＝限界代替率より

$$\frac{p_2}{p_1} = MRS = \frac{\partial U/\partial x_2}{\partial U/\partial x_1} = \frac{x_1}{x_2} \tag{5}$$

が成立するが，これから $p_1 x_1 = p_2 x_2$ が成り立つ．一方，予算線の式 $p_1 x_1 + p_2 x_2 = I$ が成り立たねばならないので，これらの 2 つの式より，最適消費需要 $x_i = I/2p_i$ $(i = 1, 2)$ が得られる．

このようにして人々の財に対する需要は決まってくる．すなわち，財に対する選好と価格体系，および所得に依存して決まる．

参 考 文 献

江副憲昭・是枝正啓編著（2001）『ミクロ経済学』勁草書房．

Henderson, J. M. and R. E. Quandt (1971) *Microeconomic Theory*, 2nd ed., McGraw-Hill（小宮隆太郎・兼光秀郎訳（1994）『現代経済学』（増訂版），創文社）．

Varian, Hal R. (1980) *Intermediate Microeconomics*, 2nd ed., W. W. Norton（佐藤隆三監訳（1990）『入門ミクロ経済学』勁草書房）．

第 2 章 生産者の行動と供給

2.1 生産活動

　製品供給量（生産量）決定に関する生産者行動は，製品生産費用とその供給（販売）から得られる収入に依存する．生産者は生産活動に必要な原材料・労働・土地・生産設備などの財（生産要素）を購入（投入）し，所有している技術・知識を駆使して，製品（生産物）を生産する．そして，その生産物を市場で販売し，収入を得る．生産者とはこのような一連の生産活動を行って，利潤最大化を図る経済主体である．

　生産要素の投入量とそれからもたらされる生産物の最大可能な生産量との対応関係は生産関数と呼ばれる．各生産者の技術水準によってこの対応関係は異なるものとなる．このとき生産者は技術的制約に直面しているといわれる．生産物・生産要素の各市場がどのような市場形態であるかは収入および費用に関して生産者に大きな影響をもたらす．生産者は市場において生産物価格を観察すると，その価格のもとで自らの利潤を最大にするように生産量と投入量を決定する．

2.1.1　生産関数

　製品（生産物）を生産するためにはさまざまな生産要素が必要である．企業とは生産要素を調達し，それらを生産物へ変換し，販売するシステムであるといえる．その企業がどのような生産要素を投入し，どれだけの生産を行ったかは比較的容易に知ることができるが，それらの生産要素がどのような技術を用いて最終的な生産物になるのかを知ることは困難である．前述のようにこの生産要素の組み合わせから生産物への変換の関係を一般に生産関数と呼ぶ．生産

物の生産に必要な生産要素は労働，資本，土地などがあげられる．労働は肉体労働であろうと精神的労働であろうと生産活動に対する貢献となる．資本は機械設備，工場などを指している．また，土地は，農業のように土地そのものに対する経済活動として使われる場合と，オフィスビルのある場所のように単なる手段として使われる場合もある．説明の便宜のために，以下では，2種類の生産要素 X_1，X_2 がそれぞれ x_1，x_2 単位あり，その投入によってある単一の生産物 Y が y 単位生産されるものとする．この関係を $y=f(x_1, x_2)$ という生産関数で表すことにしよう．

生産関数を考察するさいに重要なことは生産調整のための時間という視点である．短い期間においては，ある生産要素は投入量変更の調整が可能でなく，他の生産要素は直ちに調整可能であるかもしれない．ある期間を設定し，その間に調整できる生産要素を可変要素（原材料やパートタイム労働など），調整できないものを固定要素（機械，建物，長期契約の雇用など）という．生産要素にこうした区別がある場合を短期，区別がない場合（すなわち，生産要素がすべて可変要素である期間）を長期と呼ぶ．ここで，生産要素 X_1 は可変要素であり，生産要素 X_2 は固定要素で $\bar{x}_2$ に固定されているとすれば，短期生産関数は $y=f(x_1, \bar{x}_2)$ と表せる．このとき，生産量を変更するためには，生産要素 X_1 の投入量 x_1 を変更させることとなる．したがって，上記の生産関数を $y=f(x_1)$ と略記することができる．一方，長期ではすべての生産要素は変更調整可能であり，その生産関数は $y=f(x_1, x_2)$ と表され，長期生産関数と呼ばれる．

2.1.2 限界生産力と規模に関する性質

生産関数についての一般的な性質を考えてみよう．まず，生産要素 X_2 の量を $\bar{x}_2$ に固定した状態で，生産要素 X_1 の量を Δx_1 単位増加させたとき，生産量が Δy 単位変化したとしよう．このとき，比率 $\Delta y/\Delta x_1$ は生産要素 X_1 の限界生産力（MP：marginal productivity）と呼ばれる．すなわち，

$$MP = \frac{\Delta y}{\Delta x_1}$$

と表される．数学的にはその生産要素の変化分 Δx_1 をゼロに限りなく近づけたときのこの極限値をその生産要素の限界生産力といい，図2.1では生産関数

図 2.1　典型的な短期生産関数

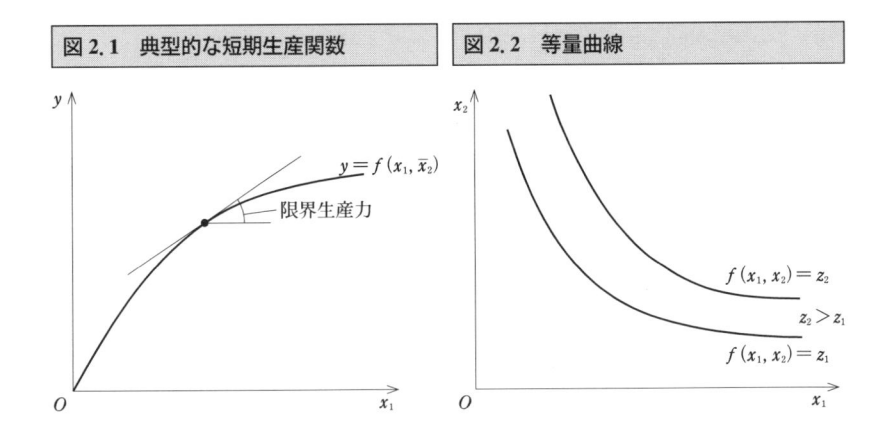

図 2.2　等量曲線

の傾きの接線の大きさによって表される．一般に限界生産力は非負であると考えられる．また，この限界生産力はその生産要素投入量が増えるにつれて減少することが多いが，このことを限界生産力逓減の法則という．これは生産要素投入量の増加にともない，追加的に投入された生産要素の生産に対する貢献度が低下していることを意味している．言い換えると，生産要素 X_i の限界生産力が逓減するということは生産要素投入量の増加に関する限界生産力の極限値が負であることを意味する．

2.2　等量曲線と費用最小化

2.2.1　等量曲線

次に，同一の生産量をもたらす生産要素の可能な組み合わせを考えてみよう．この組み合わせの集まりは等量曲線（等産出量曲線）といわれる．したがって，ある生産関数 $f(x_1, x_2)$ のもとで等量曲線はある定数 z に対して $z = f(x_1, x_2)$ を満たす生産要素の組み合わせの集まりということができる．等量曲線の形状をみるためには生産関数の形が明らかになればよい．代表的な生産関数としては図 2.2 に示されているように等量曲線が原点に対して凸となる生産関数である．

等量曲線は同一の生産量をもたらす生産要素の組み合わせを表すので，同一生産量のもとで，どれくらい一方の生産要素が他方の生産要素に代替できるか

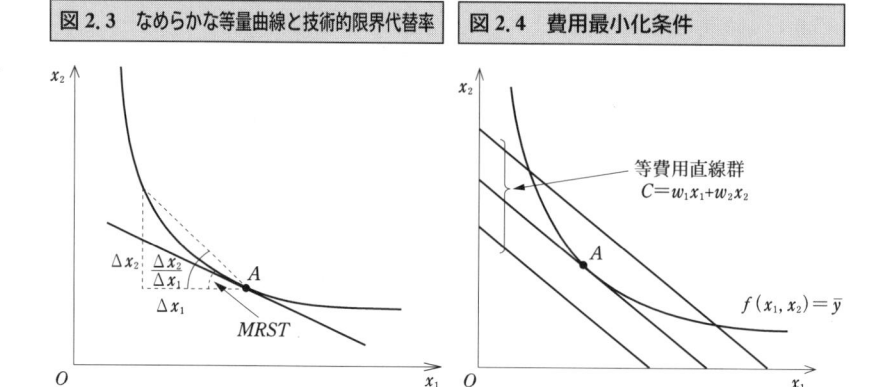

図 2.3　なめらかな等量曲線と技術的限界代替率

図 2.4　費用最小化条件

をみることができる．図 2.3 では，点 A から生産要素 X_1 をいくらか減少させたとき（Δx_1），生産量を一定に保つために増やさなければならない他の生産要素 X_2 の量を示している．この比率 $\Delta x_2/\Delta x_1$ は Δx_1 をゼロに近づけるとある値に近づくが，その値は生産要素 X_1 の生産要素 X_2 に対する技術的限界代替率（MRST：marginal rate of substitution of technology）といわれ，これは等量曲線の傾きの絶対値で示される．図 2.3 のように等量曲線が原点に対して凸であれば，この技術的限界代替率は生産要素の量が増加するにつれて減少していく．

2.2.2　費用最小化

いま，仮に今期における生産量の目標値を $\bar{y}$ に設定したとしよう．この値がどのようにして決まるかは後で述べる．このとき，どのような生産要素の組み合わせを採用するかという問題を考えてみよう．生産要素 X_i の購入単価を w_i とし，その生産要素を x_i 単位使用したとすれば（$i=1,2$），費用 C は

$$C = w_1 x_1 + w_2 x_2$$

となる．いま，各生産要素価格（w_1, w_2）は所与とすると，企業は $\bar{y}$ を生産するために，どのような生産要素の組み合わせを選ぶであろうか．これは費用最小化原理によって説明される．同じ生産量を生産するためにはそれにともなう費用が最も少なくなるような生産要素の組み合わせを選べばよい．すなわち，生産目標を所与として費用を最小にする問題を解けばよいことになる．

いま，ある一定の費用をもたらす生産要素投入量の組み合わせを $C = w_1 x_1 + w_2 x_2$ とする．これは (x_1, x_2) に関する等費用直線と呼ばれる．これを変形すると $x_2 = -(w_1/w_2)x_1 + C/w_2$ となる．図2.4で $\bar{y}$ の生産をもたらす等量曲線上の点で費用最小となる生産要素投入量の組み合わせは，この等量曲線が等費用値線と接する点 A となることは明らかであろう．したがって，費用を最小とする生産要素の組み合わせは

$$生産要素価格比 = \frac{w_1}{w_2} = MRST = 技術的限界代替率$$

を満たす．このことから，企業が生産のためどのような生産要素をどれだけ使用するかは，生産要素を使用するさいの費用と企業の保有する技術との関係で決定される．

2.3 短期費用関数と利潤最大化

2.3.1 費用関数

生産要素価格が所与のとき，ある一定の生産量に対する最小費用を導くことができるが，この生産量と最小費用との関係は費用関数と呼ばれ，次のように表される．

$$C = C(y : w_1, w_2)$$

2.1.1項で述べたことを勘案すると短期では，費用を固定費用（FC：fixed cost）と可変費用（VC：variable cost）とに分けることができる．固定費用とは，工場設備の維持に必要な費用や一般管理費など，生産量 y がゼロのときでもかかる費用のことである．たとえば，生産物をまだ製造していない状態においても，工場の機械設備等はすでに設置されているので，費用を要す．一方，可変費用は生産量に応じて変化する費用であり，具体的には，原材料費や賃金である．したがって，短期では費用は可変費用と固定費用から構成され，このときの生産量の関数としての費用関数は

$$C(y) = VC(y) + FC$$

と表され，短期費用関数と呼ばれる．

2.3.2 平均費用と限界費用

図 2.5 は典型的な短期費用関数を表している．$C(y)/y$ は生産量 1 単位当たりの費用であるから，平均費用（$AC(y)$：average cost）といわれる．図 2.5 において，生産量 $\hat{y}$ での平均費用は線分 OB の傾きで表される．短期の費用は可変費用 VC と固定費用 FC の和であったので平均費用 $AC(y)$ は

$$\frac{C(y)}{y} = \frac{VC(y)}{y} + \frac{FC}{y}$$

あるいは，$AC = AVC + AFC$ で表される．ここで AVC は平均可変費用，AFC は平均固定費用の略記である．

生産量の追加的増加にともなう費用の増加分，すなわち，生産量をある値か

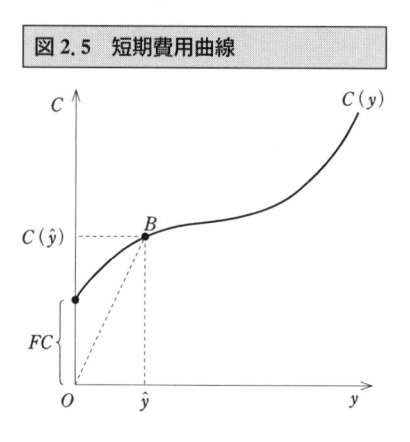

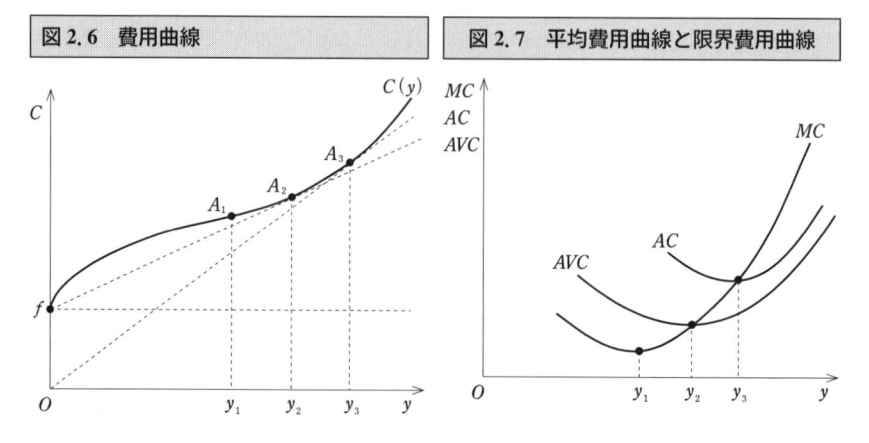

図 2.5 短期費用曲線

図 2.6 費用曲線

図 2.7 平均費用曲線と限界費用曲線

ら1単位追加生産するためにかかる費用の増加を限界費用（$MC(y)$：marginal cost）という．これは費用曲線の接線の傾きの値であり，この値は可変費用曲線の接線の傾きでもある．図2.6において生産量がy_3までのとき平均費用は減少し，y_3以上で再び増加する．また，図2.6においてy_1は費用曲線の傾きが最も小さくなる生産量となっており，生産量がy_1までのとき限界費用は減少していくがそれ以上では増加していく．また，点A_3における接線は原点を通るので，それに対応する生産量y_3において平均費用と限界費用が等しくなっている．

これに対して，可変費用は費用曲線から固定費用を除いたものである．したがって，生産量1単位当たりの可変費用（平均可変費用）は図2.6において縦軸上の点fから費用曲線上の点を結んだ線分の傾きで表される．点fから引いたこの直線は図2.6の点A_2において費用曲線と接する．生産量がy_2までのとき平均可変費用は減少していくが，それ以上生産量が増えると，平均可変費用は増加していくことがわかる．したがって，生産量y_2で平均可変費用は最小になり，そこでは平均可変費用は限界費用と一致する．以上のことを図示すると，図2.7のようになる．

2.4 生産の決定

2.4.1 生産の決定

さて，このような費用構造を有する企業の最適な生産決定を考えよう．いま，生産物の価格pが市場で与えられているとしよう．このような企業をプライス・テイカー（価格受容者）という．利潤は生産物を販売して得られる収入pyとそれを生産するために必要となる費用$C(y)$との差である．企業の目的はこの利潤を最大にする生産量yを決めることである．このとき，企業の利潤πは

$$\pi = py - C(y)$$

で表される．既述のようにpyは企業の収入を表す．これを収入曲線という．図2.8はこの収入曲線と費用曲線を表している．この2つの曲線の差が利潤となる．

図 2.8　利　潤

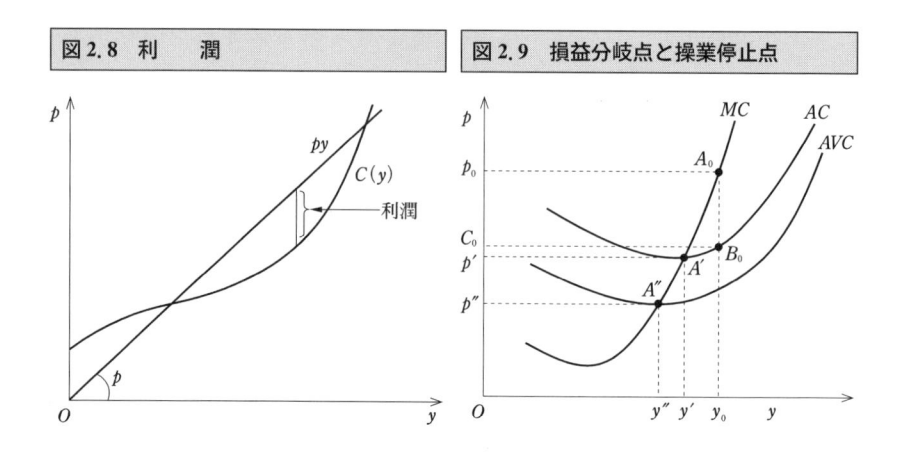

図 2.9　損益分岐点と操業停止点

　このとき，利潤を最大にするには生産量を 1 単位追加したときに得られる利潤の増加分がゼロとなる生産量をみつけることである．すなわち，短期の最適生産量は 1 単位追加販売して得られる収入（これはその生産物の価格である）と 1 単位追加生産するさいに要する費用（これは限界費用である）を等しくする生産量である．さらに 1 単位追加販売して収入が得られたとしても，そのさいの追加的生産費用が高ければ，企業はそのようなことは行わない．したがって，企業の利潤最大化必要条件は

$$価格 = 限界費用\ (p = MC)$$

を満たすことになる．よって，限界費用曲線が与えられていれば，生産物の価格に対して，最適生産量が決まる．図 2.9 において，生産物価格が p_0 のときには y_0 が最適生産量となっている．このとき利潤は，$\pi = P_0 \times y_0 - C_0 \times y_0$ より，四角形 $C_0 B_0 A_0 p_0$ となる．価格が p' のとき，その価格と最小平均費用に等しいので利潤はゼロとなる．この点 A' は損益分岐点といわれる．損益分岐点よりさらに価格が下がると赤字になるが，p'' より高い価格であれば赤字ではあるが，売り上げの中から可変費用は回収できるので，生産を停止するよりも短期的には操業したほうがよいことになる．しかし，価格が p'' より低いときは可変費用も回収できなくなり，生産を停止したときよりも損失が大きくなるので，操業しないほうがよい．したがって，企業は最小平均可変費用よりも低い価格のもとでは生産停止の選択を行う．この点 A'' は操業停止点といわれる．

図 2.10 個別供給曲線

図 2.11 供給の価格弾力性

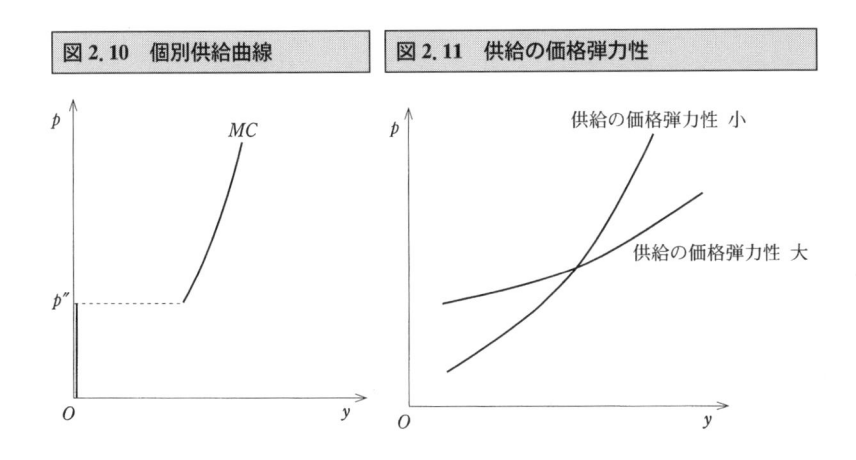

2.4.2 供給関数と供給の価格弾力性

　プライス・テイカーとしての企業の短期最適生産量は価格と限界費用が等しいところで決まるが，この関係は与えられた価格に対してどれだけ各企業が市場に生産物を供給するかを表しているので個別短期供給関数といわれ，図2.10 のようなジャンプした右上がりの曲線となる．これは特定の企業の供給関数であったから，市場の供給関数は各企業の供給関数を集計したものになる．多くの企業が存在すれば，市場供給曲線はなめらかな右上がりの曲線となる．

　次に，生産物の価格が変化したときの供給の変化を考えてみよう．一般に価格が上昇すれば，供給は増加するであろう．いま，価格が p から $p+\Delta p$ に上昇したとき供給が y から $y+\Delta y$ に増加したとしよう．このとき，供給の価格弾力性とは

$$\frac{\Delta y}{y} \bigg/ \frac{\Delta p}{p} \tag{2.1}$$

で定義され，これは価格の 1 ％の上昇が財の供給を何％増加させるかを表す指標である．価格の微小の増加を考えれば，これは

$$\lim_{\Delta p \to 0} \frac{\Delta y}{y} \bigg/ \frac{\Delta p}{p} = \frac{dy}{dp} \frac{p}{y}$$

によって表すことができる．需要曲線の場合と同様にこの価格弾力性が大きいほど供給曲線は水平になる（図 2.11）．

2.5 長期費用曲線

これまでは短期に限定して企業の生産決定を考えてきたが,ここでは長期の観点からこの問題を取り上げてみよう.短期費用は特定の固定要素の水準のもとでの費用であったので,これを $C(y;k)$ のように明示しよう.ただし,k は固定要素の量を示す指標とする.図 2.12 のように固定要素のレベルを k_1,k_2,k_3 ($k_1 < k_2 < k_3$) に変化させて,対応する短期費用曲線を表してみる.

図 2.12 は k が大きいと,固定費用が大きくなるが,生産量が多くなれば効率がよくなることを表している.たとえば,長期的にみて生産量が y' とすれば,最小費用をもたらす k_2 が採用される.生産量が y'' のときは,k_3 が採用される.こうして,各生産量に対して,最小費用をもたらす固定要素を選択していくことによって得られるものを長期費用関数 (LC) という.これを式で表すと

$$LC(y) = \min_{k_i} C(y;k_i)$$

と書くことができる.長期費用関数は図 2.12 では曲線 $ABDE$ という各短期費用曲線の包絡線で表される.

これまでは,3つの固定要素の水準だけ考えたが,連続的に考えれば,図 2.13 のようにこの長期費用曲線はなめらかなものに描くことができる.

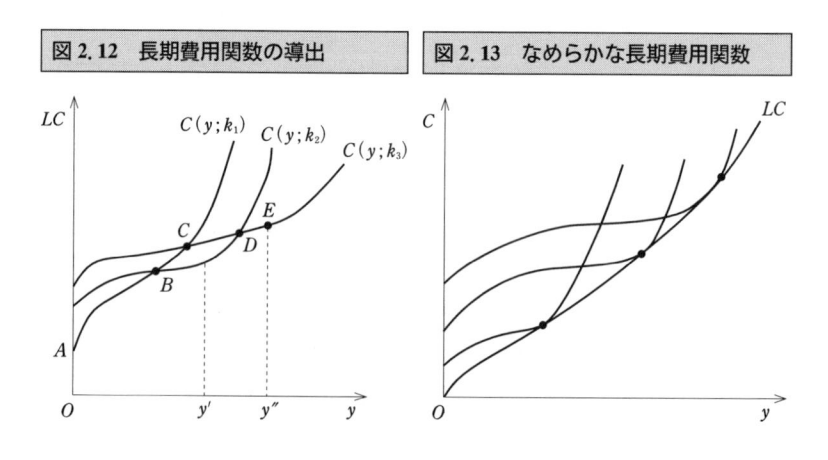

図 2.12 長期費用関数の導出

図 2.13 なめらかな長期費用関数

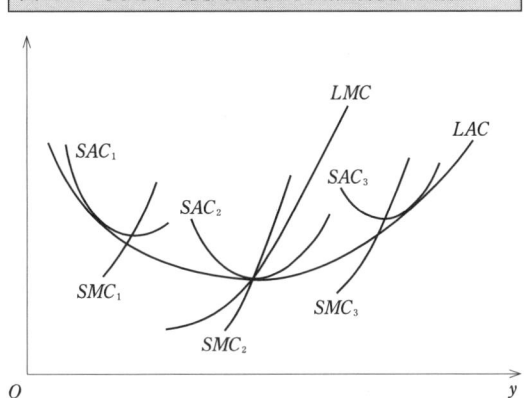

図 2.14 長期平均費用曲線と長期限界費用曲線

2.5.1 長期平均費用と長期限界費用

　長期平均費用曲線や長期限界費用曲線も同様にして描くことができる．すなわち，長期平均費用曲線は短期平均費用曲線の包絡線であり，長期限界費用曲線は長期費用曲線からそのまま求められる．図 2.14 において，$SAC(k_i)$，$SMC(k_i)$ $(i=1,2,3)$ はそれぞれ固定要素 k_i における短期平均費用，短期限界費用を表している．

　図 2.14 では，長期平均費用曲線を U 字型で表したが，一般的に長期平均費用曲線は U 字型になるとは限らない（短期平均費用曲線は一般に U 字型である）．この長期平均費用が生産量の増加とともに逓減するとき，規模の経済があるという．長期平均費用曲線が U 字型をしていると，ある生産水準までは生産設備の規模を大きくすることによって，規模の利益を受けることができるが，その水準を超えると，平均費用は増大する．規模の経済が発生する要因として，まず，特化の利益がある．これは生産量が増加するにつれて，人々がそれぞれの仕事を特化し，生産効率を高めることができるからである．また，生産要素の分割不可能性も規模の経済が発生する要因である．ある生産要素は分割不可能なので，生産するためにあらかじめある量だけ必要であるが，生産を増やしてもその生産要素を増やす必要がなく，したがって，平均費用が低下していくのである．たとえば，電話サービスの供給を考えたとき，生産の開始の時点で大規模な設備を必要とするが生産を増やしても設備そのものは増やす必

要がなく，したがって，長期においては平均費用は低下するのである．これに対して，規模の不経済が発生する要因としては，生産が大きくなりすぎると労働者の効率的管理が困難になることである．これは経営組織上の問題であるが，企業規模の拡大に対する制限となる．

参考文献

Begg, D., S. Fischer, and R. Dornbusch (1991) *Economics*, McGraw-Hill.
林敏彦 (1988)『ミクロ経済学』東洋経済新報社．
細江守紀・大住圭介編 (1995)『ミクロ・エコノミックス』有斐閣．
石井安憲・西篠辰義・塩澤修平 (1995)『入門・ミクロ経済学』有斐閣．
伊藤元重 (1987)『入門経済学』日本評論社．
倉澤資成 (1988)『入門価格理論』第2版，日本評論社．
Mankiw, N. G. (1998) *Principles of Microeconomics*, 2nd ed., Thomson Learning（足立英之ほか訳 (2000)『マンキュー経済学Ⅰ　ミクロ編』東洋経済新報社）．
西村和雄 (2001)『ミクロ経済学』第2版，岩波書店．
Stiglitz, J. E. (1997) *Economics*, W. W. Norton（藪下史郎・秋山太郎・金子能宏訳 (2000)『ミクロ経済学』第2版，東洋経済新報社）．
武隈慎一 (1989)『ミクロ経済学』新世社．
時政勗・江副憲昭・細江守紀編 (1995)『入門現代経済学』勁草書房．

第3章　労働の供給と需要

3.1　はじめに

　本章では標準的な労働供給と労働需要モデル，企業人事と少子化という現代的課題について考察する．労働供給は消費モデルの1つの応用であり，労働需要は企業モデルの直接的な適用である．企業人事については報酬と勤続年数の関係の経済学的な説明を行う．少子化問題では，少子化問題の理論的な枠組み，わが国の少子化の現実とその影響，国による少子化対策などについて検討する．

3.2　労働の特性について

3.2.1　労働者とは

　労働の需要と供給の問題を考える場合の労働者の姿は，消費モデルの消費者と同様に構成される．彼は企業に雇用され，自分の時間を労働として販売し，労働の対価として賃金を受け取り，その賃金を主たる収入として商品を消費する．したがって，労働者は労働の供給者としての役割と商品の消費者としての役割の二面性をもっている．そして，労働者は消費者（あるいは家計）という経済主体と同様，合理的な経済人として行動する．消費者が消費する商品からの効用を最大にするように行動したように，労働者も同様の行動をとるのである．ただし，このような労働者像はある1人の個人を労働者としてとらえるのではなく，自分で自分を雇う場合には，彼は企業であり労働者であるというようにあくまでも概念的なものである．とはいえ，企業に雇用される個人という理解は自然である．

　このような労働者像は，現実の労働者と比較してみればイメージとしてはき

わめて不十分であることはいうまでもない．労働者はさまざまな面をもっており，複雑なものである．働くことの目的は賃金だけではない．社会や他人に奉仕することを目的として働くことも事実である．ボランティアやNPOの活動などはその一例である．その意味で，モデルは労働者のさまざまな特徴を経済活動に限って単純化したものである．しかしながら，抽象的な経済システムを考えるとき，経済主体としてのこのような労働者像を仮定することは以下にみるように経済学的にきわめて生産的である．われわれはモデルの労働者像の不完全さを問題にするのではなく，そこから得られる成果を吟味すべきであろう．

3.2.2 教育と技能の形成

　労働者によって供給される労働時間は，それ自体がさまざまな性質を有している．生産性の高い労働もあれば生産性の低い労働もある．それらは労働の質と呼ばれる場合がある．基本的な経済分析では，多数の労働者の労働の質あるいは労働者の質は同質であると仮定される．ここでいう労働の質とは労働の生産性を表すものである．生産性とは厳密には労働の限界生産性を指す．後の節で詳しく議論するが，限界生産性とは，労働の追加的な1単位の増加が，生産物を何単位増加させるのかを表す指標である．限界生産性が大きいならば生産性は高いし，逆であれば低いといわれる．労働者の質についても同様である．

　この労働の質を変化させる要因として，教育や技能訓練を考慮した理論が人的資本と呼ばれるものである．人的資本理論では，労働の質を決めるのは学校教育や企業による職業訓練である．教育や訓練への投資が人的な資本（技能・知識）として蓄積され，その結果として労働者の生産性を上昇させる．企業における教育・訓練はその成果が一般性をもつのか特殊なのかで2つのカテゴリーに分類される．どのような企業においても生産性を上昇させうるような教育・訓練は一般訓練と呼ばれ，他方教育・訓練を施した企業でのみ生産性を上げるような教育・訓練は特殊訓練と呼ばれる．

　特殊訓練の場合，他企業への移動によって生産性上昇の効果は消滅するので，結果として賃金の下落を伴うであろうことから，当該企業からの離職を困難なものとする．その意味で，日本的な長期雇用の合理性を説明する1つの理論である．教育投資を行うことによって人的資本が形成され生産性が上昇するならば，企業内で賃金は上昇カーブを描くと考えられる．いわゆる終身雇用，年功

序列という長期の雇用関係と年齢の上昇に伴って賃金が上昇するという現象の合理的説明を与える．

また，長期の雇用関係と年齢とともに賃金が上昇することは，広く欧米でも観察される事実である．とくにホワイトカラー（管理・事務・技術労働者）については年齢とともに賃金は上昇する．日本においては生産労働者においても彼らと同様の賃金カーブを描くのに対して，欧州における生産労働者の場合，賃金の上昇がさほどみられないなどの差違がある．日本的雇用の特徴はこの生産労働者における年功賃金の傾向である．わが国では生産労働者に対してもホワイトカラー同様に査定が行われていることを反映しているといわれる．他方アメリカでは，先任権によって長期の雇用関係は勤続年数とともに賃金の上昇をもたらす．単純にいえば，先任権とは上位の職種への移動は勤続年数の上位のものを優先し，レイオフ（一時解雇）の際には，勤続年数の短いものから解雇し，逆に再雇用は最後に解雇されたものからなされるシステムである．このような場合，賃金は年功カーブを描くだろう．

教育訓練と暗黙知　　職業訓練は通常 OJT（On-the-Job Training）によってなされる．それは製造業だけでなく卸業・商社などのサービス業でも同様である．仕事に就きながら先輩等から学ぶという方式は職業訓練としては普遍的なものである．それに加えて Off-JT（Off-the-Job Training）と呼ばれる座学が組み込まれている．

職場において OJT が主流である理由として，職場における高度な技能が暗黙知と呼ばれるマニュアル化できない技能であるという説明がなされる．マニュアル化できないとは，言葉として記述不能なことが多いという意味であり，それは仕事をしながら先輩等から学ぶことによってしか習得できないものである．暗黙知の例としてよく引き合いに出されるのはピアノの演奏である．すばらしいピアノの演奏はマニュアル化が困難であり，熟練者による指導と自らの修練によってのみ習得されるものである．それらを言葉で伝えること，あるいはマニュアルを読むことによって獲得することは難しい．

高度な技能という言葉には，予測できないアクシデントへの対応の能力というものも考えられる．工場での生産性の向上は，機械化と分業による作業のマニュアル化によって達成されるものではなく，生産ラインストップの回避，ま

たその早期の復旧，あるいは不良品の発生の原因究明の迅速さなどを含むものである．近年進展している労働のIT化は，技能の高度化ではなく単純労働を増加させるのではないかという指摘がなされるが，IT化はむしろさまざまな作業や業務を有機的に結びつける仕事の複合化と高度化をもたらすものである．OJTの役割は今後ますます重要性を増すと思われる．

3.2.3 情報の不完全性

労働者の労働の成果は，彼のもつ技能や知識あるいは能力といったものに左右される．高い能力をもつ人は高い成果を期待できるし，逆であれば低い成果しか期待できないであろう．労働の成果はこのような労働者の属性に依存するものがある一方で，労働者の行動に依存するものがある．たとえば，勤勉に働くあるいは怠けるなどがこれにあたる．また，自分の能力が高いふりをするなどの行動もある．

労働の成果自体も企業を取り巻く経済環境に依存するため，成果から正確に労働者の能力や努力の水準を測ることが困難というような場合もある．また現代の仕事の場が組織として労働を行うために，その成果への個人の寄与を正しく評価することも困難である．労働者あるいは労働の質を取り扱う場合，完全な情報を得ることは難しくなる．このような問題は情報の不完全性と呼ばれる．

労働の質についての情報が完全でない状況は，労働の市場において数多くみられる．新規に労働者を雇用する場合に企業が彼の能力あるいは労働の質を事前に知ることは困難であろう．また，雇用した労働者が賃金に応じた働きをしているのかどうかを正しく観察することも困難であろう．このような状況は情報の非対称性と呼ばれる．すなわち，労働者は自分の質あるいは行動について知っているが，企業はそれを正確に知らないという状況である．前者の場合，正確な情報を企業が得られなければ，企業は質の高い労働者と低い労働者の区別がつかないために，高い質の労働者に適切な賃金を支払えず，その結果として市場には質の低い労働しか供給されなくなる．この現象は逆選択と呼ばれ，レモンの原理として知られる仮説である．このような状況を回避するために労働者は自分が有能であることを示そうとする．有名大学へ進学したり，資格を取得したりするのは，自分が高い能力をもっていることを示すためである．

労働者の行動を企業が完全に観察できない場合には，労働者は怠けるという

誘因が働く．すなわち怠けることが発見されないならば，労働者にとって最適な行動は働かないという選択である．行動が観察されないことから引き出されるこのような行動はモラル・ハザード（道徳的危機）と呼ばれる．労働者はこのような機会主義的行動をとる経済主体でもある．

3.2.4　家庭と労働

家庭内での育児や家事などの労働は市場において評価されないことから，標準的な経済分析の手法を適用することが困難である．通常の分析では家事労働は労働時間以外の時間として扱われる．しかしながら，経済主体を家計という単位におくとき，世帯主と配偶者および扶養家族という関係を前提とするならば，家計という1つの家庭を単位として労働の供給主体を考える必要がある．

たとえばわが国でのパート労働の担い手は主婦層である．主婦のパート労働は，家計内での家事労働と労働への時間配分の問題である．その場合，家計として考えると，収入は会社員である夫の収入に，主婦のパート収入が加わる．したがって，主婦は家計全体の収入を考慮して労働供給を行うと考えられる．2002年度の場合，主婦のパートの年収入が103万円と130万円を超えるときに，夫の所得税控除（配偶者控除と配偶者特別控除）が減額されはじめるために，主婦は労働をこれらの年収内におさえるという行動をとる．これらの年収はパートの壁と呼ばれ，労働供給の阻害要因となっている．

育児や家事労働と賃金労働の間の選択を分析するための理論として，家計生産モデルがある．家計生産モデルでは企業の生産関数と類似する家計生産関数によって家庭内で生産される財を効用の対象とする．たとえば，カレーを自宅で作る場合，その材料と家事労働の時間を投入してカレーを生産する．その関係を家計生産関数と呼ぶ．いうまでもなくカレーを作るためにはいくつかの方法がある．カレーのルーを自ら作る，カレー粉を使う，レトルトパックを温めるなど生産方法はいくつもあるであろう．それに必要な材料，時間の組み合わせがいくつも存在するのである．ここでは労働者は，カレーを食べることから得られる効用を最大にするように家事労働の時間と生産方法を決めることになる．このモデルは育児時間あるいは子供の数を決める場合などにも応用が可能である．この場合，生産される財は子供である．家庭は子供から効用を得るのである．

労働者の行動分析は，その置かれた環境を考慮することでさまざまなバリエーションがありうるのであるが，経済分析の場合，その基礎的な労働者像は最初に述べた労働者像にほかならない．彼らは常に経済合理的な行動を取る経済主体の1人である．

3.3 労働供給の特徴

3.3.1 余暇と労働

経済学において労働は労働の時間として表され，余暇の時間とのトレードオフの関係として理解される．すなわち，労働者にとって利用可能な時間には制約がある．たとえば1日24時間のうち人間にとって利用できるのは，睡眠時間を除いた部分である．これをΩで表そう．この1日の利用可能な時間（Ω）を余暇時間（l）と労働時間（t）に配分するとする．このとき，時間は

$$\Omega = l + t$$

となる．利用可能な時間Ωは一定であるから，余暇時間を増やすことは労働時間を減らすことであり，逆に労働時間を増やすことは，余暇時間を犠牲にすることである．この意味で，労働時間と余暇時間はトレードオフの関係にある．この余暇時間が労働者によって決められれば，利用可能な時間の残りとして労働時間が同時に決まり，労働者の労働供給量が決定される．

労働者はどのようにして余暇時間を決定するのかを考えよう．重要なことは，経済学では労働者は消費者と同じように財・サービスの消費に対する効用をもつとともに，余暇時間に対しても効用をもつということにある．労働者は通常の財と余暇時間の組み合わせに対して効用をもつので第1章で用いた議論をそのまま適用できる．ただし，余暇時間には市場における価格は存在しない．

いま多種類の財を1種類にまとめて商品のバスケットとみなしそれを商品xとし，余暇時間lとした選択可能な財の組の集合は，2次元平面の図として描くことができる．第1章で学んだように，労働者のこの財の組に対する好ましさの順序は，効用関数$U(C, l)$で表される．また，それは同じ効用水準の財と余暇時間の点からなる無差別曲線によっても表される（図3.1）．

この無差別曲線の形状は，個々の労働者の特性を示す．それは無差別曲線の

図 3.1　労働者の無差別曲線

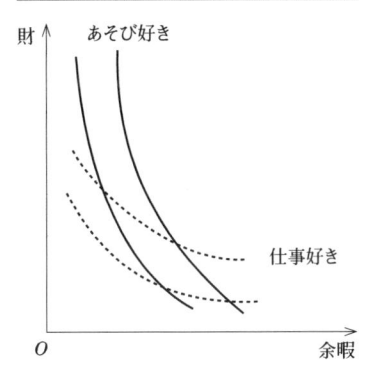

傾きの度合い（限界代替率）として示される．限界代替率は余暇時間を財 x によって評価したものである．この傾きが大きいほど，余暇時間の財 x による評価は高い．したがって，傾きが大きい労働者は遊び好きであり，小さな労働者は余暇の評価が低いことから，仕事好きであると特徴づけることができる（図 3.1）．

3.3.2　労働者の意思決定

労働者は消費者と同様に，限られた予算のなかで財の消費を行うとともに，限られた時間のなかで消費のための収入を得ることが必要である．労働者の意思決定は，労働をするのかどうか，するならばどれだけの時間なのか，そしてどれだけの財を消費するのかということを同時に意思決定する問題である．ただし，直接的に意思決定問題として解くのは，財と余暇時間の決定問題であり，その結果として労働時間および賃金収入が決まる．

効用最大化行動をとる労働者にとって制約は 2 つある．1 つは利用可能時間という制約であり，それは

$$\Omega = l + t$$

であることはすでに述べたとおりである．この制約を時間制約と呼ぶ．財の消費に関しては，収入が支出を超えないことが必要である．いま時間当たりの賃金率を w とし，財 x の価格を p とすれば，所得と支出に関する制約は，

図 3.2 予算空間

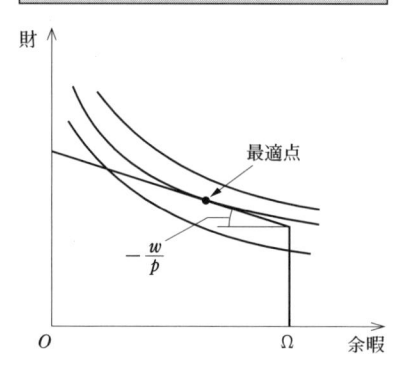

財
最適点
$-\dfrac{w}{p}$
O　　　Ω　余暇

$$px = wt + Y$$

で表される．ここで Y は非稼得収入で，利子収入，家賃，配当などの労働以外の収入をすべて合計したものである．この制約を所得制約と呼ぼう．

労働者の制約はこの 2 つの式によって表されるが，労働時間は余暇時間の残りであり，労働者の効用に関係がないので，これを消去すれば，制約は 1 つの式で表され，

$$px = w(\Omega - l) + Y$$

となる．この式は予算線と呼ばれる．労働者の予算線は図 3.2 のように描くことができる．余暇時間に制約があることから，図のような台形の形をしている．右下がりの直線部分は予算線と呼ばれる．余暇時間は利用可能時間 Ω を超えることはできない．予算線の傾きは時間当たりの実質賃金率を表している．

労働者にとっての最適な財と余暇時間の組み合わせの点は，消費者の意思決定と同様の議論によって得ることができる．すなわち，最適点は予算制約と労働者の無差別曲線が接する点である（図 3.2）．なぜならば，予算制約と無差別曲線が交わる点に対しては，容易に右上方に異なった無差別曲線と予算制約の交わる点をみいだすことができる．この点は，明らかに効用水準が高い点であるから，交わる点は最適点にはなりえない．他方，交わらない点は予算制約を満たさないため，実現不可能である．したがって，予算制約と無差別曲線が接

する点が最適である.

賃金率の変化と最適余暇時間　収入のなかで非稼得収入だけが増加した場合に，最適な余暇時間はどのように変化するのかを検討しよう．非稼得収入 Y の増加は，予算線の上方向へのシフトである．予算線の傾きは一定であることに注意しよう．財の価格と賃金率は一定である．通常の労働者にとってこのような収入の増加は，最適な余暇時間の増加をもたらすと考えることは自然である．不労所得が増えれば，人は余暇時間を増やすだろう．このことは，余暇時間が労働者にとって正常財（上級財）であることを意味する．逆にいえば，労働時間は不労所得が増加すれば減少する．

以上の準備のうえで，賃金率の変化に対する余暇時間への影響を考えよう（図 3.3）．いま賃金率 w が w' と増加したとする．予算線は予算制約の屈折している点を中心に時計回りに回転する．このとき，収入の増加と価格比（財の価格と賃金率）が変化し，その結果最適点は点 A から点 C へと移動する．この移動を詳しく理解するために，消費者の分析で用いた所得効果と代替効果の考え方を用いよう．

代替効果は収入の増加の効果を除いて，価格比だけの変化の効果をみたものである．点 A から点 B への移動は，代替効果である．この点は，賃金率は w' で点 A と同じ効用水準の最適点である．効用水準を w と同一に保つことによって，賃金率の上昇による収入の変化の効果を除き，価格比の変化だけの効果

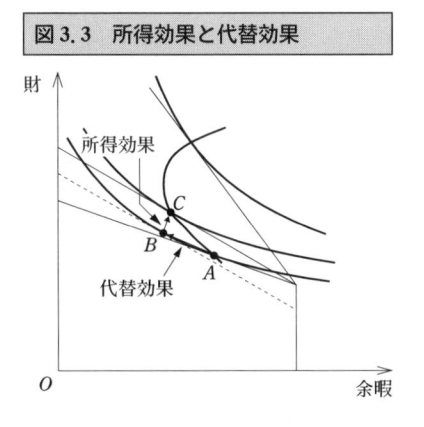

図 3.3 所得効果と代替効果

をみたものである．賃金率の増加は，裏返しとして余暇時間の価格の上昇と理解できるから，価格比の増加は無差別曲線の形状から，余暇時間を常に減少させる．したがって，代替効果は賃金率の上昇に対して，労働時間を増加させる．

他方，所得効果は価格比を一定として収入の増加の変化のみをみるものである．これは点 B から点 C への移動に対応する．すでに述べたように，余暇時間が正常財であるならば，収入の増加は余暇時間を増加させる．すなわち，労働時間を減少させる．

2つの効果を加えたものが，賃金率の増加に対する余暇時間を決定する．整理すれば，全体の収入が低いときは，所得の効果に対して代替効果が大きく作用して余暇時間を減らすが，賃金率が上がり収入が増加してくると，所得効果が強くあらわれ代替効果を凌駕して余暇時間は増加する．労働時間からみれば，賃金が低い間は，賃金率が増加すれば労働供給量は増えていくが，ある程度賃金率が高くなると減少をはじめる．いいかえれば，総所得が低い間，労働者は消費のための収入の増加を選択する．労働者は余暇よりも財に大きな価値をみいだしている．このとき，最適な点での無差別曲線の傾きは小さい．賃金率が上昇してくると，総所得も増加してきて，労働者はより余暇に価値を置くようになる．このとき，無差別曲線の傾きは大きくなっている．

以上を整理すると，賃金率に対して労働時間は図3.4のように賃金率が上昇すると，最初は増加していた労働時間がある賃金率を境に反転するという形状をしている．そのことから後方屈曲型労働供給曲線と呼ばれる．

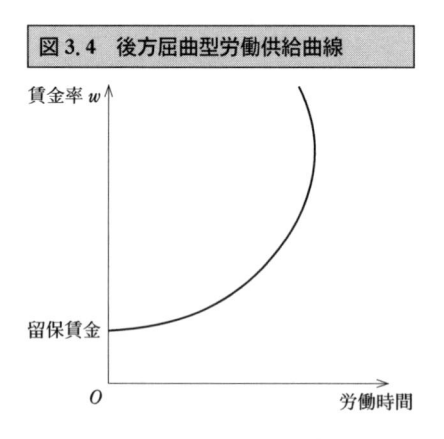

図3.4　後方屈曲型労働供給曲線

とくに労働供給が開始される賃金率は留保賃金と呼ばれる．留保賃金は労働者が働くのか働かないのかを決定する最低の賃金率である．労働者はこの値を超えると労働供給を始め，下回ると労働供給は行わずにすべての時間を余暇時間に使う．留保賃金は労働を行う意思があるかないかの境目の賃金率である．働く意思をもっているのかいないのかは，失業の問題を考える場合には重要な要素である．統計上の失業者の定義には細かな規定が存在するが，その基本は働く意思があることが第1の条件である．したがって，留保賃金以下の賃金しかオファーされない労働者は働く意思をもたないことから，仕事をしていなくとも失業者には分類されないことになる．

市場の労働供給曲線　これまでは労働者個人の労働供給曲線をについて考えてきた．次に，多くの労働者が存在する労働市場における労働供給を導こう．単純化のために，労働市場に2人の労働者だけが存在するものとする．それを，労働者1と労働者2とする．彼らのおのおのの労働供給曲線を，

$$s_1 = s_1(w), \quad s_2 = s_2(w)$$

とする．市場の労働供給量は，賃金率 w に対して，この2人が供給する労働時間である．したがって，市場の労働供給は

$$s = s_1(w) + s_2(w)$$

である．

3.4　労働需要の決定

3.4.1　最適な労働需要

労働の需要は，企業の生産のための投入財の需要であり，それは企業の利潤最大化行動から導かれる．企業は利潤を最大にするような生産量を決定するとともに，必要となる生産要素の需要量を決定している．この生産要素の一つが労働である．このような需要は派生的需要と呼ばれる．

さて，企業の生産技術が生産関数によって表されることはすでに学んだとおりである．ここでは，単純化のために企業の生産関数を労働時間のみの関数と

図 3.5　生産関数

図 3.6　利潤最大

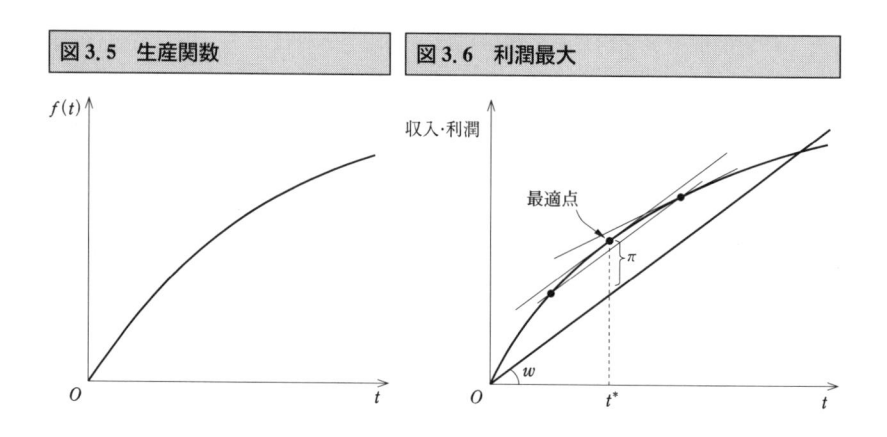

して

$$Q = f(t)$$

で表す．ここで，Q は生産物の量，t は労働時間である．生産関数は図 3.5 のような形状をしているものとする．

　この生産関数は，労働投入量の増加対して生産量は増加しているが，生産量の増分（限界生産性）は徐々に減少しているという性質を有している．このことは限界生産性が逓減するという．労働の限界生産性とは，労働時間の追加的な 1 単位に対して（これを限界的という）生産量が何単位変化するのかを示す値である．

　いま，生産物の価格を p，賃金率を w とすると，企業の利潤関数は，収入から費用を差し引いた

$$\pi = pf(t) - wt$$

となる．右辺の式の前半が収入であり，後半が費用である．企業はこの利潤を最大にするように労働の投入量を決定する．利潤最大化の点は，費用曲線と平行な直線が収入曲線と接する点である（図 3.6）．

　この点が最大利潤を達成することは次のように考えればよい．もしも費用曲線と接する点でなく，交わる点であれば，明らかに接する点のほうが利潤（収入－費用）は大きい．次に，平行でなく接する点であるとすれば，これも図よ

り明らかなように，平行な接点に比べ利潤は小さい．接しない点は，生産ができず，実現不可能である．

さて，この接点においては，実は限界収入と限界費用（w）が等しくなっている．限界収入は，労働の限界生産性×生産物価格 p と等しい．したがって，利潤最大化の条件は

$$賃金率 w = 労働の限界生産性 × 生産物価格 p（＝労働の限界価値生産性）$$

である．最適な労働時間 t は，上の式を満たすように決定され，この t が企業の労働需要量である．

この式を変形すると，

$$\frac{w}{p} = 労働の限界生産性$$

となる．すなわち，利潤最大化の条件は実質賃金率が労働の限界生産力に等しいことである．この関係は限界生産性原理と呼ばれる．いいかえれば，実質賃金は常に労働の限界生産性に等しく支払われる．この関係は賃金率の意味としてきわめて重要な原理である．

3.4.2 労働需要曲線

労働需要曲線は，賃金率 w に対する最適労働需要量 t との関係を表す．実質賃金と限界生産性との関係から，w の変化に対して，労働需要量がどのように変化するかをみていこう．ここで，生産物の価格 p は常に一定であることに注意しよう．

賃金率 w が w' へと増加したとする．最適な労働時間において，実質賃金率と限界生産力とは等しくなければならないから，限界生産力は増加しなければならない．ここで，限界生産力は，労働時間が増加すると減少することから，賃金率の上昇は，最適な労働時間を減少させる．したがって，賃金率に対して，最適な労働時間を描けば，それは右下がりの曲線となる（図 3.7）．

その曲線が，賃金率に対する労働需要の関係としてみれば，労働需要曲線になっている．また，労働時間を変数としてみれば，労働の限界価値生産力を表している．したがって，この関数は労働需要関数の逆関数である．すなわち，限界価値生産力を $D^{-1}(t)$ で表せば，

図3.7 労働の需要曲線

図3.8 長期の労働需要曲線

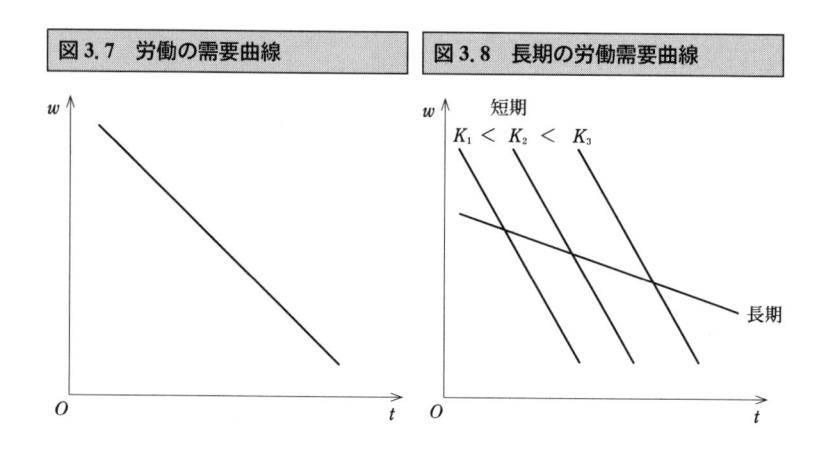

$$w = D^{-1}(t)$$

である．ここで，-1の記号は，これがDの逆関数であることを示す．労働の需要関数を書くならば，

$$t = D(w)$$

である．

市場の労働需要関数と長期の需要　次に労働市場の需要曲線を考えよう．これは供給にケースとまったく同じである．企業の労働需要曲線を水平方向へ加えていくことで，市場の労働需要曲線は描かれる．

ここで，われわれは生産関数を労働のみの関数という単純化のうえで議論してきた．そのために，通常の企業行動の分析において重要な，短期と長期の区別を必要としなかった．むしろ短期のみの分析であるといえる．そのために，長期の問題を考察するためには，少なくとも生産関数を資本財と労働という2つの投入財の関数として考えなければならない．すなわち，資本をK，労働をLとして，

$$Q = f(K, L)$$

とする．長期の場合，労働の需要曲線は資本という代替材の存在のゆえに，短

期よりもなだらかな需要関数となることが知られている（図 3.8）．

3.5 企業人事について

3.5.1 日本的人事システム

　日本的な人事システムは，終身雇用あるいは年功序列として有名である．終身雇用制度とは，そのような雇用契約が存在するのではなく，労働者は雇用された企業において定年まで雇用され，年齢が上昇するとともに賃金も上昇する（年功序列）という制度とされる．そのために，給与は能力や成果と連動せず，雇用は固定的になり流動性を欠くために，経済の効率性を損なうなどの批判がなされる．年俸制の導入や成果への報酬体系の整備，発明等の特許への個人への帰属問題あるいは報償のあり方など，日本企業においても給与体系を含めた雇用全体の見直しが進みつつある．

　しかしながら，給与や待遇を短期的な成果に依存させることが効率的であり，長期の雇用は非効率的であるとは限らないことも事実である．頻繁な労働移動は，企業にとっても社会的にも高コストとなるだろうし，企業内に蓄積された知識が活用されなくなり，生産性が低下することも考えられる．他方で，有能な人材に対して適切な報酬と働く場を提供し，生産性の低い人材を淘汰でき，それらの結果生産性が上昇することもある．どのような人事制度が好ましいのかは，それぞれの国の社会，制度，国民の価値観，人口の年齢構成，経済状況などに依存するものである．

　ここでは日本的な人事システムを整理しながら，その変化についてみてみよう．日本的な雇用システムはどのような特徴をもっているだろうか．就職から定年までについて順番にみてみよう．

　わが国の就職の特徴として，教育システムと労働市場が隔離されていることがあげられる．これは労働市場と教育の分断というようにいわれる場合もある．教育制度と労働市場が出会うのは各学校の卒業時のみである．学生は中学・高校・大学・大学院のそれぞれの終了時に，就職という形で労働市場へと参入する．このとき，彼らは新規学卒者として他の労働者とは区別され，また教育システムによって作り出されたランクに応じて各企業へ採用され就職する．この機会を逃すと，正社員としての採用はきわめて困難になる．新規学卒者は，同

時に新社会人として企業におけるキャリアをスタートする．教育における競争は，次の段階へと引き継がれているといえよう．

次に，労働者は同一企業内で内部昇進の競争が展開される．それは約15年から20年間にわたる管理職への企業内選抜である．この競争期間，査定によって若干の差はつくとはいえ，基本的に各労働者間の役職や給与に回復不可能なほどの大きな差はなく，失敗や出遅れも挽回の可能性がある．その結果，この選抜期間中，労働者は年齢とともに給与が増加し，また役職等にも大きな差違がみられないという年功序列が観察される．また，競争は企業内で行われるので，労働者は他企業への転出による昇進の機会が少なく，労働市場の流動性は低くなり雇用は固定的（終身雇用）となる．この長期にわたる内部昇進の選抜期間が，わが国の雇用の特徴である．そして最後に定年制によって，年齢による強制的な退職が行われる．

ただし，このような雇用のあり方は日本に特殊というのではなく，年齢とともに賃金が上昇することは欧米でも観察される事実である．日本が特殊であるのは，新卒者の一括採用を労働者のキャリアのスタートとして，企業内で長期間の競争がなされる点である．

3.5.2 人事システムのモデル

わが国のこのような人事システムは，どのような利点と欠点があるだろうか．また，このようなシステムを経済学的にはどのように理解することができるだろうか．いくつかの代表的な理論を概観していこう．

人的資本理論　　第1章において簡単に触れた人的資本理論は，長期の雇用関係と勤続年数による賃金の上昇を適切に説明する．企業が施す特殊訓練は，企業内で生産性を上昇させるが，他企業への移動でその知識は役立たないものとなる．したがって，労働者は移動の意欲をもたず，その企業で技能を蓄積すれば，生産性の向上とともに賃金も上昇する．

また訓練には費用がかかるが，特殊訓練については基本的に企業が負担し，その負担を，生産性の上昇の部分で取り返す．したがって，労働者の報酬は，訓練期間中は，彼の生産性よりも高く，訓練後には企業における彼の生産性よりも低くなる．しかし，彼が他企業へ移動して得られる賃金よりは高くなけれ

ばならない．なぜなら，もし同じならば，労働者がこの企業に居続ける意味がないからである．

人的資本の問題点は，その技能や知識がいつまで有効であるのかという点にある．技能が年々蓄積されて効果をもつならば，上の議論は有効であるが，当然のことながら，それは古くなったり，役立たなくなったりすることは当然である．とくに，新しい産業や変化の早い産業においては，技能はすぐに古びてしまうだろう．それを回避するためには，常に教育・訓練を必要とするが，労働者は年齢とともに技能の獲得能力を高められない限り，生産性は低下するであろう．また，あくまでも企業が破綻せず，企業に教育の余力があることが前提となる．

年功型インセンティブ制度　　長期の雇用関係を前提として，若年の間は生産性よりも低い報酬で，その後生産性を超える報酬を受け取るという報酬形態を指して，年功型インセンティブ制度という（図3.9）．

この制度は，将来の報酬を約束することによって勤勉に働くインセンティブを与える．長期の雇用関係ゆえに昇進・昇給においても正確な評価の可能性が高くなり，企業の評価に対する労働者の信頼も高くなる．同時に，さぼればそれはいつか発見され，本来受け取れるはずの報酬さえも失う可能性がある．

それではなぜ，企業は生産性以上の労働者を雇い続けるのであろうか．それは企業の信用のゆえであると考えられる．もしも，その約束を企業が破棄すれ

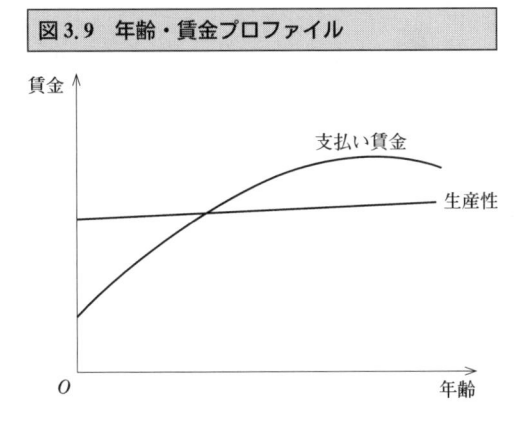

図3.9　年齢・賃金プロファイル

ば，企業は労働者に対して信用を失い，その後は労働者の勤勉を期待できないであろう．またこのような制度を企業が維持できるためには，その企業の将来性が高いこと，そして約束を守るという信用があることが必要である．倒産の危機や，衰退産業の企業，信頼がまだ形成されない新しい企業などは，このような雇用システムを実現することは難しいだろう．年功型インセンティブ制度が採用できることは，その企業が信頼でき有望であるということと同等であり，それゆえ有能な人材を採用可能となる．

とはいえ，永続的な労働者の雇用は，企業にとって不可能であり，インセンティブ制度を効率的に維持するためには，雇用の終了を強制しなければならない．すなわち，ある年齢での強制的な退職である定年退職制をこの制度は必要としている．なぜならば，強制がなければ労働者の自発的な離職は期待できないからである．また，受け取るべき報酬の一部を退職金として退職後に支給することによって退職を強制し，同時に生産性以上の報酬を受け取れる年齢での労働へのインセンティブが維持される．

企業自体の業績悪化に対して，このシステムは脆弱である．企業が破綻した場合，労働者が受け取るべき報酬は不履行となる．企業は長期の雇用を前提としており，柔軟な雇用調整は困難である．業績の悪化と連動して解雇を行えば，労働者の信用と社会の信用の双方を失うこととなり，企業自体の存続を危うくする可能性もある．年功型インセンティブ制度の採用が可能な企業は，将来も安定した産業における有力な企業ということができよう．

上の2つの理論は，より効率的な生産を達成するための雇用のあり方として，長期の安定した雇用関係に経済的な合理性があることを教えている．しかし，雇用の固定性は，経済状況の悪化に対して迅速な対応が困難であるという欠点があることも事実である．また，長期の競争を企業内で行うため，有能な人材を企業内に引き留めることが困難になっている現実もある．そのため，わが国においても成果に応じた報酬，あるいは年俸制などの導入，早期の昇進などがみられるようになってきている．終身雇用に代表される日本的雇用の将来については，その利点と欠点を十分に吟味していく必要がある．

3.5.3 昇進と昇給：トーナメント・モデル

企業内における人事システムの中心は，昇進と昇給のシステムである．どの

ようにして企業の中枢を担う人材を選択するのかは，企業にとってきわめて重要な仕事である．そのような人事の仕組みの1つとしてはトーナメント・モデルがある．トーナメント・モデルの考え方はきわめて単純である．企業内のポストには限界があり，誰でもが高い地位と報酬を受け取れるわけではない．少ないポストをトーナメント競争の勝者に対して報奨として渡すという考え方である．

通常，企業内の昇進人事の中心は内部昇進である．高位のポストがあけば，そのポストは下位の多くの有資格者のなかから選ばれることになる．そこで，どのように誰をその地位につけるのかの1つの方式がトーナメントである．ここでのトーナメントは，スポーツ競技におけるトーナメントを想定すればよい．したがって，勝者には高い地位とそれにともなう報酬がもたらされ，敗者には次の機会が与えられる．

この競争の勝者は，企業内部の相対的な優位者である．勝者としての彼の報酬は彼の生産性よりも高く，敗者の報酬は彼の生産性よりも低いだろう．そして，勝者と敗者の間の差が大きいほど，インセンティブとしての役割は大きくなる．

企業にとっては，労働者が報奨を労働のインセンティブとして努力することにより，企業収益を増大させるならば，このシステムは成功である．しかしながら，トーナメントにはいくつかの問題がある．

1つは競争の弊害である．他者との相対的な比較による選抜であるために，足の引っ張り合いや他者を敵視することによる労働者の協調の破壊などによって，結果として企業収益に悪影響を及ぼす可能性がある．

逆になれあいのケースもある．労働者同士が競争を抑制し，お互いに差をつけないようにするならば，トーナメントは機能しなくなる．報酬が低くインセンティブとして有効に機能しない場合，このような行動が起こりえる．

さらに，敗者が脱落者となり労働意欲を喪失する可能性も否定できない．その場合，勝者はすでに高い地位と報酬を報奨として得ており，努力のインセンティブは低下している．そのうえ，敗者の意欲が低下すれば，企業収益は減少せざるをえない．

最後に，勝者の選び方である．勝者の選び方が正確でなければ，労働者はまじめに努力をしない可能がある．モラル・ハザードの問題である．すなわち，

通常勝者は努力の水準とその成果によって選ばれるだろう．そのためには評価が正確でなければならない．しかしながら，労働者の努力とその成果の間には，そのときの経済状況などの予期せぬ要因によって，大きな攪乱が起こる可能性がある．そのため，怠けていても高い成果という労働者が，トーナメント勝者となる可能性があり，全体として意欲の低下をもたらす．正確な評価がトーナメントでは求められる．

スポーツなどのように明確な判定が可能なものでは，トーナメント方式は有効であるが，昇進のシステムとして用いる場合にはさまざまな注意が必要となる．

3.6 少子化問題

3.6.1 わが国の少子化の現状と課題

わが国は現在高齢化と少子化という人口構造上の大きな変化の渦中にある．国立社会保障・人口問題研究所の「日本の将来推計人口」（2002年1月）によれば，65歳以上の総人口に人口の占める比率は，2000年の17.3％から，2025年には28.7％に達すると予想されている．すでに主要先進国のなかでわが国の高齢者比率は最大であり，さらに増加していくことが予想されている．高齢化は現在の高齢世代が増加の時期にあることも一因であるが，同時に少子化が大きく影響している．高齢者の急増は一時的な変化であるが，この少子化は長期間の持続的な高齢社会をもたらすとともに，総人口の減少を引き起こすことになる．

今後少子化による若年人口の減少にともない，わが国の総人口は2010年頃には減少しはじめる，常に増加してきた労働力人口（15歳以上65歳以下の働く意思のある人）もそれ以前に減少に転じると予想される．15歳から59歳までの労働力人口はすでにピークを迎えつつあり，今後持続的な減少に向かう．

労働力人口の減少は高齢者の活用や女性労働の効率的利用などを促すと思われる．高齢者の活用のためには，年齢とともに増加する賃金システムの再検討を促すだろう．また，女性労働を活用するためにも，現在のパート労働を中心とした女性の雇用のあり方も，大きな変化を求められよう．

また，年金・医療・福祉（介護を含む）などの社会保障の国民負担は，高齢

化にともない増加する．その担い手は減少するのであるから，1人当たりの負担も増加せざるをえず，働く世代の手取り収入は減少するだろう．少子化はわれわれの暮らしを大きく変えるものと予想される．

3.6.2 合計特殊出生率と少子化の背景

少子化を測る代表的な指標として合計特殊出生率がある．合計特殊出生率とは，1人の女性が一生の間に産む子供の数である．合計特殊出生率が2.08を下回ると，その国の人口は減少するといわれる．日本では1975年に1.95と2を割り込み2000年現在まで減少傾向を続けて1.36となっている．これは先進諸国でも最低の水準であり，現在も回復の兆しがない．少子化の傾向は先進諸国では共通の現象であり，多くの先進諸国で合計特殊出生率は2を割り込んでいる．

ただし，フランスは子供をもつことが不利にならないような所得政策をとることによって，合計特殊出生率は1990年の半ばから明瞭な回復の途上にあり，1.89（2000年）となっている．フランスは育児休業制度の充実，家族手当を第2子から義務教育の終了まで支給するなどの政策をとっている．アメリカは90年代に合計特殊出生率2を回復しその後も回復の傾向にあり，2000年には2.13である．先進諸国のなかでもわが国はドイツの1.36と並びきわめて低い水準にあるとともに，回復の兆しがないというのが現状である．

少子化の背景の1つとして，まず晩婚化，未婚率の上昇があげられる．総務省の国勢調査によれば，1955年から1980年までの間，25～29歳の女性の未婚率は20％台を推移していたが，その後上昇に転じ，2000年にその数値は54％に達した．女性の未婚化率は着実に上昇している．この原因としては，女性の社会進出の進展があげられる．女性の年齢別の労働力率（働く意思のある人の率）は，従来出産適齢期から子育て期の20台後半から30台を最低としてM型といわれてきたものから，欧米先進国同様わが国も台形型へと移行してきている．このような女性の社会進出が，晩婚化あるいは未婚化として，子供の数の減をもたらしている．

また結婚した家庭でも，1家族での子供の数が減少しているとともに，子供のいない家庭も増加している．子供の数の決定要因としては，子供の教育費，住宅の問題，親自身の生活の楽しみ，子育ての負担などがあげられる．働いて

いる女性にとっては，仕事と家事労働に加えて子育ての負担が加わる．男性の家事労働や子育ての参加の度合いは低く，女性が働いている場合でも，男性の育児休暇の取得の率が低いなど，雇用のあり方も女性の負担を大きくしている．少子化の背景には，女性の社会進出に比して，子育てのための社会の仕組みが整っていないなどのさまざまな要因があると考えられる．

3.6.3 子供の数はなにで決まるのか

子供の数を決める要因は，どのようなものがあるだろうか．経済学の標準的な考え方をいくつかあげてみよう．

家計生産モデル 標準的な経済分析のためのモデルとしては家計生産モデルが用いられる．子供をもつことに関する家計の効用関数は，親の財の消費 x，子供の数 n，子供の質 z の増加関数 $U(x, n, z)$ として定式化される．

子供の質 z は，子供の消費 c と子育ての時間 t の増加関数であり，子供の数の減少関数である．これは，子供の財の消費量と親の子育ての時間が増えれば，子供 1 人当たりの質は増加するが，子供の数が増えれば 1 人当たりの教育の成果は子供の消費と子育て時間が一定であれば低下することを意味する．

子供の質の関数が，家計生産モデルにおける生産関数に相当する．家計の時間は，労働時間とこの子育ての時間にあてられる．したがって，家計は家計の消費と子育て時間，子供の数とその質の間で効用を最大にするように選択する．したがって，所得と子供の数は，家計の意思決定の問題であり，所得と子供の数の関係についての現実データからの解釈は注意を必要とする．

世代の重複モデル あるいは，子供による将来の扶養を前提として，親世代が子供をもうけるという考え方もある．親世代は子供を扶養し，年老いては子供に扶養される．このようなモデルは世代重複モデルと呼ばれ，各親世代の効用関数は，子供世代の効用を含む形で定式化される．そのような世代の時間的な流れを背景に，各親世代が自らの効用最大化行動を行い子供の数はそのなかで決定される．

外部性 子供の数は周りの家庭の子供数に大きな影響を受ける．このような

社会慣行に依存する場合，各家計の意思決定は，他の家庭の意思決定を所与として，効用最大化を図ることである．各家庭がその属する社会で主流となった行動と異なった行動をとることに対してなんらかの抵抗を感じるとき，家庭の行動は他の家庭の意思決定から影響を受ける．すなわち，周りの家庭の子供が多ければ子供を数多くもつようになり，周りの子供の数が少なければ子供を少ししかもたないようになる．経済学的にはこのような外部性は戦略的補完性という概念によって定式化される．このように相手の行動を前提として行動する場合，解はナッシュ均衡によって得られる．ナッシュ均衡は，相手の行動を与えられたものとして，自分の最適行動をとるとき，それが相手にとっても自分にとっても最適な結果をもたらす解である．

このようなケースでは最適な均衡が複数存在する可能性があり，ある均衡は他の均衡よりも望ましく，ある均衡は望ましくない．しかしながらそれぞれの解は各家庭の最適行動の結果である．ナッシュ均衡の結果成立する社会は，望ましい社会が他にありえるにもかかわらず，望ましい社会が実現できない可能性がある．その背景には，各家庭が期待を基礎として行動を選択するために，社会にとって望ましさで劣る結果でも，合理的な選択として社会をナッシュ均衡の状態に置くからである．多くの場合ナッシュ均衡は安定的であり，あるナッシュ均衡から他のナッシュ均衡へ移行することは起こらない．

上の議論から，周りの家庭の子供の数が少ないなら，これから子供をもつ数を考える家庭はその影響下にあり，子供を少なくするということが，各家庭にとっては望ましい行動であることがわかるだろう．社会にとってそれが望ましい保証はないのである．この好ましくない社会状況を脱するためには，好ましい社会へと外部から誘導することが必要となる．家庭を取り巻く環境を変え，形成された期待の前提となる状況を変化させ，家庭の期待を変えることにより状況は改善されるであろう．たとえば，少子化の原因が，保育設備の不足や核家族化による女性への過重な負担のためであるなら，そのような状況を変え子育ての負担を減らすことによって，改善の可能性は高まることになる．

3.6.3 国による少子化対策

国の少子化対策の基本的スタンスは，出生率の低下は晩婚化・未婚化の結果であり，その背景には女性にとっては仕事と家事労働の負担感，そして子育て

の負担感にあるとしている．したがって，国の少子化対策は，その方面からのものとなっている．すなわち，女性および家庭の子育ての負担感をなくすための方策である．

具体的な実施計画として，1999年に新エンゼルプランが策定されている．その骨子は，保育などの子育て支援施設の拡充，育児休暇等の整備改善，わが国の雇用環境の見直し，教育環境の整備と教育費の軽減，地域の子育て支援など多岐にわたるものである．

保育サービスの拡充教育環境の整備，教育コストの軽減などの方策については，主としてハード面や予算の問題として取り組みが可能である．しかしながら，雇用環境については，①固定的な性別役割分業の是正，②職場優先の企業風土の是正，という項目があげられているが，その方策は意識改革の域にとどまるものであり，具体性に欠けるものである．いうまでもなく，現行の雇用システムや企業風土の是正は一朝一夕にできるものではない．また，企業経営の視点からすれば子育て優先の雇用システムは，労働者のコストの増加要因になる可能性が高く，容易に受け入れられない面もある．

職場優先の是正には，男性の育児への取り組みを促す狙いがある．仕事と子育ての両立には，女性だけでなく男性も含まれなければならない．エンゼルプランにおいても女性への支援が主となっている感は否めない．その意味で，どこまで子育ての負担感が減らせるかという問題の解答をみつけることは難しく，出生率を向上させるためには，より具体的な方策が求められよう．

子供の数の大小を決めるものには，さまざまな要因が考えられ，経済学からの接近も1つの方法でしかない．子供の数には社会や文化，あるいは宗教観などの人間の内面にかかわるものなどが複雑に絡み合っているであろう．少子化対策としての政策はそのために多岐にわたることは避けられず，またそれは短期的成果を期待しうるものではない．

わが国において少子化はさまざまな経済的・制度的な問題を引き起こすことから，少子化対策が国によって進められてはいるが，それを個人の問題あるいは過去の政治的問題のため取り扱わないという国もある．その意味で，われわれは少子化の進行を止めるべきであるかどうかについても，注意深く議論する必要がある．

参考文献

Bardhan, Pranab and Christopher Udry (1999) *Development Microeconomics*, Oxford University Press(福井清一・不破信彦・松下敬一郎訳(2001)『開発のミクロ経済学』東洋経済新報社).
藤野哲也編(2000)『日本経済の競争力と国際化』ミネルヴァ書房.
猪木武徳(1987)『経済思想』(モダン・エコノミクス24)岩波書店.
小池和夫(1999)『仕事の経済学』第2版,東洋経済新報社.
Lazear, Edward P. (1998) *Personal Economics for Managers*, John Wiley & Sons(樋口美雄訳(1998)『人事と組織の経済学』日本経済新聞社).
大竹文雄(1998)『労働経済学入門』(経済学入門シリーズ)日本経済新聞社.

第4章　市場の役割と評価

4.1　はじめに

　これまで消費者の需要と生産者の供給が，それぞれの立場でどのように決定されるのかについてはみてきた．しかし，財を生産し提供する主体がなければ消費者はなにも購入することはできないし，また生産者も財を購入する主体がいなければその財を生産することはないであろう．つまり日常の生活（経済的活動）においては，需要者側と供給者側の両方の主体が存在して初めて品物の交換・売買という経済的活動が成立するのである．そしてこのように財の取引が行われる交換・売買の場を市場と呼ぶ．この章では，市場ではどのようにして財の取引が決定するのか，また市場が経済的活動においてどのような役割や機能を果たしていくのかについて考えていく．

4.2　市場の働き

4.2.1　市場とはなにか

　われわれは誰でも日常の生活を送るさいに，さまざまなモノを消費している．これは逆に考えると，それらのモノを提供している主体があるのでわれわれの消費行動が可能となっているのである．財を購入し消費する需要者と，財を生産し提供する供給者が，その財の交換・取引を行う場を**市場**と呼ぶ．とくに経済学では，その市場で取引されるモノは1種類の同質的な財であるような場合を想定しているのが一般的である．

　財の取引は需要者と供給者の両主体によって行われるものである．したがってその取引がどのような状態で実施されるのかは，需要者が財を購入しようと

する欲求や，また供給者が財を販売しようとする考えによる，どちらか片方の一方的な行動によって決定するものではない．需要者と供給者の考えが同じように満たされお互いが満足するように両主体のバランスがとれたとき，初めて財の交換・売買が実現するはずである．

また財の交換・取引が成立するということは，各主体は財のその取引に参加することによって，取引をする以前の状態よりもよい状態になっているはずである．それは先に述べたように，財の交換・取引が実現するのは両主体が互いに満足する，つまりなんらかの利益を得ているようなときであるので，実行することによって悪い状態になるような取引であれば，そもそも，その取引は成立しないからである．したがって，財の取引が行われるということはその取引に参加した主体にはなんらかの利益が発生しているということで，すなわちこれは社会全体において経済的余剰・利益が発生しているということである．つまり，財の交換・取引が行われる市場は，社会における経済的余剰・利益を生み出すという大変重要な機能をもっているものなのである．

4.2.2 市場均衡

市場での取引において，需要量と供給量がちょうど一致している状態を**市場均衡**と呼ぶ．またそのときの財の価格を**均衡価格**，財の取引数量を**均衡取引量**と呼ぶ．均衡では，需要量と供給量が等しくなっており，もはや他の取引状態に移ろうとする要因はまったくない．したがってその状態での取引にとどまるのである．たとえば市場の需要曲線と供給曲線が図 4.1 のように与えられている場合では点 E が市場の均衡点，p^* が均衡価格，x^* が均衡取引量を示している．つまり需要曲線と供給曲線の交点が市場の均衡点となる．

いま，市場での財の取引が均衡ではない状態にある，つまり均衡価格や均衡取引量からかけ離れた状態で取引されているとしよう．しかしこのような場合でも，市場では時間が経過するにしたがって最終的には均衡状態へと近づいていく．

たとえば図 4.1 において財が価格 p_1 で取引されていたとしよう．このときの消費者と生産者の意向を考えると財の価格が p_1 であるならば，消費者は d_1 の量まで消費をしようと，また生産者は s_1 の量までの供給をしようと考えるだろう．つまり需要曲線上で価格 p_1 に対して d_1 の需要量が，同じように供給

図 4.1　市場均衡

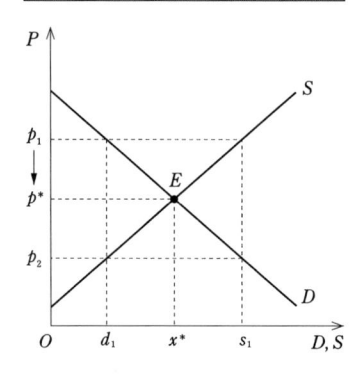

曲線上で価格 p_1 に対して s_1 の供給量が定まるのである．しかし図からもわかるようにこのとき $s_1 > d_1$ であるので，財は余り，供給量のほうが多い超過供給の状態になっている．これでは財の需要量と供給量は一致していないので均衡とはいえない．このような場合，生産者は余った財をそのままにしておくよりも少しでも買い手がつくよう価格を p_1 から多少下げるであろう．価格が下落すれば需要量は最初の d_1 からしだいに増え，同時に価格の下落にともなって供給量も減少していく．このような一連の変化が繰り返され，そして最終的に価格は p^* まで下落することになる．価格が p^* になればそのときは需要量と供給量が一致する均衡になっているので，価格や取引量が変化しようとする要因は生じないのである．

このように，需要者と供給者の両主体が互いに満足できるように市場では価格を通じて取引が調整され均衡点へと近づいていく．この市場の調整機能を**市場メカニズム**と呼ぶ．したがって，市場メカニズムが正常に働いている場合は，初めたとえ均衡から離れた状態で財の取引が行われていたとしても心配することはなく，最終的にはきちんと市場均衡に達するのである．たとえば価格が p_2 のもとで取引が行われるような場合，需要量が s_1，供給量が d_1 という超過需要の状態になっているが，このときも同様に市場メカニズムが働き調整が行われ，価格は上昇し，しだいに均衡へと近づいていく．

4.2.3 完全競争市場

　市場での均衡は需要曲線と供給曲線の交点で定まり，たとえ均衡からはずれた状態であったとしても市場メカニズムの働きによって市場価格を通じて均衡へと調整されていく，と説明をした．しかし常にそのような調整が働くわけではない．市場メカニズムが作用するのは，財の取引が行われる市場が完全競争と呼ばれる状態にあるときのみである．完全競争市場であるための主な性質として次のようなものがあげられる．

- 情報の完全性
- 財の同質性
- 多数の売り手・買い手の存在
- 参入・退出の自由

　情報の完全性とは，市場取引に参加するすべての主体が，取引の対象となる財やサービスに関してその内容や品質，そしてどれくらいの価格で取引されているのかといった情報を完全にもっているということである．つまり，取引される財について売り手が知っている情報と買い手が知っている情報はお互いに同じ内容であるということである．たとえば売り手は財についてよく知っているが買い手はその財の品質がよくわからないというような対称的でない取引はあてはまらない．

　財の同質性とは，市場で取引されている財はすべて同質的であるということである．同じ品物・商品であったとしても生産しているメーカーやブランドによって品質が異なっていたり，他にはみられないメーカー独特の特徴などがあるようなケースもある．これは製品差別化といってよく見受けられるケースであるがこのような場合はあてはまらない．つまり，需要者の立場からみてその商品に関する全体のパッケージがすべて同じものとしてとらえられるということである．

　多数の売り手・買い手の存在とは，市場取引に参加する売り手と買い手の数がきわめて多いということである．何人くらいという具体的な基準で考えられるものではなく，市場全体の取引量が各主体（売り手・買い手）の個別の取引量と比較して非常に大きいような場合を「多数」として表現する．これはいいかえると，市場全体での取引量が非常に多いので，ある1つの主体が取引量を

増減し変更したとしても市場全体の取引に影響を及ぼさないというようなことである．

参入・退出の自由とは，市場で行われる財の取引に対して，新たに生産活動を始めその取引に参入したり，またはいままで行っていた活動を停止しその産業から退出したりすることが誰でも自由にできるということである．産業の種類によっては新規に参入することが非常に困難であるような場合もあるが，そのような制限・規制がないということである．

たとえば，われわれ消費者がりんごを購入するような場合を考えてみよう．「りんご」という財については，販売する供給者もそしてわれわれ需要者も「りんご」という財がどのようなものであるのかは十分に知っているであろう．そして需要者のなかの誰か個人1人が何個かのりんごを購入するのをやめたとしても，または購入を何個か増やしたとしても，それは市場全体での需要量（考えるのはあなたの住む地域全体の市場でもよいし，または日本全体の市場でもよい）と比較すると微々たるものであるので，市場全体の取引に影響を及ぼすことはない．また逆に，ある1つの店舗がりんごの販売を取りやめても，やはり市場全体の供給量にはなんら影響を及ぼすことはないであろう．消費する側は，りんごを購入したいのであれば別の店舗を探して購入すればよいのである．このような財の取引が完全競争市場の状態に近い例の1つとして考えられる[1]．

4.2.4 完全競争市場と価格支配力

このように完全競争市場では，財の取引に参加するそれぞれの主体はどのように行動しても（取引量を何単位にしたとしても）市場全体の取引には影響を及ぼすことはないので，1つの主体が財の価格決定に影響を与えたりまたは直接価格を決定するようなことはない．つまり市場取引に参加する主体は価格支配力をもたず，財の価格は市場全体での取引量によって自然に定まっていくもので，それぞれの主体はその市場で定まった価格を受け入れて行動するという

---

[1] 実際，理論的には完璧な完全競争市場というものは存在しない．この「りんご」の例でも，たとえば○○産などの産地とかふじや紅玉といったような細かい種類まで考えれば，いわゆる製品差別化が生じており同質の財として扱えないからである．

ことになる．これは完全競争市場における重要な性質で，市場取引の参加者，つまり供給者と需要者はともに価格受容者（プライス・テイカー）であるという．

　市場の競争力は価格支配力の強さに深く関係している．市場取引に参加する主体の価格支配力が全くないと主体間での競争は最も激しくなり，それが完全競争市場となる．逆に，たとえば供給者がたった1人であるような場合は，供給者の行動は財の価格決定に大きな影響を及ぼすであろうし，そして他の供給者が存在しないので供給者間での競争はみられないであろう（このような状態の市場は独占市場と呼ばれる）．つまり，価格支配力が強くなるほど市場での競争は少なくなり，支配力が弱くなるほど競争が激しくなるということである．

　では，完全競争ではない市場の例として電話の通信サービスを考えてみよう．通信サービスの市場では需要者は多数であるが，供給している企業は数社に限定されるので供給者側には多数性の性質は成り立たない．もし，NTTなどのある1つの会社がサービスの供給を行わなくなったらどうなるであろうか．今日では，電話通信サービスの提供をどの企業から受けるのか各需要者が自ら選択できるようになってきているので，NTTが供給サービスをやめたとしても電話をすることができないといった直接的な影響をまったく受けない消費者もいるかもしれない．

　しかし大手のNTTが供給を停止してしまうと，当然通話サービスの供給量は大幅に変化し，それにともなって通話料・通信料の市場価格も大きく変化するであろう．したがって，消費者はもちろん他の供給企業も直接的，または間接的になんらかの影響を受けるはずである．つまり，これはある1つの主体の行動が市場価格に影響を与えてしまうようなサービス取引の市場で，市場取引参加者はプライス・テイカーではなく，完全競争市場とはいえない例なのである．

　ミクロ経済学における問題の1つとして，市場の効率性を追究することがあげられる．これは，市場を通じて取引される財やサービスなどの資源はどのようにすれば効率的に配分されるのかという問題であるが，このとき問題を分析する基準の1つとなるのが完全競争市場の場合なのである．完全競争市場での資源配分状態を基準にすることによって，現実の市場では効率的資源配分が達成されているのかどうか，もし達成されていないのであればどの程度のずれが

生じて損失をこうむっているのか，そしてその損失を改善するにはどのようにすればよいのかといった比較分析をすることが可能となる．したがって，いま現実の市場がどのような状態であるのかを知るためには，まず完全競争市場の場合について理解しておかなければならないということである．

4.3 余　　剰

4.3.1 余剰の概念

　人々は，市場と呼ばれる場を通じて財やサービスの交換・取引を行うということをみてきたが，その市場取引の形態は異なったさまざまなタイプのものがみられる．完全競争市場と呼ばれるものも，その取引形態のなかの1つとしてあげられるということである．取引される財やサービスの性質，また供給者や需要者が価格決定に与える影響力の違いなどによって市場の取引形態は異なり，いくつかのタイプに区分することができる．

　取引形態が異なると，当然，均衡価格や均衡取引量は異なってくるであろう．しかしそれよりも重要なことは，その取引を行った結果として経済的にどのような価値が得られるのかということである．先にも述べたように，財やサービスの取引が行われるのであれば，その取引に参加した主体はなんらかの利益を必ず得ているはずである．その主体は社会を構成しているメンバーであるから，彼らの利益は社会的な利益でもあり，つまり取引が行われたことによって社会的な利益が発生したとも考えられるわけである．このようになんらかの経済活動（市場取引）を行ったときに発生する利益のことを余剰と呼ぶ．

　それぞれの市場取引についてどれくらいの余剰がどのようにして生じたのかということを調べることで，市場取引の効率性を比較することが可能となるので，この余剰という概念は，どのような取引形態が望ましいのかを考える基準の1つになっている．余剰の概念についてさらに詳しくみていこう．

4.3.2 消費者余剰

　消費者の購入意欲は需要曲線に表されているが，次のような状況を考えてみることにしよう．ある財について，その財がいくらまでなら実際にお金を支払って購入しようとするか，つまりその財に対して自分がつける最高評価額はど

のくらいであるか，ということを多数の消費者に対して聞いてみるのである．購入しようとする財がまったく同じものであったとしても，一般的に人々の好みはそれぞれ異なっている．したがってその財をとても好んでいてどうしても手に入れたいと思う消費者はより高い評価額をつけるであろうし，逆に，その財にあまり関心がなくそれほど欲しいとは思わない消費者は低い評価額をつけるであろう．このように消費者がそれぞれ考えた評価額を，より高額なものから順に並べてみることにしよう．消費者を評価額の順に1列に並べ，1番目の消費者（＝最も高い評価額をつけた消費者），2番目の消費者（＝2番目に高い評価額をつけた消費者），3番目の消費者，……と順番を決めるのである．

　横軸に消費者の順番，縦軸にその消費者のつけた評価額をとってグラフにしてみよう．評価額は高いものから低いものへと順に並べられているので，グラフは右下がりになり，これは消費者の需要曲線とちょうど同じような形状となる．

　ではこのように消費者の順番づけをして並べた場合，実際に財を購入する消費者はどのようにして決まるのであろうか．たとえば図4.2のように財の価格がp_dであったとすると，1番目から4番目までの消費者は，自分が考えていたよりも安い値段で購入できるのであるからおそらく実際にお金を支払って財を購入するであろう．逆に5番目以降の消費者は，自分がこのくらいまでなら支払ってもよいと考えていた評価額より実際の価格のほうが上回っているので，これはそこまでの金額を支払ってまで財を購入しようとは考えていない，そこまで財を欲しいとは思わないということで，財の購入はしないであろう．つまり，人々の好みはそれぞれ異なっているので，ある財に同じ価格が設定されていたとしても，その価格を安いと感じる消費者もいれば，高いと感じる消費者もいるわけである．したがって安いと感じる消費者（＝実際の価格よりも高い評価額を付けていた消費者）は財を購入するであろうし，高いと感じる消費者（＝実際の価格よりも低い評価額をつけていた消費者）は購入しないのであろう．ここでは，前者は1番目から4番目までの消費者が，後者は5番目以降の消費者がそれぞれ対応している．

　このとき1番目の消費者について考えてみよう．彼はこの財を購入するのにもともとp_1の金額までなら支払うつもりでいたのだが，実際にはp_dだけの金額で購入することができたので，その差額であるp_1-p_dの金額分だけ得をし

図4.2 消費者の購入評価額

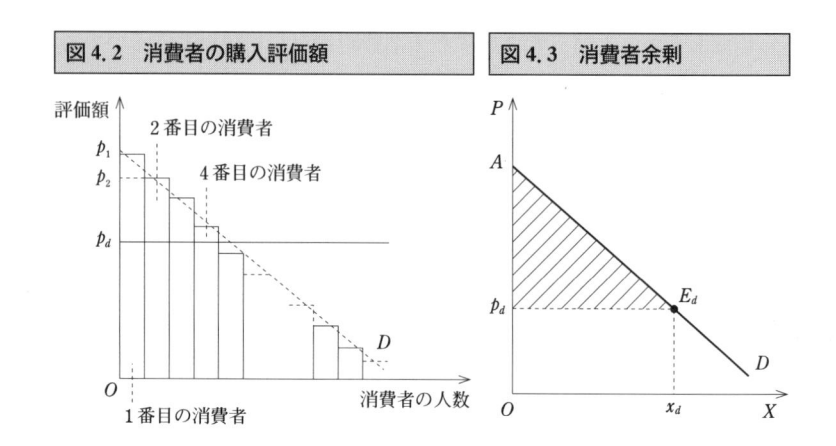

図4.3 消費者余剰

たと考えることができる．2番目の消費者についても同様に考えてみると，彼は p_2-p_d の金額分だけ得をしているとみなすことができ，これらは消費者が財の購入という経済的行動をしたことによって得られる利益である．このように，ある財に対して消費者が考えている評価額とそれを購入する際に実際に支払った価格との差額が正であるような場合，これを消費者余剰という．消費者余剰は消費者が財を購入するときに生じる，消費者の利益のようなものとして考えることができるであろう．

財に対する評価額を高い消費者から順に並べていった先の考え方で，横軸にとった消費者1人当たりの間隔を限りなく細くして同様に順に並べていけば，その評価額のグラフはこれはこれまで扱ってきた右下がりの需要曲線と同じものになり図4.3のように表される．先にみたように，評価額が財の価格を上回っていれば消費者は財を購入するので，したがって市場で決定している財の価格が p_d であるような場合，均衡点は需要曲線と価格線の交点 E_d で，このときの取引数量は x_d で定まる，つまり x_d 人だけの消費者が財を購入するということになる．したがって消費者余剰は需要曲線と価格 p_d の水平な直線で囲まれた部分になり，その余剰の大きさは三角形 Ap_dE_d の面積を求めることで得られる．

4.3.3 生産者余剰

消費者余剰に対して生産者余剰という概念があるが，これも同様の考え方で

理解することができる．

　ある財を生産するのにどれくらいの費用が必要であるのか，ということを多数の供給者に対して聞いてみるとしよう．生産して販売しようとする財がまったく同じものであったとしても，作り手の技術や工場設備の違い，またはたとえば原材料の仕入れに関して特別なルートをもっているといったことから生じる原材料価格の差などによって，最終的な合計費用はそれぞれの供給者によって多少の差が生じるはずであろう．つまり同じ品質の財であっても，より低費用で生産できる主体もいれば，生産するのに高い費用が必要となる主体も存在するであろうということである．

　もしも生産するのにかかった費用よりも販売価格が低ければこれは赤字であるから，生産者はそのような値段での販売を好ましくは思わないであろう．赤字を避けるためには，販売価格が生産費用よりも高くならなければならないので，生産者はせめて生産費用以上の価格で販売されることを望むはずである．つまり，生産にかかった費用は，生産者がせめてこのくらいの価格で販売したいと考える財の最低評価額として置き換えて考えられるのである．

　このような生産にかかった費用，つまりそれぞれの生産者が考える財の最低評価額を，今度はより低いものから順に並べてみることにしよう．生産者を評価額の順に一列に並べ，1番目の生産者（＝最も低い最低評価額をつけた生産者），2番目の生産者（＝2番目に低い最低評価額をつけた生産者），3番目の生産者，……と順番を決めていくのである．先と同様に，横軸に生産者の順番，縦軸にその生産者のつけた評価額をとってグラフにすると図4.4のようになる．評価額は低いものから高いものへと順に並べられているのでグラフは右上がりになり，これは生産者の供給曲線とちょうど同じような形状となる．

　このように生産者の順番づけをして並べてみると，生産者が実際に財を供給するかどうかということは市場で定まった価格に依存して決まる．たとえば市場での財の価格が図のようにp_sであったとすると，1番目から5番目までの生産者は，自分が生産するのにかかった費用よりも高い値段で販売できるのであるから，おそらく実際に財を販売して利益を得るであろう．逆に6番目以降の生産者については，生産にかかった費用のほうが財の価格を上回っているので財を販売しても正の利益は得られない．したがって彼らは，赤字になるのであれば生産活動を行わず，財の供給もなされないであろう．

図 4.4　生産者の生産費用

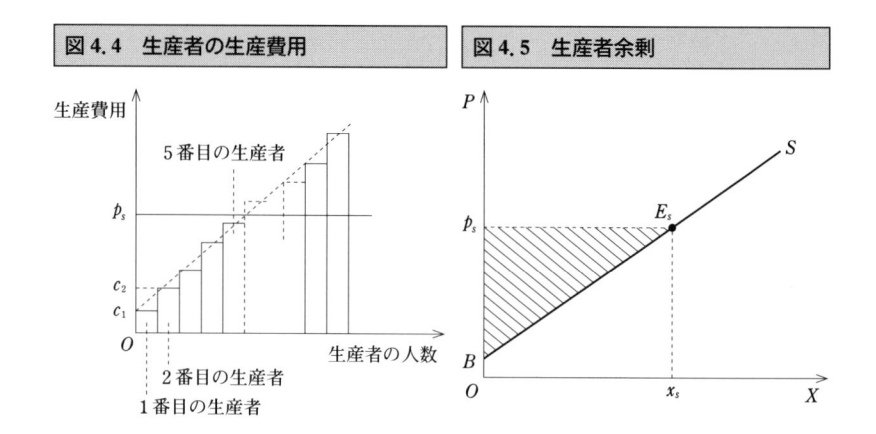

図 4.5　生産者余剰

　つまり，すべての生産者がまったく同じ費用で生産することができるわけではないので，財にある価格が設定されると，その価格によって利益を得られる生産者もいれば，利益を得られない生産者もいるわけである．したがって利益を得られると考える生産者は財を生産し供給するであろうし，利益を見込めない生産者は財の供給は行わないであろう．ここでは，前者は 1 番目から 5 番目までの生産者が，後者は 6 番目以降の生産者がそれぞれ対応している．

　このとき 1 番目の生産者について考えてみよう．彼はこの財を生産するのに c_1 の費用がかかっていたのだが，実際には p_s の価格で販売することができたので，その差額である $p_s - c_1$ の分だけ利益として手元に計上されることになる．2 番目の生産者についても同様に，彼は $p_s - c_2$ の分だけ利益を得られるが，これらは生産者が財の生産・供給という経済的行動をしたことによって得られる利益である．このようにある財を販売する生産者が，財を生産し供給するのにかかった費用とその財を販売して得られた収入との差額が正であるような場合，これを生産者余剰という．生産者余剰は生産者の財を販売したときの利益を表している．

　消費者余剰の場合と同様に生産者を生産費用の低い順に並べていき，横軸にとった生産者 1 人当たりの間隔を限りなく細くして順に並べていけば，その生産費用のグラフはこれはこれまで扱ってきた右上がりの供給曲線と同じものになる．これを示したものが図 4.5 である．したがって市場で決定している財の価格が p_s であるような場合，均衡点は供給曲線と価格線の交点 E_s で，販売数

量は x_s で定まる，つまり x_s 人だけの生産者が財を販売するということになる．したがって生産者余剰は供給曲線と価格 p_s の水平な直線で囲まれた部分になり，その余剰の大きさは三角形 $p_s BE_s$ の面積を求めることで得られる．

4.3.4 社会的余剰

　財やサービスの取引が行われることによって，その取引の参加者はなんらかの利益を得ており，とくに消費者が得るものを消費者余剰，生産者が得るものを生産者余剰と呼ぶということをみてきた．しかし彼らは社会を構成しているメンバーであるから，彼らの利益は社会的利益としても考えられる．つまり取引が行われたことによって社会的な利益が発生したと考えられるわけである．このようになんらかの経済活動（市場取引）を行うことによって生じる社会的利益のことを社会的余剰という．この社会的余剰は，その市場取引に参加したすべての主体の利益（余剰）の合計になっている．

　市場での需要曲線と供給曲線が図 4.6 のように得られるとすると，完全競争市場の場合ならば交点である点 E が均衡点となり，p^* と x^* がそれぞれ均衡価格と均衡数量になる．このとき消費者余剰は三角形 Ap^*E，生産者余剰は三角形 p^*EB の部分になるので，それらを合計した三角形 ABE の部分がこのときの社会的余剰となり，その部分の面積が余剰の大きさを表している．

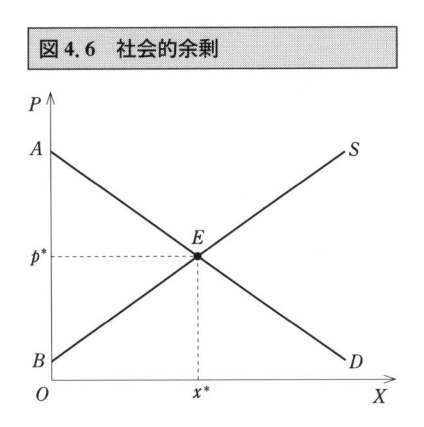

図 4.6　社会的余剰

4.4 市場取引の効率性

完全競争市場ならば市場メカニズムが作用して，需要曲線と供給曲線との交点で均衡点が決定する．しかしそのようなメカニズムが作用しない場合，社会的余剰はどのような影響を受けるのであろうか．実は，市場メカニズムが作用する完全競争市場では社会的余剰の大きさが最大になるということが知られており，これは完全競争市場の重要な特徴である．つまり，完全競争市場という取引形態は余剰という基準のもとで考えると最も望ましいということで，いいかえると，財が適切な価格と数量で取引されている，または無駄のない効率的な状態で取引されているということである．このことを確認するために，完全競争市場ではない，それ例外の取引体系についていくつか取り上げてみよう．

4.4.1 資源配分の効率性

まず，図 4.7 のように点 E' の状態で取引がなされているような場合について考えてみよう．価格は p'，取引数量は x' で，完全競争市場での均衡点 E から外れている．消費者余剰は需要曲線 AD と市場価格の水平線 $p'p''$ で挟まれた部分であるが，取引数量は x' だけ（財を購入する人数が x' だけ）であるので，このとき消費者余剰は $Ap'E'F$ の部分になる．一方，生産者余剰は供給曲線 BS と価格の水平線 $p'p''$ で挟まれた部分であるので，同様に数量が x' であ

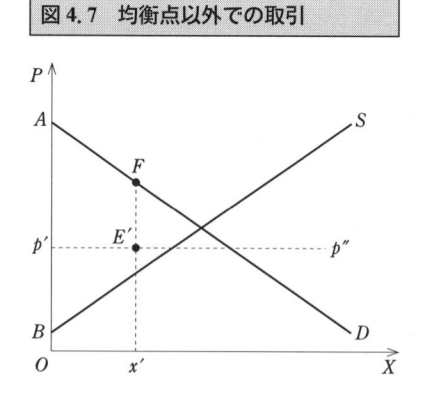

図 4.7 均衡点以外での取引

ることに注意すれば，$p'E'GB$ の部分がそれになる．したがって，社会的余剰は，ここでは消費者余剰と生産者余剰を加えたものであるから，$ABGF$ の部分になる．

これを先ほどの完全競争市場の場合と比較してみよう．市場形態が完全競争で均衡点が点 E で定まるのならば，そのときの社会的余剰は三角形 ABE の部分で得られていたので，点 E' で取引されるような場合は三角形 FGE の分だけ社会的余剰が減少していることがわかる．このように社会的余剰が減少するということは，取引形態になんらかの非効率性が生じている，または望ましくない状態で取引が行われているということである．

完全競争市場での均衡点とは異なったところで取引が行われると，結果として社会的余剰が減少しなんらかの社会的損失が生じてしまうことになる．このような社会的損失（余剰の減少）を死荷重という．そして，そのとき得られる社会的余剰は，完全競争市場のときに得られる社会的余剰よりも必ず少なくなる．

4.4.2 課税政策

次に課税制度が導入されている場合についてみてみよう．

現在，われわれが財を購入するさいには5%の消費税が課されるので，消費者は実際の財の価格に加えて価格に比例した消費税を支払わなければならない．この消費税の制度は，これだけの消費代金（価格）に対して税金分がいくらと明確に表示されるので，われわれ消費者にとって意識しやすくまた最も身近な税制度の1つであろう．

しかしなかには，われわれが消費する際にそのような課税分を意識しにくいようなものもある．たとえば酒やタバコなどの嗜好品には，提示されている価格のなかにすでに税金が含まれており，実質的な値（生産者が財の販売から得られる収入）と課税された税金の合計が店頭で表示されている価格になる．したがってこのような嗜好品については，財を購入するさいに実質的な値がいくらで税金がいくらなのかということは，購入価格に対して追加される5%の消費税と比較すると非常にわかりにくくなっている．酒類は焼酎やウイスキー，ビールなどといったその種類による区分とアルコール度数の違いなどによって1キロ当たりの税金が決まっている．しかし，消費者が実際にビールなどのア

ルコールを購入するときは店頭で表示されている価格をみて購入するかどうかを判断するのがほとんどで，その値段のうちこれだけは税金で，実質的な価格はこれくらいであろうと，そこまで考える人はあまりいないであろう．つまり，一般的に消費者が購入するかどうかを考えるときに判断基準にするのは，課税された税金をすでに含んだ店頭での表示価格であって，課税される以前の実質的な値ではないということである．したがって，消費者が直面する供給曲線は，生産者が財の販売数量に対してつける価格そのものの値ではなくて，それに課税された分が上乗せされたものとなる．

このような場合の市場均衡を示したものが図4.8である．もともとの需要曲線と供給曲線がそれぞれ直線Dと直線Sであったとすると市場均衡は点Eで定まる．しかし上記のような課税制度が導入されると，供給者から提示される価格は課税分が上乗せされたものになるので，供給曲線は上方にシフトし直線S'のようになる（たとえば数量がx'のとき本来ならば供給者はp''だけの価格で販売しようと考えているのだが，課税制度が導入されると，もともとの販売価格p''にGE'だけの税金を上乗せしたp'の価格を店頭で提示することになるということである）．ここでは，考えやすいように供給曲線が直線Sから直線S'へと平行移動したもの，つまり財1単位当たりに$B'B$または$E'G$分だけの税金が上乗せされたものとしよう．

このとき供給曲線のシフトにともなって均衡点も点Eから点E'へとシフトし，（課税分が含まれた）均衡価格はp'に，均衡取引量はx'に変化する．こ

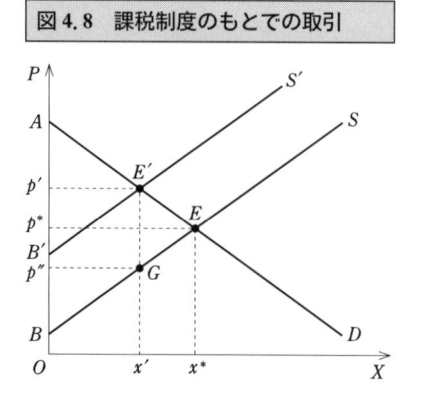

図4.8 課税制度のもとでの取引

表 4.1 課税制度による余剰の変化

均衡価格	p^*(課税前)	p'(課税後)
消費者余剰	Ap^*E	$Ap'E'$
生産者余剰	p^*BE	$p''BG$
政府収入	—	$p'p''GE'$
社会的余剰	ABE	$ABGE'$

のような変化にともなって社会的余剰はどのように変化するであろうか．これをまとめたものが表 4.1 である．

　価格は p^* から p' へと上昇するので消費者余剰は三角形 Ap^*E から三角形 $Ap'E'$ へと減少する．一方，生産者は 1 単位の財の販売によって p' だけの収入を得られる（消費者が p' の代金を支払う）のであるから，生産者余剰は価格上昇によって三角形 p^*BE から $p'BGE'$ へと一見増加するようにも思えるが，しかしこれは税金が上乗せされたことによって表面上の価格が上昇したもので実質的な財の値（＝生産者の収入）が上がったわけではない．単位当たりの価格は p' であるがそのうち $p'p''(=E'G)$ は課税されている税金であるので，その税金は政府によって徴収されてしまう．したがって取引数量 x' 単位に対して全体では $p'p''GE'$ が政府の税収入となる．よって，財を販売したことによる収入 $p'BGE'$ から政府の税収入分 $p'p''GE'$ を差し引いた残りの三角形 $p''BG$ が生産者にとって実質的な利益となる．これが生産者余剰である．そうすると，課税制度が導入されたときの市場取引に関与している主体は消費者，生産者，そして政府の 3 つであるので，この 3 つの主体の余剰の合計 $ABGE'$ が社会的余剰ということになる．

　課税前と後での社会的余剰を比較してみると，課税後のほうが $E'GE$ の分だけ減少しており死荷重が発生している．これは完全競争市場に政府が課税政策という介入を行ったことによって，その効率的な均衡が壊されたということである．先に説明したように，完全競争市場の場合に社会的余剰は最大になるので，それ以外のどのような取引状態であっても，社会的余剰は必ず減少し社会的損失が発生することになる．課税制度は，たとえば公的事業などを行うなど政府がなんらかの目的を達成するために，社会的余剰を多少損なってでも資金を調達しようとする政策手段の 1 つなのである．

4.5 貿易の利益とはなにか

現在われわれの周りにはさまざまな国で作られた製品があふれている．今日日本は食料品類の大部分を輸入に頼っているし，わが国と較べて人件費の低い中国や東南アジア地域には下請けの仕事などが流出している．一方，国内からは自動車や精密機械類などの輸出も盛んに行われており，世界ではさまざまな国や地域との財の交換，すなわち貿易が行われている．

なぜこのように貿易が行われるのであろうか？　それは単純に考えれば，貿易を実施することによって貿易を行わないそれ以前の状態よりもよりよい状態になるからである．これは経済学的には，われわれの社会的厚生が高まるということである．ここでは，他の国と自由に貿易を行うことでどのように社会的余剰が増加するのか，ということについて明らかにしていこう．

4.5.1 自由貿易による利益

ある国，たとえばわが国での国内におけるある財の需要曲線と供給曲線が図4.9のようになっているとする．他国との貿易が行われていないならば，国内市場の均衡は需要曲線と供給曲線の交点 E で定まり均衡価格は p^*，均衡数量は x^* である．

もし他国との貿易が自由に行われるようになると，わが国ではこの財の輸出

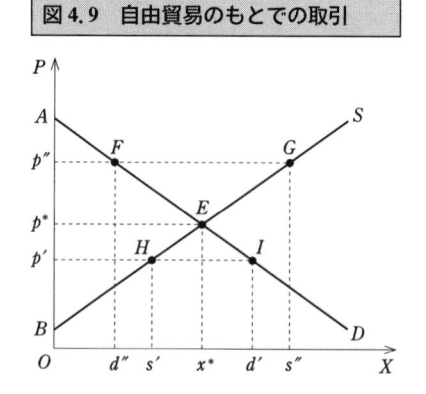

図4.9　自由貿易のもとでの取引

かまたは輸入が行われるかもしれない．このとき輸出と輸入のどちらが行われるのかというのは，財の国際市場での価格によって決定することになる．これを国際価格が p' と p'' の場合で考えてみよう．

たとえば，財の国際価格が p' であるならば，国内市場での均衡価格 p^* よりも低くなっている．このような場合，自由に国際貿易が行われているならば，安い価格の製品が国外から流れ込んでくることになる．つまり財の輸入である．国内の生産者は貿易が行われる以前の均衡価格 p^* のままで販売をしていては当然買い手がつかないので，国際市場との競争が行われ，結局，国際価格 p' と同じ水準まで価格を下げなければならなくなる．したがって国内市場での均衡価格は国際市場でのものと同じ p' になり，それに対応して需要曲線 D から国内では d' だけの需要量が発生する．しかしこの需要量をすべて国内の生産者だけでまかなうわけではない．現在の価格 p' に対して国内では s' だけの量しか供給することができないので，残りの不足分 $d's'$ は海外からの輸入に頼ることになる．つまり，価格が下落することによって需要量は増加するが，それは国内での供給だけで十分ということではなく海外からの輸入によって補われているということである．

このとき社会的余剰はどのように変化しているであろうか．需要者は価格 p' のもとで d' だけの量を消費するのであるから，消費者余剰は三角形 $Ap'I$ である．一方，国内の供給者が行う生産は価格 p' であるが数量は s' だけであることに注意すれば，生産者余剰の大きさは三角形 $p'BH$ である．貿易が行われる以前の状態と比較すると貿易が行われ価格が下落したことによって，消費者余剰は増加しており消費者はその価格下落の恩恵を受けているが，一方生産者はそのあおりを受け生産者余剰は減少している．しかし貿易を行うことによって得られる社会的余剰は $ABHI$ であるので，全体としては三角形 EHI の分だけ余剰は増加している．つまり，生産者余剰が減少するという損失が生じるが，その損失以上に消費者余剰が増加するという利益が発生しているということである．よって自由に貿易を行うことにより社会的余剰は増加することがわかる．

財の国際価格が p'' である場合も同様に考えることが可能である．もし，国際価格が p'' であれば，この価格は国内市場での均衡価格 p^* よりも高いので，国内の生産者は国内市場で販売するよりも，より高値で取引される国際市場で販売しようと考えるであろう．すると国内市場で販売しようとする生産者は減

少し供給量が減るので、国内市場は財が不足する超過需要の状態に陥る。そのため財の価格はしだいに上昇していき、最終的には国際価格 p'' と等しいところまで上昇する。価格が上昇すれば今度は需要が減少していくので、新たな均衡価格 p'' に対しては需要曲線 D から d'' だけの需要量が決定することになる。つまりこの場合、国内市場での価格は p'' に上昇し、s'' の供給量が発生するが、そのうち国内で消費される需要量は d'' だけであるので、残りの $s''d''$ は国際市場で販売されることになる。これは $s''d''$ だけの輸出が行われるということである。

均衡価格が p''、需要量が d''、供給量が s'' ということに注意すれば、このときの余剰は、消費者余剰が三角形 $Ap''F$、生産者余剰が三角形 $p''BG$、したがって社会的余剰は $ABGF$ となる。国内市場での価格上昇ということを受けて、消費者は余剰が減少しているが逆に生産者の余剰は増加し、全体として社会的余剰も FEG の分だけ増加している。これは国際価格が p' であった先の場合とは逆で、消費者が犠牲となり損失をこうむっているがその損失以上の利益、つまり生産者の余剰が増加するということが起きているからである。したがって、国内価格よりも国際価格が高いような場合も、自由な貿易が行われることによって社会的余剰が改善されていることがいえるのである。

これらの余剰の変化をまとめたものが表 4.2 である。このように国際市場での価格と国内市場での価格に差があるような場合は、自由な貿易が行われることによって国内の社会的余剰は必ず増加することがわかる。ただし、国内価格が国際価格よりも高いか低いかの違いによって消費者側か生産者側かどちらかの余剰が減少するという多少の問題は生じている。このように全体的な余剰が改善されるということと、各主体の余剰が均等に改善されるかという平等性の問題は一致しないこともある。

表 4.2 貿易による余剰の変化

均衡価格	p^*(貿易前)	p'(輸入)	p''(輸出)
消費者余剰	Ap^*E	$Ap'I$	$Ap''F$
生産者余剰	p^*BE	$p'BH$	$p''BG$
社会的余剰	ABE	$ABHI$	$ABGE$

参考文献

細江守紀・大住圭介編（1999）『ミクロ・エコノミックス』有斐閣.
梶井厚志・松井彰彦（2000）『ミクロ経済学：戦略的アプローチ』日本評論社.
倉澤資成（1996）『入門・価格理論』日本評論社.
仙波憲一（2001）『市場経済の理論とその応用 ―市場の効率性と公正―』CAP出版.
篠原総一（2002）『わかる！ミクロ経済学』有斐閣.
矢野誠（2001）『ミクロ経済学の基礎・応用』岩波書店.
吉原龍介（1998）『需要と供給の経済学』学文社.

第5章　市場の失敗

5.1　はじめに

　完全競争市場において効率的な資源配分が実現するために，次の2つの条件が満たされていなければならない．すなわち，①すべての経済主体が市場で決定された価格を所与として（すなわち，プライス・テイカーとして）行動していること，そして②すべての経済主体の状態（すなわち，家計の効用や企業の利潤の水準）が，市場を経由して取引された財の数量に依存していること，である．

　しかし，現実の経済では，それらの条件は必ずしも満たされていない．たとえば，日本の配電サービスの価格（すなわち，電気料金）は，経済産業大臣からの許可を受けた企業（すなわち，電気事業者）が，電気事業法第19条に規定される「適正な原価に適正な利潤を加えた」価格の**認可**を受けて実現するものであるから，家計および企業はいずれもプライス・テイカーとして行動していない．また，日本の防衛サービスは，自衛隊法76条に規定された内閣総理大臣の**命令**（および国会の承認）によって提供されるので，個々の状態は市場を経由した取引に依存しない．

　このような特徴をともなう多くの財・サービスについては，市場メカニズムが十分機能しても，効率的な資源配分を達成することができないことが知られている．この意味における市場メカニズムの限界は，「市場の失敗」（market failure）と呼ばれている．この市場の失敗を改善するための方法として，リンダール（E. Lindhal），ピグー（A. C. Pigou）およびホテリング（H. Hotelling）等は，「政府」の代替的もしくは補完的な機能を主張している．

　本章の課題は，市場の失敗を改善するための政府の役割を「外部性」，「公共

財」および「費用逓減」の各々について説明することである．

5.2 外部性

5.2.1 外部性とはなにか

　ある経済主体の行動が他の経済主体の状態に影響を及ぼすとき，その影響を「外部性」(externality) という．この外部性には，市場を経由するものと市場を経由しないものとがある．

　たとえば，ある地域で新規企業が生産を開始したとする．①この企業の生産によって，パートタイムの労働サービス市場を経由して，この地域の賃金率が上昇したなら，より高賃金の職を得たパートタイム労働者の状態は改善し，賃金率を引き上げて雇用せざるをえなくなった既存企業の状態は悪化するであろう．このケースでは，新規企業の生産が，（労働）市場を経由して，パートタイム労働者や既存企業へ影響を及ぼしている．他方，②既存企業が，新規企業による投資の結果として実現した生産技術にフリーライド（ただ乗り）し，それによって既存企業の生産効率が向上したなら，既存企業の状態は改善するであろう．また，新規企業の生産にともなう煤煙・汚水・振動・騒音等に対して既存企業や地域住民が対策を講じなければならないなら，それにともなって既存企業や地域住民の状態は悪化するであろう．これらのケースでは，新規企業の生産が既存企業や地域住民へ，市場を経由することなしに，影響を及ぼしている．

　「市場の失敗」の要因となる外部性は，②の市場を**経由しない**外部性である．なぜなら，経済主体の状態が，市場を経由して取引された財以外の要因に依存するからである（シトフスキー (T. Scitovsky (1954)) は，そのような外部性を「技術的外部性」(technological externality) と呼び，市場を経由する外部性である「金銭的外部性」(pecuniary externality) と区別している）．すなわち，外部性と市場の失敗との関連に関する基礎的な論点は，市場取引された財・サービス**以外**の要因が経済主体の状態を**変化**させているという事実である．そのとき，外部性の受け手の状態が変化しさえすれば（改善するケースでも悪化するケースでも）市場の失敗が生じることになる（なお，外部性の受け手の状態が悪化（改善）するケースは，「外部不経済」(external diseconomy)（「外部経済」

(external economy)) と呼ばれる).

5.2.2　外部性と市場の失敗

　外部性の一例として，多数の企業が生産にともなってスモッグを排出し，それが直接多数の家計に（洗濯物が汚れてしまうことや非喫煙者の子供が気管支炎を発症すること等さまざまな事柄にともなって家計が負担する機会費用という意味での）損害を及ぼしている問題を考えよう．この問題は，前述の要件を満たしていることから市場の失敗の問題として分析することができる．無論，これは（技術的）外部不経済のケースである．

　以下，数値例によって問題を記述しよう．まず，図 5.1 の MD は（外部性発生者の行動水準としての）生産量と（外部性の受け手の状態としての）損害との間の関係を示しているグラフである．横軸は生産量（以下，単位をトンとする）を表し，縦軸は金額（追加的 1 単位の生産量に対する評価）を表し，MD は追加的 1 単位の生産量の 3 分の 1 が損害額（以下，単位を千円とする）となる関係を表している．たとえば，450 トンの生産が行われているとき，追加的に 1 単位を生産すると，損害が（3,395 万円から 3,400 万円へ）15 万円だけ増加することを表している．

　次に MC は，生産量と生産費用との関係を示している．追加的 1 単位の生産にともなう生産費用の変化分は「限界費用」（marginal cost）と呼ばれる．MC は，生産量の 3 分の 2 が限界費用となる関係を表している．たとえば，450 トンの生産が行われているとき，追加的に 1 単位を増産すると，生産費用が（6,750 万円から 6,780 万円へ）30 万円だけ増加する．任意の生産量につい

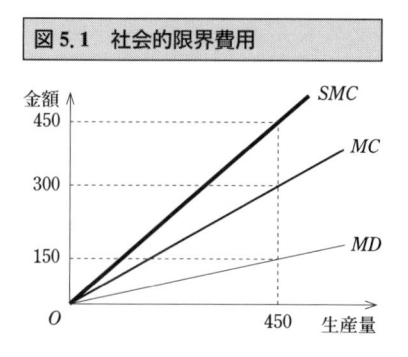

図 5.1　社会的限界費用

て限界費用をプロットすると図 5.1 の MC を書くことができる．これは「限界費用曲線」(marginal cost curve) と呼ばれる．

企業の生産にともなって**社会的に**発生する費用を生産費用および損害の合計であるものと定義する．これを「社会的費用」(social cost) と呼ぶ．たとえば，企業が 450 トンの生産を行っているとき，追加的 1 単位の増産にともなって増加する社会的費用は損害の増加分 30 万円に生産費用の増加分 15 万円を加えた 45 万円となる．同様にして，任意の生産量について 1 単位の増産にともなう社会的費用の増加分をプロットすると図 5.1 の SMC を書くことができる．これを「社会的限界費用曲線」(social marginal cost curve) という．

図 5.2 には，図 5.1 に示された MC および SMC のほかに，生産量と限界便益 (marginal benefit) との間の関係を示すグラフである MB が書き込まれている．限界便益は追加的 1 単位の生産にともなう便益の変化分である．たとえば，生産量が 450 トンであるとき，追加的 1 単位の増産が実現すれば，家計は 30 万円に相当する便益を得る．換言すると，価格が 30 万円以下であるなら，家計はその財を購入する意思をもつことになる．

社会の状態を便益から社会的費用を差し引いた値と定義する．生産量が 450 トンのとき，限界便益が社会的限界費用を下回っている．このとき，450 トンから 1 単位だけ生産量を減少させると，便益が 30 万円減少するのに対して社会的費用は 45 万円減少する．したがって，社会の状態は 15 ($=-30-(-45)$) 万円だけ改善する．すなわち，450 トンから 1 単位の減産は社会的に望ましい

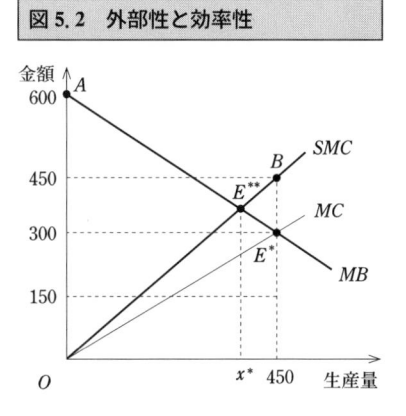

図 5.2　外部性と効率性

ということができる．このように，ある生産量で限界便益が社会的限界費用を下回っている限り，1単位の減産によって社会の状態が改善することになる．

他方，生産量がゼロのとき，図5.2より，便益が60万円だけ増加するのに対して社会的費用は変化しない．したがって，1単位の増産によって社会の状態は60（＝60－0）万円だけ改善する．このように，ある生産量で限界便益が社会的費用を上回っている限り，1単位の増産によって社会的な状態が改善することになる．

以上の考察により，限界便益と社会的費用とが一致する生産量 x^* が存在して，それを下回る（上回る）生産量において限界便益が社会的限界費用を上回り（下回り），1単位の増産（減産）によって社会の状態が改善することになる．したがって，生産量 x^* で社会の状態（＝便益－社会的費用）は最大値をとる．そこで，生産量が x^* のときに実現する社会の状態を測定すると，便益の値は（MB の下側の面積で測定できて）四角形 $OAE^{**}x^*$ の面積に等しく，社会的費用の値は（SMC の下側の面積で測定できて）三角形 $OE^{**}x^*$ の面積に等しい．したがって，x^* で実現する社会の状態は三角形 OAE^{**} の面積で表される．これに対して，市場メカニズムによって実現する生産量は，限界便益と限界費用とが一致する450トンであるので，社会の状態は，x^* で実現するものよりも三角形 $E^{**}BE^*$ だけ小さい．換言すると，$450-x^*$ だけ生産量を減少させるなら，三角形 $E^{**}BE^*$ の面積で表される非効率を改善することができるので，450トンの生産は過剰である．

5.2.3　市場の失敗と政策

上述の非効率を補正する方法の1つとして，ピグー（A. C. Pigou（1950））が示したアイデアに基づく課税・補助金政策がある．すなわち，効率性の実現を目的とした政府が外部性にともなう社会的限界費用と限界費用との間の乖離を税・補助金によって是正することを通じて，市場メカニズムの機能を補完するべきであるというものである．これを図5.2に即して述べると，まず，政府が，生産量 x^* に関する社会的限界費用と限界費用との差に等しい税率 t（$=SMC(x^*)-MC(x^*)$）で，生産量（外部不経済発生者の行動水準）に対して課税し，そのうえで，市場メカニズムの機能に委ねるということになる．

このとき，税率 t は，図5.3の線分 $E^{**}C$ の長さで表され，課税後の限界費

第5章 市場の失敗

図5.3 課税・補助金政策

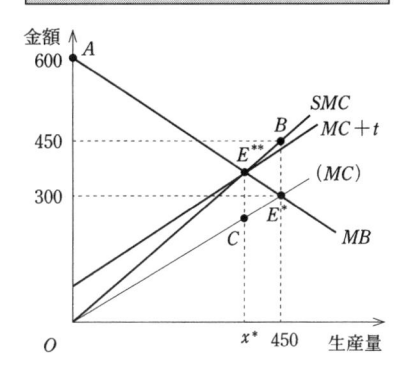

用曲線（図5.3の $MC+t$）は，点 E^{**} を通る．この結果，市場メカニズムが限界便益と限界費用とが等しくなる生産量 x^* をもたらし，三角形 $OE^{**}A$ の面積で表される社会の状態が実現する．

　課税政策下で，企業は増産のたびに，生産費用に加えて，増産分に比例した税額を負担しなければならない．これに対して補助金政策下では，450の生産量からの減産のたびに生産費用から減産分に比例して補助金が支給される．1単位の生産量の変化分（増産および減産）に対する限界的な効果は，いずれのケースにおいても限界費用と税率との和に等しい．したがって，政府が（税率を推定するために）市場に関する正確な情報を保有している限り，課税，補助金のいずれを用いても効率性をもたらすことができる．

5.2.4　法の役割

　ピグーのアイデアに基づけば，上述の公害問題は，外部不経済発生者の（私的）費用のなかに外部不経済が算入されていないことに起因する．これに対して，コース（R. H. Coase（1988），訳書の第5章を参照）は，外部不経済に関する権利の未確定が原因であると主張する．たとえば，上述のケースで，企業か住民のいずれか一方にとって望ましい生産量を主張する権利がありさえすれば，当事者間交渉を通じて（企業から住民へ，もしくは住民から企業への「補償」と引き換えに）生産量の調整が実現し，（交渉費用が十分小さい限り）効率性が実現する．この結果を「コースの定理」という．

コースの定理の特徴は，経済的行動ないし効率性の問題に関して，明示的に法・制度の役割を強調した点にあり，「法と経済学」(law and economics) というミクロ経済学の応用分野における基礎的な命題の1つとして知られている（たとえば，Cooter and Ulen（1997），訳書の第3章を参照）．

5.3 公共財

5.3.1 公共財とはなにか

一般に，家計や企業の行動目的を実現するために要する時間や物質的諸手段は有限である．そのとき，可能な限り望ましい目的・状態を実現するために，家計や企業は有限な諸手段の選択に直面する．このように経済目的に対して存在量が有限である相対的な性質を「希少性」（scarcity）という．希少性をともなう財を，「希少財」（scarce goods）（あるいは「経済財」（economic goods）という（希少性をともなわない財を「自由財」（free goods）という）．希少財のうち「競合性」（rivalness）および「排除性」（excludability）の双方をともなう財を「私的財」（private goods）という．

競合性は，単一の財を複数の経済主体が同時に利用することができないことを意味する．たとえば，家計Aが分譲地の一区画に住宅を建設すると，その土地に家計A以外の家計が住宅を建設することができなくなる．このとき，その土地は競合性をともなう．他方，排除性は，ある経済主体が購入した財を他の経済主体が対価なしに利用することができないことを意味する．たとえば，家計Aが購入した土地を別の家計が対価なしに利用する行為は，十分に強いペナルティーが適用可能である限り，合理的な選択の結果として抑止できる．このとき，その土地は排除性をともなう．このように家計Aが購入した分譲地は，不法行為に対するペナルティーが十分大きいなら，競合性および排除性の双方をともなう．このような財を「私的財」という．

他方，私的財を特徴づける2つの性質の少なくとも一方を満たさない財も存在する．このような財を「公共財」（public goods）という．すなわち，公共財は「競合性」および「排除性」のうち少なくとも一方をともなわない財である．たとえば，①(排除性をともなうが)競合性をともなわない財の例として，特許法で保護された技術があげられよう．なぜなら，（特許料を支払わない限り

利用することができないなら，排除性をともなうのに対して）特許料を支払う限り複数の企業が利用可能であるなら，その技術は競合性をともなわないからである．また，②（競合性をともなうが）排除性をともなわない財の例としては，自由に駐車することができる駐車スペースがあげられよう．なぜなら，（誰でも無料でその駐車スペースを利用することができる限り，排除性をともなわないが）そのスペースに2台以上同時に駐車することができない限り，そのスペースは競合性をともなうからである．さらに，③競合性および排除性の双方をともなわない財の例としては，対価の支払いなしに国民がその恩恵を享受することができる外交や防衛サービスがあげられよう．

5.3.2 効率的な公共財供給

一般道路網は，混雑しない限り，排除性および競合性の双方をともなわないので，公共財である．ある一般道路網を利用するドライバーが多数存在して，道路網に対する嗜好が異なるものとする．簡単のために，2種類のドライバーが存在するものとし，限界便益の相違で特徴づけられるものとする．一方のグループのドライバー（以下，ドライバー1と呼ぶ）は，他方のグループのドライバー（以下，ドライバー2と呼ぶ）よりも相対的に限界便益の変化が大きいものとする．ただし，両者の限界便益は，道路網整備の水準について逓減的であるものとする．すなわち，ある整備水準からの追加的1単位の整備水準に対する主観的な評価額が，整備の進捗につれて減少する．

図5.4の横軸は，道路網の整備水準（z）を表し，横軸上の任意のzからMB^i（$i=1,2$）までの高さによって各ドライバーの限界便益を測定している．一般に，追加的1単位の取引量の変化分と限界便益との関係を表すグラフを「限界便益曲線」（marginal benefit curve）という．図5.4のMB^iは，各ドライバーに関してzと限界便益との間の関係を表している限界便益曲線である．便宜上，限界便益の値を10万円単位で表現している．たとえば，多数の離散的な地点のうち4つを網羅する道路を整備するというような，最初の1単位の道路網整備にともなう限界便益は，ドライバー1（ドライバー2）について500万円（350万円）だけ生じるが，7つの地点を網羅する道路へと整備が拡張されたときのように，1単位の整備水準からの追加的1単位の道路網整備に対する限界便益は，ドライバー1のほうがドライバー2よりも大きく減少している．

図5.4 限界便益と限界費用

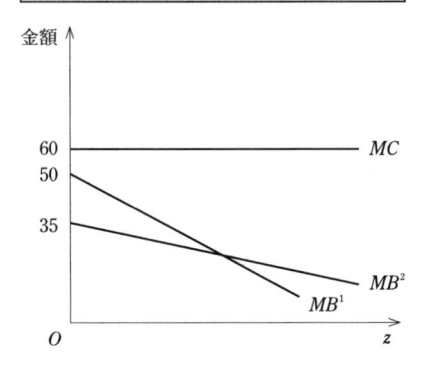

換言すると，ドライバー1のほうがドライバー2よりも便益の増加分が小さくなっている．

他方，追加的1単位の道路網整備に要する費用である公共財生産にともなう限界費用を横軸上の任意のzから限界費用曲線（MC）までの高さによって測定する．簡単のため，限界費用の値が，任意のzについて，600万円であるものとする．

最初の1単位のzが生産されると，すべてのドライバーへ等しく利用機会が提供されるので，限界便益の合計は850（=500+350）万円となる．このように，限界便益の合計は，横軸上の任意のzに関する垂直和で表される．限界便益の合計を「社会的限界便益」（social marginal benefit）といい，任意のzと社会的限界便益との関係を「社会的限界便益曲線」（social marginal benefit curve）という．

社会の状態を社会的便益と生産費用との間の差と定義する．このとき，図5.5において社会的限界便益曲線（SMB）と限界費用曲線（MC）との交点E^*で実現する整備水準z^*は社会的に最も望ましい．なぜならば，次の理由によってz^*以外のどの整備水準についてもより望ましい社会の状態が実現しないからである．すなわち，①z^*よりも小さいどの整備水準zでも，$SMB(z)>MC(z)$の関係が成り立っている．このとき，整備計画を1単位拡張すれば，それに要する生産費用の増加分を上回る社会的便益の増加が生じるので，社会の状態の改善が見込める．他方，②z^*よりも大きい整備水準では，

図 5.5　社会的限界便益

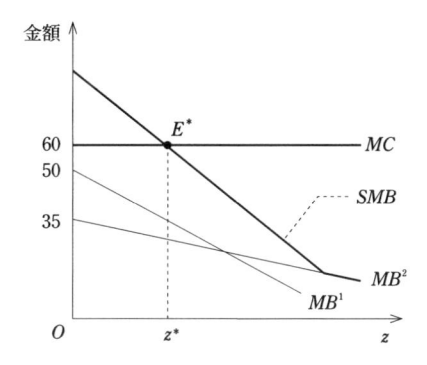

どの z でも $SMB(z) < MC(z)$ の関係が成り立っているので，ある整備計画から 1 単位縮小することによって，社会的便益および生産費用の双方が減少するが，社会的便益の減少分を上回る生産費用の節約が可能であるので，社会の状態の改善が見込める．したがって，整備水準 z^* において効率性が実現し，その整備水準について成立している条件は，$SMB(z^*) = MC(z^*)$ である．

5.3.3　リンダール・メカニズム

公共財の効率的な水準を実現させるために，リンダール（E. Lindhal（1994））は擬似市場的なメカニズムを示した．

公共財生産の限界費用は任意の公共財量について一定であるという仮定に基づいて，前述のドライバー 1 および 2 の各々が私的財および公共財の消費量の組に関して，望ましい消費計画を選択する問題を考える．ここで，各ドライバーが公共財の生産費用を分担するものとする．各ドライバー i（$i=1, 2$）に対してある費用分担率 t^i が与えられると，ドライバー i は，自らの予算線（$m^i = px^i + t^i z^i$）上の消費計画のなかから効用を最大化するものを選択するであろう．ただし，m^i はドライバー i に外生的に与えられた所得額を表し，x^i および z^i は，各々，ドライバー i が計画している私的財および公共財の消費量を表す．また，p は私的財の市場価格である）．公共財の価格を費用分担率に置き換えていることに留意すれば，そのようにして選択されたドライバー i の消費計画は，私的財および公共財の需要量からなる．公共財が正常財（すなわ

ち，所得額が増加（減少）したときに，需要量が増加（減少）する財）であるとき，各ドライバーの公共財需要量は，自らの費用分担率が増加（減少）すると減少（増加）することになる．このようにして，図 5.6 のように，各ドライバーの公共財に関する需要曲線を書くことができる．

ドライバーごとに公共財需要の図を書いて，縦軸に沿って各ドライバーの原点間の距離が 1 となるように合成すれば，図 5.7 を書くことができる．この図においてドライバー 1（ドライバー 2）の原点 O^1（原点 O^2）から縦軸に沿って上方（下方）に費用分担率 t^1（費用分担率 t^2）がとれて，右下がり（右上がり）のグラフがドライバー 1（ドライバー 2）の公共財需要を表す．ただし，費用分担率の合計を 1 に基準化しているので，ドライバー 1 の費用分担率 t^1 が決まれば，ドライバー 2 の費用分担率は $1-t^1$ となる．

図 5.7 において，各ドライバーの公共財需要が一致する点 E^* に着目する．その点で得られる公共財需要量は z^* であり，双方のドライバーについて等量である．費用分担率は，ドライバー 1 および 2 について，各々，t^* および $1-t^*$ である．このとき，z^* に関してドライバー 1 およびドライバー 2 の限界便益は，各々 t^* および $1-t^*$ に等しい．したがって，社会的限界便益は $1 (= t^* + (1-t^*))$ である．公共財の限界費用を 1 に基準化しているので，点 E^* において社会的限界便益と限界費用とが一致し，効率的な公共財水準が実現する．

いま，仮に政府が費用分担率を各ドライバーに対して提示して調整するもの

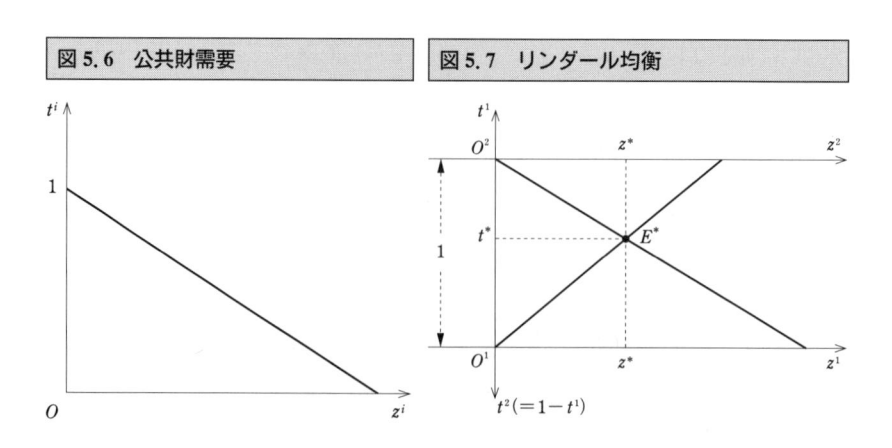

図 5.6　公共財需要

図 5.7　リンダール均衡

とする．政府が，ドライバー1（ドライバー2）に対してt^*よりも小さい（大きい）費用分担率を示すと，そのときドライバー1の公共財需要量がドライバー2のそれを超過する．その超過分は，ドライバー1（ドライバー2）の費用分担率を引き上げる（引き下げる）ことによって減少する．このようにドライバー1の公共財需要量がドライバー2の公共財需要量を超過している限り，費用分担率の構成を変更することによって，最終的に，両ドライバーによる公共財の等量消費が実現する．

他方，政府が，ドライバー1（ドライバー2）に対してt^*よりも小さい（大きい）費用分担率を示した場合は，ドライバー2の公共財需要量がドライバー2のそれを超過し，その超過分は，ドライバー2（ドライバー1）の費用分担率を引き上げる（引き下げる）ことによって減少する．このように，ドライバー2の公共財需要量がドライバー1の公共財需要量を超過している場合も，費用分担率の構成を変更することによって，最終的に，両ドライバーによる公共財の等量消費が実現する．

このようにして，両ドライバー間で公共財需要量の乖離が存在する限り，政府による費用分担率の調整プロセスが継続し，最終的に，点E^*において効率的な公共財水準が実現する．このようなメカニズムを「リンダール・メカニズム」(Lindhal mechanism) といい，点E^*を，「リンダール均衡」(Lindhal equilibrium) という．リンダール・メカニズムは，市場メカニズムにおける仮想的な「せり人」の役割を「政府」が担い，「価格」が果たしている情報伝達機能を「費用分担率」に託そうとする擬似市場メカニズムである．政府による仲介機能（もしくは当事者間交渉）による費用分担率の調整プロセスにおいて，各ドライバーの真の公共財需要が顕示される限り，このメカニズムによって効率的な公共財供給を達成することができる．しかし，各ドライバーの公共財需要が私的情報であるとき，虚偽申告を行って公共財供給の均衡水準を相対的に低い費用負担率で実現する可能性を否定することはできない．この問題は「フリーライダー問題」(free rider problem) と呼ばれる．合理的な経済主体による虚偽申告のインセンティブを排除するような「誘因両立的メカニズム」(incentive compatible mechanism) の設計は，公共政策における主要な課題の1つである．

5.4 費用逓減

5.4.1 費用逓減産業

市場需要量を満たす生産量を超えてもなお平均費用（生産物1単位当たりの生産費）が減少し続ける産業を「費用逓減産業」（decreasing cost industry）という．平均費用の変化を抑制する要因は，固定費用（生産量の変化に依存しない生産費）である．図5.8の2つのグラフはいずれもある企業の生産量と平均費用との間の関係を示すものであるが，どの生産量においても太い線のグラフは細い線のグラフよりも平均費用の変化率が小さい．以下，この相違をもたらしているものが固定費用であることを示そう．

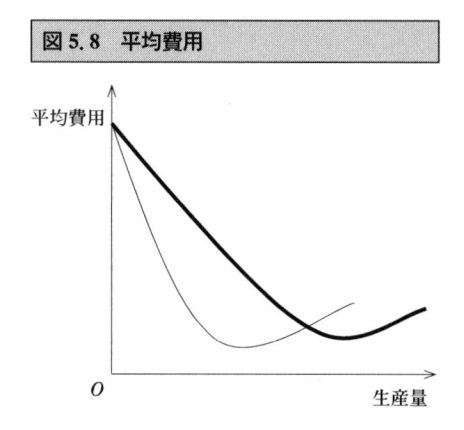

図5.8　平均費用

いま，企業の生産量を x とし，総費用（total cost）が可変費用（variable cost）と固定費用（fixed cost）とからなるものとする（可変費用は，生産量に依存する生産費である）．可変費用を VC，固定費用を FC と書くと，総費用 C は次のように書くことができる．すなわち，

$$C(x) = VC(x) + FC \tag{5.1}$$

である．この式の両辺を正の生産量 x で割ると

$$\frac{C(x)}{x} = \frac{VC(x)}{x} + \frac{FC}{x} \tag{5.2}$$

を得る．この式の左辺は平均費用を意味する．ここで，追加的 1 単位の生産量の変化が平均費用に及ぼす影響をみるために，上式を x で微分すると，

$$\left(\frac{C(x)}{x}\right)' = \frac{xVC'(x) - VC(x) - FC}{x^2} \tag{5.3}$$

を得る．この式より，生産量の追加的 1 単位の変化にともなう平均費用の変化率は，固定費用が大きくなるにつれて，小さくなることがわかる．

5.4.2 費用逓減と市場の失敗

「費用逓減産業」を構成する企業の平均費用は，図 5.9 のように，市場需要量を満たす生産量 $\bar{x}$ において平均費用が逓減的である．

このとき市場は独占市場となる．たとえば，ある配電サービス市場において N 社からなる産業の各企業が顧客との契約を経て配電サービスを提供しているものとする．一端，ある企業 A が $N-1$ 社のどのライバル企業にも先立って契約者を得ることに成功して，1 単位の増産を行うと，企業 A はどのライバル企業よりも低い平均費用に直面することになる．その結果として，企業 A はライバル企業よりも低価格で配電サービスを供給することができる．そのことが企業 A の生産量だけをより一層増加させることになる．このようにして，企業 A が（すべての顧客を獲得し）配電サービス市場を独占することになる（このような市場メカニズムがもたらす独占を「自然独占」(natural monopoly) という）．

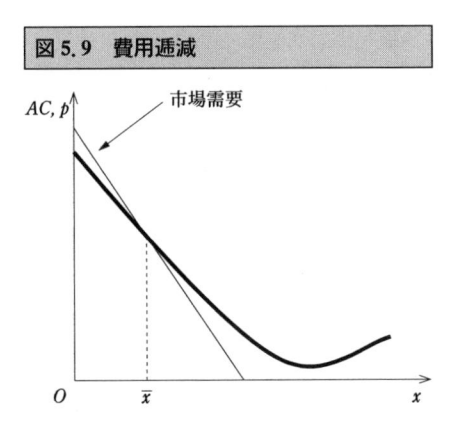

図 5.9 費用逓減

独占が生じると，企業 A は市場需要の制約下で決定した生産量をすべて販売する価格を設定することができるので，市場価格 p は企業 A の生産量に依存する．それを

$$p = -bx + a \quad (\text{ただし，} a \text{ および } b \text{ は正の定数}) \tag{5.4}$$

と書くと，企業 A の利潤 Π は，

$$\Pi = px - C(x) = -bx^2 + ax - C(x) \tag{5.5}$$

と書くことができる．このとき，ある x^* が存在して，

$$-2bx^* + a = C'(x^*) \tag{5.6}$$

を満たすとき，企業 A の最大利潤が実現する．この条件の左辺は均衡における限界収入（marginal revenue）を意味しており，図 5.9 の市場需要の傾きの 2 倍となっている．このことは，図 5.10 において，限界収入（MR）が常に市場需要の下方に位置することを意味する．他方，上式の右辺は，限界費用であり，それが平均費用を下回るとき，追加的 1 単位の増産にともなって平均費用が減少するので，限界費用（MC）は，平均費用が右下がりの局面において，平均費用の下方に位置する．

独占市場では，企業 A が最大利潤をもたらす生産量を販売し尽くす価格を設定することができるので，図 5.11 のように市場需要上の点 (p^M, x^M) が実

図 5.10　限界収入と限界費用

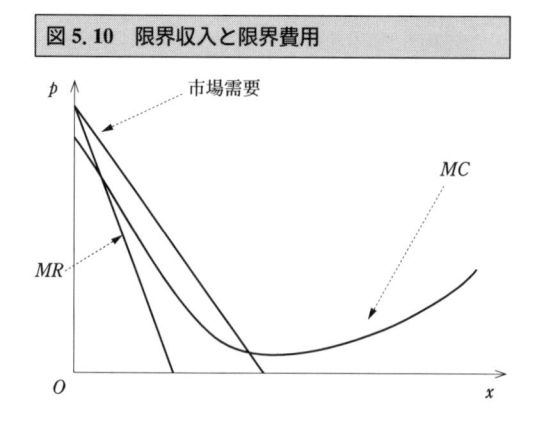

図 5.11 費用逓減と効率性

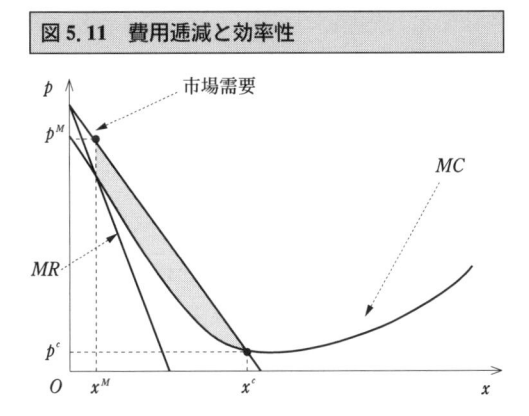

現する．これに対して，企業 A がプライス・テイカーであるなら，限界収入が市場価格に等しいので，市場需要上の点 (p^c, x^c) が実現する．

この結果の意味を検討するために，市場の状態を市場需要の下側の面積から限界費用の下側の面積を差し引いた値と定義する．このとき，図 5.11 のシャドウ部分だけ，点 (p^M, x^M) で実現する状態のほうが悪化している．したがって，費用逓減産業が存在するとき「市場の失敗」が生じ，独占企業 A の生産量は均衡において過少である．

5.4.3 自然独占と規制

費用逓減に関する市場の失敗を改善するための政府の役割の 1 つにホテリング（H. Hotelling（1938））による「限界費用価格形成」（marginal cost pricing）がある．これは，まず，政府が価格を p^c の水準に規制する．この規制によって企業の利潤が負となるので，その全額を政府が補助金によって補塡するというものである．このとき，その損失補塡が実行可能である限り，自然独占による非効率を解消することができる．

しかし，この方法にはいくつかの問題点がある．まず，企業の慢性的な損失を補塡する財源をいかにして確保するか，ということである．さらに，仮に財源を確保するための制度が実現したとしても，企業の費用削減意欲が減退するおそれがあり，また，政府と企業との継続的な関係が温床となって贈収賄や過剰な補助金の供与といった不正行為が生じる可能性も否定できない．したがっ

て，限界費用価格形成は，補助金に関連した諸問題を解決するためのスキームとのパッケージで把握することが必要であろう．

他方，限界費用価格形成の代替案として，「平均費用価格形成」(average cost pricing) がある．これは企業の利潤がゼロとなるように政府が価格を規制するというものである．このとき，上述の補助金をめぐる諸問題が生じない（この価格規制は，市場需要のグラフと平均費用のそれとの交点における価格水準を実現することにより可能である）．しかし，平均費用価格形成によって改善することができる非効率は限界費用価格形成によって改善できる非効率よりも小さくなる．

参考文献

Coase, R. H. (1988) *The Firm, the Market, and the Law*, The University of Chicago Press（宮沢健一・藤垣芳文・後藤晃訳 (1992)『企業・市場・法』東洋経済新報社）.

Cooter, R. D. and T. S. Ulen (1997) *Law and Economics (2nd edition)*, Addision-Wesley（太田勝造訳 (1997)『新版　法と経済学』商事法務研究会）.

Hotelling H. (1938) "The General Welfare in Relation to Problems of Taxation and of Railway and Utility Rates," *Econometrica*, vol. 6, pp. 242-269.

Lindhal E. (1994) "Just Taxation-A Positive Solution," in R. E. Musgrave and A. J. Peacock, eds., *Classics in the Theory of Public Finance*, Macmillan.

Pigou, A. C. (1950) *The Economics of Welfare*, Macmillan Co. Ltd.（気賀健三・千種義人・鈴木諒一・福岡正夫・大熊一郎訳 (1953-1955)『ピグウ　厚生経済学Ⅰ―Ⅳ』東洋経済新報社）.

Scitovsky, T. (1954) "Two Concepts of External Economies," *Journal of Political Economy*, vol. 62, pp. 143-151.

第6章 産業と規制

6.1 不完全競争の問題

6.1.1 不完全競争市場

　第4章では，完全競争市場における資源配分は効率的になることをみてきた．だが，現実の経済において完全競争が行われるような市場をみつけることは難しく，競争が不完全な状況で行われることが多い．そこで，本節では，このような競争が不完全な市場に関する資源配分の問題を考察する．前章で説明されたように完全競争市場とは次の4つの条件

(1) 取引される財が同質
(2) 多数の需要者，供給者が存在する
(3) 取引される財や価格に関する情報が取引参加者すべてに知られている
(4) 参入と退出が自由である

を満たす市場であった．これらの条件が1つでも満たされないような市場を不完全競争市場という．需要者が多数存在することを前提としたとき，不完全競争市場は供給者数によって，供給独占市場（供給者が1人），複占市場（供給者が2人），寡占市場（供給者が少数）に分類できる．さて，完全競争市場では供給者は，同質財を作る他の供給者が多数いるため，自分で作る財について価格支配力をもつことができなかった．そのため，各供給者は価格に関してプライス・テイカーとして行動するものと想定された．これに対して，供給独占市場では，独占企業は競争相手がいないので価格支配力を行使できる．また，複占市場や寡占市場では競争相手は少数しかいないので，たとえばカルテルなどを組むことにより，ある程度価格支配力が保てる．よって，これらの不完全競争市場では，完全競争市場に比べ価格が高くなる傾向があり，資源の効率的

配分が達成できなくなる.

以上のことから，一般には供給者数によって価格支配力が決まり，供給者が少ないほど価格支配力が強まるといえる．ところが，供給者が多くても価格支配力を維持できるケースがある．たとえば，供給者が多数存在し，それぞれの供給者が類似した財ではあるが品質や性能の面で同質ではない財（製品差別化された財）を作る場合がそうである．その場合，各財を需要する消費者が多数存在すれば，各供給者は自ら作る財に対して独占状態となるため，ある程度，価格支配力を有することになる．このような市場は独占的競争市場と呼ばれる．

6.1.2 供給独占

ここでは，供給独占市場を取り上げる．財の供給者は1企業なので，その企業（独占企業）は価格や生産量を自由に決定する立場にある．しかし，独占企業が利潤を最大化するように行動するとき，価格と生産量をそれぞれ独立に選択することはできない．なぜなら，価格を非常に高く設定し，財を大量に作っても，一般には需要が限られるため，売れ残りが生じるからである．つまり，独占企業は，消費者の需要をちょうど満たすように生産量を決めなければならない．さて，独占企業が作る財に対する市場需要関数が

$$p = D(q) \tag{6.1}$$

で表されるとしよう．ここで，q は市場需要を，p は財価格をそれぞれ表している．価格がある水準に決まれば (6.1) 式から市場需要が決まり，その場合の最適な生産量（＝市場需要）も同時に決まることになる．よって，市場需要 q は独占企業の利潤最大化行動を前提とすれば生産量を意味する．さて，財を q 単位作るときの総費用を c とし，総費用関数が

$$c = C(q) \tag{6.2}$$

で与えられるとしよう．このとき，独占企業の利潤関数を π とすると

$$\pi = pq - C(q) \tag{6.3}$$

と書ける．ここで，収入 pq を $R(q)$ とおき，収入関数と呼ぶことにする．利潤関数 (6.3) は

$$\pi = R(q) - C(q) \tag{6.4}$$

と書き直され，利潤最大化条件は

$$\frac{d\pi}{dq} = \frac{dR(q)}{dq} - \frac{dC(q)}{dq} = 0 \tag{6.5}$$

で与えられる．ここで，$\frac{dR(q)}{dq}$ は限界収入（MR）と呼ばれ，生産（販売）1単位の増加にともなって追加的に増える収入の大きさを表す．一方，$\frac{dC(q)}{dq}$ は限界費用（MC）を意味しているので，この条件は

$$MR = MC$$

となる．ここで限界収入の性質を調べるため，収入関数 $R(q)$ を（6.1）式を用いて，微分すると

$$MR = D(q) + q\frac{dD(q)}{dq} \tag{6.6}$$

となる．ここで，市場需要曲線が右下がり，すなわち $\frac{dD(q)}{dq} < 0$ を仮定すると（6.6）式から $MR < D(q)$ となり，MR 曲線は市場需要曲線よりも下方に位置する（図6.1）．なお，この図で DD' 曲線が市場需要曲線を表す．利潤最大化条件から，独占企業は，MR 曲線と MC 曲線の交点となる生産量 q_M を選択する．その場合の価格は p_M となる．したがって，点 M が独占均衡を表すことになる．

図 6.1 独占均衡

図 6.2 競争均衡との余剰比較

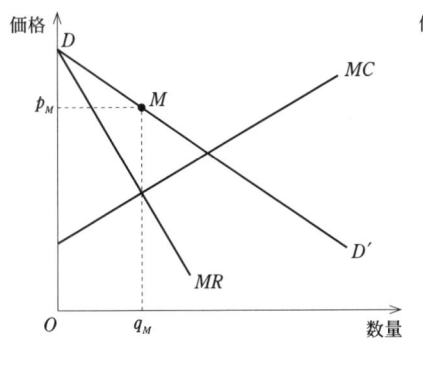

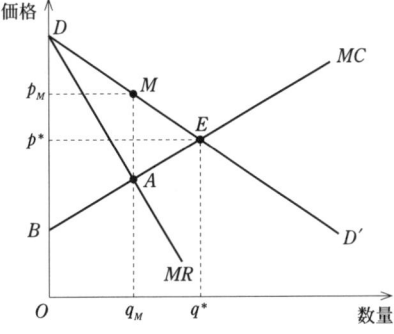

6.1.3 独占の非効率性

このように求められた独占均衡が,効率性の観点からみてどのように評価できるのであろうか? 以下ではこの問題を完全競争均衡と余剰を比較することで検討してみる.まず,完全競争均衡は供給曲線を表す MC 曲線と需要曲線 DD' の交点 E に決まる(図6.2).このとき,独占均衡点 M は完全競争均衡点と比較して生産量は過小になり($q_M<q^*$),価格は高くなる($p_M>p^*$).よって,消費者余剰は独占のケースで三角形 Dp_MM,完全競争のケースで三角形 Dp^*E となり独占のほうが小さくなる.これに対し,生産者余剰は独占のケースで四角形 p_MBAM,完全競争のケースで三角形 p^*BE となり独占のほうが大きい.これは,独占企業は価格を p_E にすることも可能であるが,実際はその値よりも高い価格 p_M を選択していることからいえる.さらに,消費者余剰と生産者余剰の和である社会的厚生は独占のケースで四角形 $DBAM$,完全競争のケースで三角形 DBE となり独占のほうが三角形 MAE だけ小さくなる.したがって,独占市場において社会的厚生の減少が発生する.この減少分は死荷重と呼ばれている.

6.2 規模の経済とはなにか

6.2.1 規模拡大と生産性

第2章では,企業の生産活動を,投入物と生産物との関係を表す生産関数や生産量と費用の関係を表す費用関数によって説明してきた.ここでは,それら2つの概念を用いて企業の生産活動における生産性とはなにかを詳しく考察する.単純化のため,投入物も1種類のケースを考える.さらに,投入物として労働が利用されるとしよう.労働の投入量を L,生産量を Y としたとき,Y と L との関係は生産関数

$$Y = F(L) \tag{6.7}$$

で表されるとしよう.一般的な生産関数のグラフが図6.3で表されている.この図では,労働投入量が増えると生産量も増加しているが,限界生産性は逓減している.つまり,労働投入量を2倍にしても生産量は2倍まで増加しない.

図 6.3　生産関数

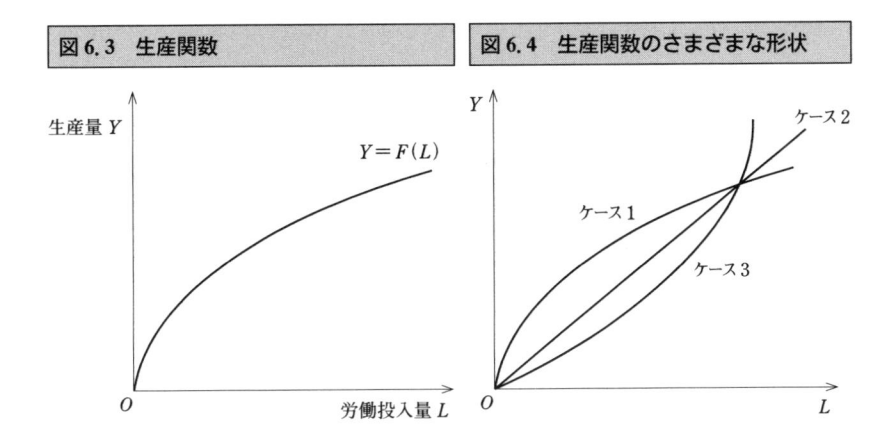

生産量 Y, $Y = F(L)$, 労働投入量 L

図 6.4　生産関数のさまざまな形状

ケース 2, ケース 1, ケース 3

このように，投入量の増加率に比べ，生産物の増加率が小さくなることを規模に関して収穫逓減という．図 6.4 では収穫逓減のケース（ケース 1）のほかに，投入量の増加率と生産量の増加率が共に等しくなる規模に関して収穫一定（ケース 2）のケースと投入量の増加率よりも生産量の増加率が大きくなる規模に関して収穫逓増（ケース 3）のケースが描かれている．

投入物が複数あるケースでは，それぞれの投入量が同じ増加率で増える状況を想定することで，投入物が 1 種類の場合と同様に，投入規模拡大による生産量の変化のパターンを上記のように 3 つのケースに分類できる．

さて，現実の経済では，規模に関して収穫逓増の状況になっている企業や産業が存在する．たとえば，鉄鋼や石油化学のような大規模工場で生産が行われる産業では，生産規模が拡大すれば生産量は逓増的に拡大する．収穫逓増が生じるのは，規模が拡大することで，小規模生産では利用できなかった生産方法が利用可能になるからである．規模に関して収穫逓増になるか否かは，企業にとって重要な意味をもつ．なぜなら，たとえば，規模に関して収穫逓増的であると，費用は逓減的となるからである．この点を次に検討する．

6.2.2　費用逓減

これまでと同様，投入物も生産も 1 種類のケースを考えていく．(6.7) 式の生産関数を投入量 L について解き直した式を

$$L = G(Y) \tag{6.8}$$

とする[1]．この式は，生産物を Y 単位作るのにどれだけの投入物が必要になるかを表している．労働1単位の価格（賃金率）を w とする．さらに，企業は w を所与として行動するものとしよう．このとき，生産物を Y 単位作るときかかる総費用を C とおくと (6.8) 式から

$$C = wL = wG(Y) \tag{6.9}$$

と表される．

　図6.4の各ケースに対応する費用関数が，図6.5(a)に描かれている．なお，この図では固定費用はゼロであると仮定している．収穫逓減のケース（ケース1）は限界費用が逓増し，収穫逓増のケース（ケース3）は限界費用が逓減する．また，収穫一定のケース（ケース2）では限界費用が一定となっている．収穫と限界費用の間のこのような関係は固定費用が発生しても成り立つ．さらに，固定費用がないケースでは，収穫と平均費用の間にも同じ関係が成り立つ．つまり

収穫逓減のケース（ケース1）⇔ 平均費用逓増

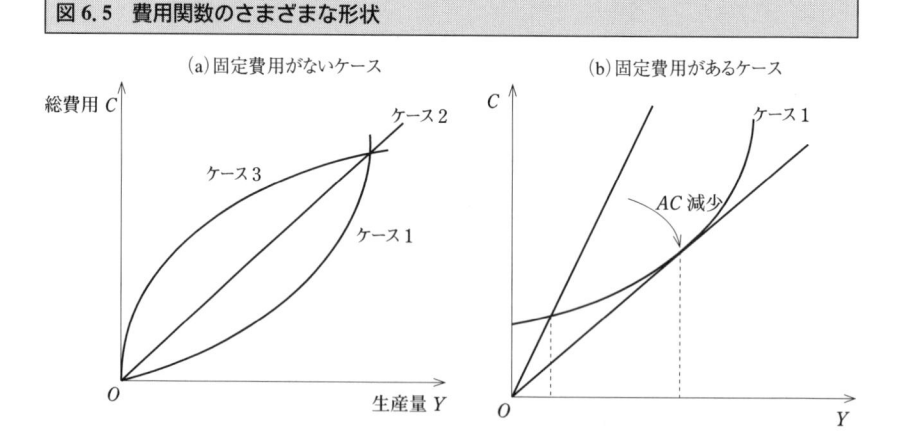

図 6.5　費用関数のさまざまな形状

---

1) (6.8) 式は $Y = F(L)$ の逆関数である．

収穫一定のケース（ケース2）⇔平均費用一定
収穫逓増のケース（ケース3）⇔平均費用逓減

となる．しかし，固定費用がある場合にはこのような同値関係は成り立たなくなり，収穫逓増と収穫一定のケースでは，平均費用は必ず逓減することになる．さらに，収益逓減のケースでも生産量が少ない段階では平均費用は逓減する（図6.5(b)）．一般に，平均費用が逓減する状況を規模の経済が働くという．以上のことから規模の経済は固定費用がなければ収益逓増のケースに限定されるが，固定費用がある場合には収穫逓増と収穫一定のケースに加え収益逓減のケースでも生産量が少ない段階では規模の経済が生じる．また，固定費用が大きければそれだけ広範囲の生産過程で規模の経済が生じることになる．ある市場で規模の経済が存在すれば，各企業は生産量を増加させようとするインセンティブをもつ．その結果，企業合併や統合が進み市場が寡占化もしくは独占化する可能性が生じる．したがって，この場合，効率的な資源配分が損なわれるかもしれない．

6.3 規制の必要性と規制の問題点

6.3.1 規制の根拠

これまで不完全競争が行われたり，あるいは規模の経済が存在する場合には，非効率な資源配分が生じる可能性があることをみてきた．さらに，たとえ競争が完全に行われたとしても，その場合の資源配分が効率的とはならない場合がある．たとえば，競争的企業が財の生産過程において汚染物質を川に廃棄しており，川下で漁業を営む業者が水質汚染により漁獲量が大幅に減少したとしよう．その企業が汚染による被害を考慮せずに生産すれば，被害を考慮するときに較べ過大な生産が行われる傾向があるため，市場での資源配分は非効率になる．一般に，市場での自由な取引だけでは，効率的な資源配分が実現しないことを市場の失敗と呼ぶ．市場の失敗が生じる他の要因として，市場で取引が自由にできなくなることが指摘できる．たとえば国防サービスは，市場取引が不可能である．なぜなら，ある国で国防サービスが供給されるとその国内に居住するすべての人が同時に同じサービスを享受できることになる．さて，国防サー

ビスから受ける便益の程度によって対価が決定されるとすれば，国防サービスから受ける便益を過小に報告することで対価の支払いを免れようとする人がでてくるかもしれない．この場合，対価を支払わない人を国防サービスの消費から排除できなくなり，市場の失敗が起きる．

　市場の失敗が生じるときには，それを是正するため，政府による政策が要請される．その1つの方法として，市場における経済活動への政府による規制が考えられる．これは，規制によって，市場での取引の欠陥を補完しようとするものである．また，市場の失敗を是正する以外にも規制をする根拠がある．たとえば，所得分配の不平等の是正，財・サービスの必需性・公共性，過当競争の防止などがあげられる．

6.3.2　規制の種類

　規制は経済的規制と社会的規制に大別される．経済的規制は主として，経済活動の効率性を高めるために，社会的規制は消費者や労働者の安全性や健康の確保，環境保全等を促進するために行われる．まず，経済的規制からみていこう．その代表例は，政府が電力・ガス・鉄道などの産業で企業の参入，価格，生産量などに課している規制である．これらの産業は，いずれも当初，巨額の固定資本設備を必要とする反面，一旦設置されると，あとはわずかな費用で財・サービスを供給できるという特徴をもつ．そのため，前節で検討したように産業内で規模の経済が発生する．このような産業は費用逓減産業と呼ばれる．さて，費用逓減産業では，産業内で複数の企業が生産するよりも1社が独占的に生産するほうが，規模の経済による利益を享受できるので，独占化が進む（自然独占）．この場合，設備投資の重複を回避できるため，参入規制により独占状態を維持することは社会的に望ましい．しかし，自然独占の場合にも6.1.2項で考察したような独占の弊害が生じるので，政府による規制が必要となる．他の経済規制としては独占禁止法による競争政策や特定産業の保護育成を目的とした産業政策がある．さらに，電波や空港の発着枠の割り当てをどのように行えばよいかという，配分問題に関する規制も経済規制に含まれる．

　次に，社会的規制についてみていこう．まず，免許資格制度や検査検定制度がこの種の規制に該当する．前者の例としては医師・弁護士・公認会計士などの国家試験があり，後者の例としてJIS規格やISO規格[2]などがあげられる．

これらはいずれも財やサービスの品質を保証することによって消費者や取引者の安全性を確保するために設けられている．また，労働基準法や労働組合法など労働政策に関する各種の法律は労働者の安全性や健康確保を，フロンガスの禁止や二酸化炭素の排出量規制などは環境保全を促進することをそれぞれ目的としている．さらに，義務教育，全国統一料金（郵便・電話など），麻薬・鉄砲の使用禁止などは社会的不公正を是正するために行われている．

6.3.3 価格規制：自然独占のケース

ここでは，自然独占が生じるケースでの価格規制の方法として，限界費用による価格規制（限界費用価格形成原理）と平均費用による価格規制（平均費用価格形成原理）を取り上げる．まず，限界費用価格形成原理からみていこう．この原理は，価格を限界費用に一致させるように設定する方法であり，図6.6の MC 曲線と需要曲線 DD' の交点 A で価格が決まる．この場合，社会厚生は最大になる．なぜなら MC 曲線は供給曲線を意味し，完全競争市場における均衡と一致するからである．しかしながら，このような料金設定には次のよう

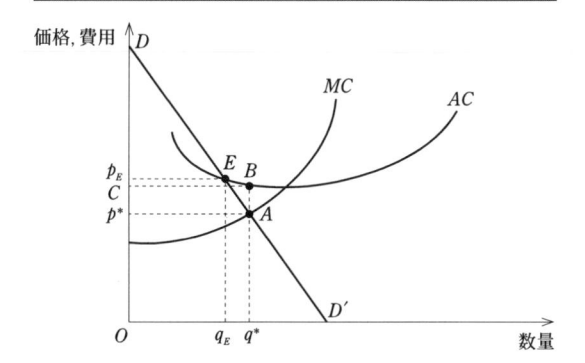

図6.6　限界費用価格形成原理と平均費用価格形成原理

---

2) ISO は国際標準化機構（International Organization for Standardization）のことで，財やサービスの流通促進のための国際的な標準規格を作る組織である．118 の国・地域がこれに加盟している．1987 年に ISO9000 シリーズと呼ばれる品質保証規格を制定した．その特徴は企業の品質管理システムを重視している点である．その後，環境保全のための規格として ISO14000 シリーズが制定された．

な問題がある．図6.6からもわかるように規模の経済が著しいときには，点 A での価格（=限界費用）は平均費用を下回ることになるため，独占企業に赤字（四角形 $Cp*AB$）が発生することになる．したがって，政府はこの損失分を補填する必要がある．しかし，補填分をどのように負担するかに関しては利害関係者の間で対立が生じる可能性がでてくる．また仮に，赤字補填がスムーズになされたとしても，それによって企業努力のインセンティブが損なわれるかもしれない．このような現象をX非効率と呼ぶ．

　第2の方法である平均費用価格形成原理は，価格を平均費用に一致させるように設定するものである．この場合，図6.6の AC 曲線と需要曲線 DD' の交点 E で価格が決まることになり，限界費用価格形成原理よりは価格は高くなるが，価格と平均費用が一致しているため，利潤はゼロとなり赤字は発生しない．つまり，独立採算原理が成立することになる．しかし，この場合，死荷重が発生し，その値が大きければそれだけ効率性が阻害されることになる．また，平均費用が独占企業の内部情報であれば，容易に費用を料金に転嫁できる．したがって，平均費用価格形成原理のもとでもX非効率が生じる可能性がある．

6.3.4　規制の現状と課題

　わが国では，年間ベースでの規制総数は1993年をピークに一時減少に向かっていたが1996年から再び増加に転じ，2000年時点で1万1,581件（前年比464件の増加）にものぼっている．また，規制の根拠となる法律数は約200以上で，全法律の15%を占めている．因みに，規制分野がGNPに占める割合は約40%（1990年）でありアメリカの約8%（1980年）と較べるとわが国の規制の割合が断然高い．わが国では，規制以外にも行政指導という形で民間部門の自由な経済活動に制限を加えることが多い．したがって，わが国の経済は民間部門主導による市場型経済というよりは民間と政府の混合型経済という色彩のほうが強いといえよう．

　しかしながら，近年こうした規制のあり方に対してさまざまな批判がなされている．そのうち，いくつかの代表的な考え方を紹介する．まず，第1は規制の失敗に関する議論である．政府の意思決定は，家計や企業のように個別に行われるのではなく政治家，官僚，利益集団，有権者による集合体としての意思決定である．集合体の個々のメンバーが社会的観点からではなく利己的な行動

をすれば政府の意思決定は望ましいものではなくなる．このような現象を政府の失敗と呼ぶ．政府の失敗が起きるとき，最適な規制は行われなくなり規制の失敗が起きる．また，仮に政府内部において利害の対立がない場合でも，規制に関して最適な意思決定を行うのに必要となる情報を入手できないケースでは，規制の失敗が生じる．先に説明された自然独占下での限界費用価格形成原理による価格規制を例にとると，政府は一般には企業の限界費用に関する情報を正確には把握できない場合が多い．このとき，企業に情報提供を依頼しても，企業は正しい情報を伝えるとは限らない．なぜなら，真の限界費用をより高めに報告することで，より多くの利潤が得られる可能性が生じるからである．このように情報の不完全性（非対称性）が存在するとき，規制の失敗が生じる．

第2は，規制産業を取り巻く技術・経済環境が規制が当初導入された当時と較べて大きく変化していることである．規制導入時においては規制の根拠が明確であったものでも，現在ではその根拠が曖昧なものが多い．とくに技術革新の変化の著しい通信産業や運輸産業においてこのような批判がなされてきた．

第3は経済のグローバル化が進展していることに起因する．経済のグローバル化とは，ヒト・モノ・カネの国境を越えた移動により世界的規模で経済競争が行われることを意味する．グローバル化の進展により，各国固有の規制を国際的に調整する必要性がでてくる．わが国では，1990年から91年にかけて行われた日米構造協議において，アメリカから日本市場の閉鎖性や不透明性を厳しく指摘された．

こうした規制に対する批判を受け，規制を撤廃もしくは緩和しようという動きがみられる[3]．わが国では，現在，経済規制については原則撤廃し，また社会規制についても必要最小限にとどめる，という方針のもとで規制緩和を急ピッチで推進しようとしている[4]．

---

[3] そもそも規制緩和や民営化の議論は，1980年代前後のアメリカやイギリスから始まった．
[4] たとえば，地域的独占企業間での競争体制を強化するため，電力，ガス，水道などの地域独占産業や大手私鉄，JR6社などではヤードスティック競争と呼ばれるシステムが導入されている．このシステムは，同一産業における複数の企業についてコストやサービスの質について政府が比較査定し，相対的に成績の悪い企業に改善を求めるものである．

6.4 ネットワーク産業のあり方

電気，電話，ガス，水道などの公共事業においては，製造設備から利用者の各家庭までにサービス供給のためのネットワーク設備が形成されている．また，交通，宅配便，放送，インターネットなどの諸産業でもそれぞれネットワーク網が構築されている．このようなネットワークを利用する産業のことをネットワーク産業と呼んでいる．ネットワーク産業は供給面において規模の経済が働き，また需要面ではネットワーク外部効果という性質を有する場合がある．以下ではこの2つの特徴について詳しくみていく．

6.4.1 ボトルネック独占

ネットワークシステムは膨大な固定資本設備を必要とするが，一旦システムが構築されると利用者数の増加にともなって発生する追加的なコストは低い．このため，ネットワーク産業では，規模の経済が生じ，自然独占を招きやすい．このとき，自然独占に関する問題に加え，ボトルネック独占と呼ばれる問題が新たに発生する．ここでボトルネック独占とはネットワーク産業における独占的供給者が，サービスを提供するさい，必要不可欠な設備・インフラストラクチャーを独占的に所有することを意味する．ボトルネック独占下では，たとえ参入規制が行われていなくても，他の企業が自分のサービスを提供しようとするとき，必ず独占的供給者のネットワークにアクセスしなければならず，もしアクセスが独占的供給者によって認められなければ，あるいは認められる場合

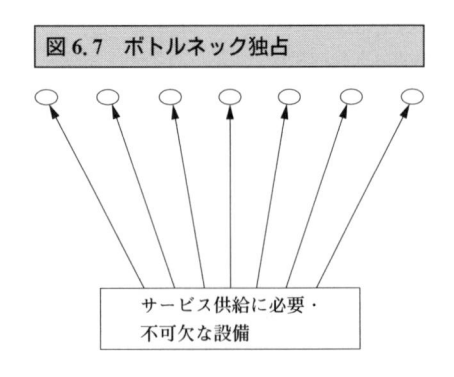

図6.7　ボトルネック独占

サービス供給に必要・不可欠な設備

でも高額のアクセス料金を支払う必要があるときには，実質的には参入規制が行われているのと同じ状況になる．よって，この場合独占的供給者が大きな市場支配力を有することになり，競争効果が阻害されてしまう．

こうしたネットワークへのアクセスの問題を解決するためには，政府がアクセス料金に関して適切な規制を行うことが必要になる．

6.4.2 互換性と技術標準

電話，ファクシミリ，インターネットなどの通信サービスの価値は，通信ネットワークへの加入者が多いほど高い．たとえば，電話サービスを考えてみると，電話の利便性は電話回線の連結数によって表される．加入者が2人ならば連結数は1，3人ならば連結数は3，4人ならば6，…，n人ならば連結数は$\frac{n(n-1)}{2}$というふうに加入者の増加に対し連結数は幾何級数的に増大していく（図6.8）．このようなサービスの利用者数の増加によって，利用者1人1人の利便性が高まる性質をネットワーク外部効果という[5]．パソコンのOS（オペレーティングシステム）などもネットワーク外部効果をもつ．これは，たとえばWindowsの利用者が増えると，マイクロソフト社はWindowsのヴァージョンアップのための開発費用を回収しやすくなるため，ヴァージョンアップが促進され，それによって利用者の利便性が高まるからである．また，Windows用のソフトを開発する企業が多数存在するが，Windowsの利用者の増加により豊富な応用ソフトの開発が期待できる．

さて，ネットワーク外部効果がある場合，製品間の互換性が重要になる．これは，あるソフトが特定のOS上でしか使えないものとすると，他のOSを利

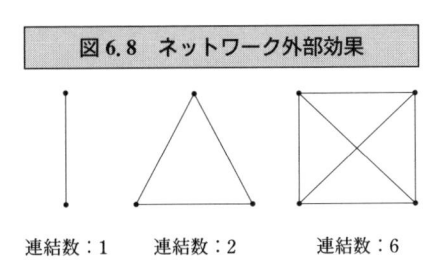

図6.8 ネットワーク外部効果

連結数：1　　連結数：2　　連結数：6

---

5) ネットワーク外部効果は，第1章でも解説されている．

用している人はそのソフトを利用できず，ネットワーク外部効果が十分発揮できなくなる恐れがあることによる．ただ，企業側から考えると，製品に互換性をもたせることは必ずしも得策ではない．互換性を持たせることにより，自社製品の価値は高まるものの，競争相手の製品価値も同時に高めてしまうので，競争上不利になるかもしれない．そこで，個別企業間だけで，製品間の互換性が進展しないときには，産業全体もしくは政府が対応策を講じる必要がある．1つの方法として，技術の標準化や規格の統一化を推進することがあげられる．たとえば，互換性に関する共通仕様を作り，それに沿って企業に製品開発をさせることである．

もっともこのような標準化や規格化は必ずしも常に望ましいわけではない．技術に関する競争が標準化や規格化によって妨げられてしまい，技術的な発展を阻害することになりかねないからである．

以上の議論を整理すると，ネットワーク産業では，供給面におけるボトルネック独占の問題と需要面におけるネットワーク外部効果を維持するための互換性と標準化に関する問題をどのように解決するかが重要であるといえよう．

6.5 知的財産権の確立に向けて

知的財産権は，新製品の開発者や新しい生産技術の開発者に独占的な利用権を制度的に保証するものである．知的財産権には特許・著作権・商標などがある．これらは，一定のアイディア，表現，標識の独占的利用を認めることで，投下資金を速やかに回収し，産業や経済の発展に寄与することを目的として作られている．わが国の場合，特許は 20 年間，著作権は著作者の死後 50 年間，商標は 10 年間（ただし，更新可能），それぞれ知的財産権として保護されている．以下では知的財産権のなかでもとくに特許権を取り上げて考察する．

6.5.1 特許の必要性

一般に企業の成長にとって，新製品や新しい生産技術の開発（一般に R&D と呼ばれる）はその企業の将来性を左右する最も重要な要因である．そのため，企業は新しい製品・製造方法の発見や開発に相当の資源を使うことになる．とくにコンピュータや医薬品のように技術進歩が重要な産業では，競争相手企業

に先駆けて新発見をしようとしたり，市場に新製品を送りだすことで，激しい競争が繰り広げられている．

さて，社会的にみると，企業が効率的に新製品や新技術を開発し，それらを他の企業が効率的に利用することができれば非常に望ましい．結果的には新技術の有効な利用が一国の経済成長の源泉に繋がると考えるからである．ところが，企業に自由なR&D活動をさせるだけでは効率的な資源の配分が実現するとは限らない．なぜなら，R&D活動に関する企業間の競争は財の品質や生産技術に関してであり，財の同質性を前提とした完全競争市場における競争とは本質的に異なるからである．たとえば，新技術の開発が他企業によって容易に模倣されるのであれば，企業は革新というリスクに挑むインセンティブが弱められてしまう．さらに，新技術の開発は社会全体の利益を高めるが，個々の企業が，自己の利益のみを考えて行動すると，この場合にも社会的にみて過小な水準でR&D活動が行われるかもしれない．

したがって，新製品の効率的な開発と新技術の効率的利用を促進するような政策が政府に対し要請されることになる．特許制度は，新製品の開発者や新しい生産技術の開発者に独占的な利用権を一定期間保証する一方，特許技術に関してはその内容の公開を義務づけている．

特許には2つの基本的な役割がある．1つはR&Dへのインセンティブを高めることであり，もう1つはR&Dによる成果の普及および利用を促すことである．後者の点について，特許技術の公開が義務づけられていなければ企業は開発した技術情報をできるだけ隠そうとする．また研究開発の内容自体，企業秘密にしておけるようなものに偏る可能性がある．以下ではこの2つの役割について詳しくみていく．

6.5.2　特許とR&Dのインセンティブ

特許の第1の役割について図解によって考察する．図6.9は，ある競争的産業で生産活動するメーカー（企業1）が財を安価に生産するための新製造方法に関して特許を得た場合の影響を示したものである．この図で，DD'曲線は市場需要曲線を表している．単純化のため，企業1が新技術を開発する前は，どの生産メーカーの限界費用も同一でcであるとしよう．その場合，産業が競争的なので財の価格はcに等しくなる．さて，企業1の限界費用が新技術の開

図 6.9　特許の経済効果

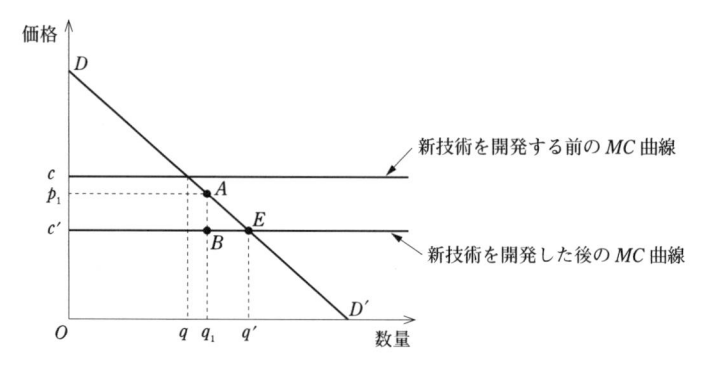

発によって c' に低下するとしよう．このとき，企業 1 は競争相手より低い価格を設定することができる．特許制度による保護のため，企業 1 は c より低い価格（たとえば p_1）で財を販売すると，競争相手企業は価格 p_1 では生産費用を負担できないので，やがて市場から撤退することになるだろう．そのとき，市場を独占する企業 1 は p_1 の価格で q_1 を販売することで，1 単位当たり AB の利潤が得られる．その場合の総利潤は四角形 $p_1 c' BA$ で表される．この総利潤が R&D に要した費用を上回っていれば，企業 1 にとって技術革新が成功したといえる．

特許権の有効期間が終了すると，他のメーカーも費用を削減する製造技術を用い，この産業に参入することができる．実際，参入すると，競争によって価格は c' まで引き下げられ，生産量は q' まで拡大し，新たな均衡は点 E になる．すなわち，消費者の状態は明らかに改善される．しかし，企業 1 は R&D からの利益は得られない．

仮に特許制度がなければ，競争相手のメーカーは即座に新製品方法を模倣するため，価格は c' まで低下し，消費者にとっては望ましい状況になる．しかし，企業 1 は収益を得られないので，R&D へのインセンティブは消滅する．逆に，特許が永続的に保証されれば，他のメーカーが対抗することができなくなり，生産量は当初の生産量 q よりわずかに大きい q_1 に増加するにとどまり，価格も高く，技術革新が行われても消費者はわずかの便益しか受け取ることができない．その反面，企業 1 は独占利潤を謳歌できるので，R&D への強いイ

ンセンティブをもつ．いずれのケースにせよ，R&D へのインセンティブと消費者の便益は相反する（トレードオフ）関係になる．

したがって，効率的な R&D を実現するためにはこのようなトレードオフを考慮に入れながら特許期間を設定しなければならない[6]．

6.5.3 特許と技術公開

特許の第 2 の目的は，企業が R&D の成果を企業秘密で守るのではなくその公開を促進させることである．特許による発明などの保護は技術内容の公開が要件になっており，公開された技術を利用して他の企業が一層進んだ研究開発を行うことにはなんら制約はない[7]．

技術の公開は，R&D の効率性を高めるうえできわめて重要である．第 1 に，技術情報が公開されることで企業間で研究が重複することによる R&D のコストの無駄を抑えることができる．特許技術が公表されることで，他の企業は同一内容の研究を続けなくなるからである．第 2 に，公開された技術が新たな研究開発の種（シーズ）となる可能性をもつ場合がある．産業の技術革新は多くの場合，多数の企業によって累積的に行われる．航空産業，自動車産業，コンピュータ産業，半導体産業などの技術革新は，パイオニア的な発明だけではなく，多数の企業がすでに行った技術革新に依拠しつつ技術の改良や新たな技術革新を付加しながら行う累積によって進展してきた．技術が企業秘密になってしまえばこのような累積的なプロセスは機能しなくなる[8]．

以上，特許について検討してきたが，特許を含む知的財産権を国家的な戦略として位置づけようという国が，近年，増えてきている．こうした傾向は，経済グローバル化が進展しつつある状況下においては，ある意味で当然のことといえるだろう．しかし，知的所有権を強化する戦略は，同時に競争抑制効果をもつことにもなるので，その点には十分留意する必要がある．

---

6) さらに，特許の対象となる範囲をどのように決めたらよいかも重要な問題である．
7) ただ一般には，他の企業が特許技術を利用する際，特許権者に特許使用料を支払う必要がある．
8) ただし，企業秘密という行為自体が知的財産権として認められる場合がある．たとえば，製造技術，設計図，実験データ，研究レポートなど，企業が技術秘密情報として管理・保有するものや顧客リスト，販売マニュアル，商品データなどの営業上の秘密情報に関するものである．具体例をあげると，コカ・コーラの原液に関する配合の仕様書は，1886 年から今日まで 100 年以上も同社の企業秘密とされている．コカ・コーラ社は原液配合に関して特許権を得ることも可能であったが，特許取得による公開義務を回避するために，特許を申請しなかった．

参考文献

猪木武徳・鴇田忠彦・藪下史郎編（2000）『入門・経済学（新版）』有斐閣.
長岡貞男・平尾由紀子（1998）『産業組織の経済学』日本評論社.
Stiglitz, J. E. (1993) *Economics*, W. W. Norton & Company（藪下史郎ほか訳（1995）『ミクロ経済学』東洋経済新報社）.
時政勗・江副憲昭・細江守紀編（1995）『入門現代経済学－日本を知るためにー』勁草書房.
植草益ほか（2002）『現代産業組織論』NTT出版.

第7章　環境を考える

7.1 環境問題とはなにか

7.1.1 環境問題の歴史と対策

　日本では，経済の成長，発展とともに，産業公害が多く発生した．なかでも，工場排水中の有機水銀を原因とする水俣病や新潟水俣病，石油コンビナートの排出物による四日市ぜんそく，カドミウムを原因とするイタイイタイ病などがその典型例である．

　これを受けて 1967（昭和 42）年に「公害対策基本法」，1972（昭和 47）年に，「自然環境保全法」が制定され，現在の環境省の前身である環境庁が 1971（昭和 46）年に発足した．また，多くの地方自治体と企業の間では，公害防止協定が締結された．

　地域開発が進むにつれて，環境汚染や環境破壊が多く発生し，これに対して，環境評価や環境保全の必要性が議論された．近年では，多くの地方自治体で歴史的景観の保存などもなされている．

　1993（平成 5）年に，これまでの公害対策基本法と自然環境保全法にかわる，新たな基本法として環境基本法が制定された．1994（平成 6）年には，環境保全施策の基本的方向について，環境基本計画を定めたが，2000（平成 12）年には改訂されて，新・環境基本計画となった．

　近年，地球規模での経済発展と，それにともなう人々の生活向上とともに，酸性雨や気球温暖化などの国際的な，または地球規模の問題が発生するようになった．そこで，たとえば，地球温暖化などの，気候変動がもたらす悪影響を防止するために，「気候変動に関する国際連合枠組み条約」が 1992 年に採択され，1994 年に発効した．この条約は「気候変動枠組み条約」または「地球温

暖化防止条約」とも呼ばれる．さらに，1997年には，先進各国の排出量について具体的な数値目標を定めた「京都議定書」が採択された．「京都議定書」は，目標を達成するために，①共同実施，②クリーン開発メカニズム，③国際排出量取引，の3つの措置を規定している．これに対応して，1990（平成2）年には，政府は「地球温暖化防止行動計画」を決定し，1998（平成10）年には，「地球温暖化対策推進大綱」を策定した．

環境問題は，環境汚染や環境破壊によって人類の生存環境に悪影響を与えるし，社会的な厚生水準を低下させる．環境問題においては，本来なら，社会的な厚生水準を上昇させるはずの，経済主体の経済活動が，逆に，人類の活動と生存の基盤である環境を破壊してしまう．環境問題の要因とメカニズムを明らかにし，問題を制御するための理論と政策を示すことは経済学が取り組むべき重要な課題の1つである．

7.2 環境問題はなぜ発生するか

7.2.1 環境問題と外部性

それでは，環境問題はなぜ発生するのだろうか．環境汚染や環境破壊の原因を経済学はどのようにとらえているのだろうか．

経済学の立場から，財・サービスとしての環境の性質をみてみると，通常の財・サービスと異なり価格がついていない．価格のつかない，水や大気のような財は，経済学ではA. スミス（A. Smith）以来，自由財と呼ばれる．自由財については，人々は対価を支払わずに，自由に消費できる．しかし，経済の発展とともに，自然のもつ再生能力を超えて，これらの財を利用するようになると，環境汚染や資源枯渇の問題が発生する．水資源については，水質汚濁などの問題を別としても，地下水位の低下による，地盤沈下，河川の流れの減少などの問題が起こっている．大気についても，二酸化炭素などの温室効果ガスによって地球の温暖化が進めば，多くの人々が被害を受ける．

A. C. ピグー（A. C. Pigou）は，環境汚染や環境破壊を外部性の問題と認識した．環境汚染に関しては，汚染者（加害者）が，被害者に市場を経由せずに直接に悪い影響を与える．環境問題をこのように把握すれば，それは，市場の失敗により発生する．市場の失敗とは，ある財・サービスについてまったく市

図7.1 社会的余剰に関する損失

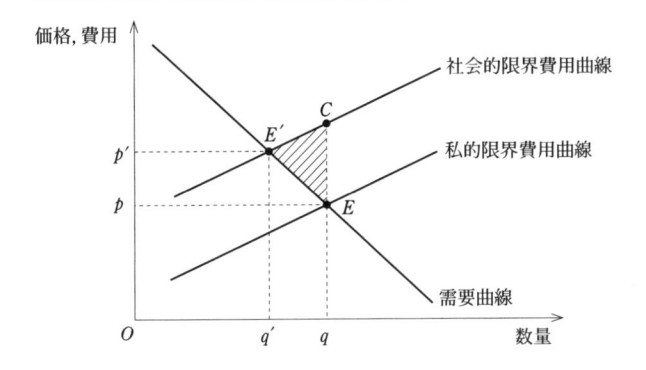

場が存在しないか，または存在するにしても，なんらかの事情によって，市場メカニズムが十分に機能しないことである．

加害者が被害者に経済的不利益を与える外部不経済の場合，A. C. ピグーによれば，私的費用と社会的費用の乖離が発生する．加害者（供給者）は，財・サービスの供給が社会に与える経済的不利益は考慮しないのであるから，私的限界費用曲線に沿って財・サービスを供給する．すなわち，加害者にとって私的限界費用曲線が供給曲線である．しかし，社会全体からみれば，社会に与える不利益を考慮すべきであるので，社会的限界費用曲線は私的限界費用曲線よりも高くなる．したがって図7.1において需給の均衡点も E から E' へとシフトする．均衡点 E における需給量 q は均衡点 E' における需給量 q' よりも多いので，社会に与える経済的不利益を無視するときは，財・サービスの需給量が過大になっていることがわかる．このことは，社会的余剰に関する損失，三角形 $EE'C$ を生み出す．したがって，均衡点 E のときと均衡点 E' のときの社会的余剰を比較すると，均衡点 E のときに，三角形 $EE'C$ の分だけ社会的余剰が小さくなっている．

7.3 経済的解決法を考える

7.3.1 費用便益分析

架橋，高速道路，空港，ダムなどの公共投資プロジェクトにより自然開発が

進むにつれて，経済が発展し地域住民の厚生水準は向上する．ところが，開発によって環境汚染，環境破壊が発生すれば住民の厚生は低下することもある．そこで，開発か保全かの問題が起こる．

公共投資プロジェクトの場合，完全競争下の私企業と異なり，すべての生産物を市場で販売できるわけではないし，外部性も発生する．したがって，利潤原理をそのまま適用できるわけではないが，間接的に利潤原理を適用する方法として費用便益分析がある．

有料道路の場合のように公共サービスに市場が存在する場合には，実際の購入量 q^* と購入価格 p^* のデータから消費者の需要曲線を推定し，需要曲線（＝社会的限界評価曲線）の下方の面積から社会的便益を推計できる．

公共サービスが企業の投入要素として使用され，生産物や価格を通じて消費者の効用を高める場合には，公共サービスによって増加する最終生産物の価値額によって社会的便益を推計する．

もっとも，市場が不完全競争であったり，部分均衡分析の適用が適切でない場合には，社会的便益の推計はかなり困難である．

外部性が発生する場合をみてみよう．外部性には外部経済と外部不経済がある．たとえば，架橋により交通に要する時間が短縮された場合，これは外部経済であり，騒音による付近住民の被害は外部不経済であり，これらを金銭的に評価するべきである．

費用便益分析の式は、純便益を NB，便益を B，費用を C とするとき，

$$NB = B - C \tag{7.1}$$

となる．

ところが，一般に，公共投資プロジェクトは，その完成に多期間を要し，完成後の使用も多期間にわたってなされるので，将来の各期間の便益と費用を，それぞれ，ある割引率を用いて現在価値に直して比較する必要がある．

この場合，費用便益分析の式は，各期間を t（$t=0, 1, \cdots, T$），割引率を r，t 期における便益を B_t，費用を C_t，純便益を NB とするとき，

$$NB = B_0 - C_0 + \frac{B_1 - C_1}{1+r} + \frac{B_2 - C_2}{(1+r)^2} + \cdots + \frac{B_T - C_T}{(1+r)^T} \tag{7.2}$$

となる．

第 7 章 環境を考える　　　　　　　　　　133

図 7.2　社会的便益

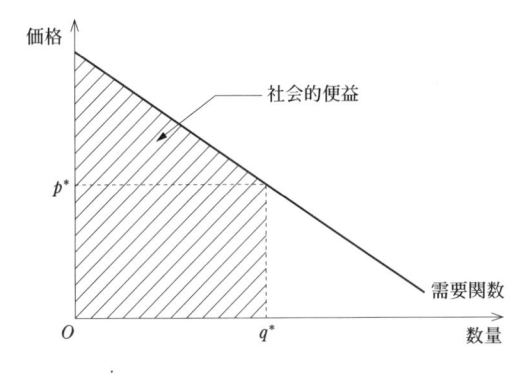

価格・社会的便益・p^*・需要関数・O・q^*・数量

　この結果，もし純便益 NB が正であれば，この公共投資プロジェクトは実施すべきであるし，純便益 NB が負であれば実施すべきでない．

　ところが，事前に費用便益分析で評価して，純便益が正であるとして，高速道路，空港などを建設しても，計画と相違して予想外に利用者が少なく，便益の予測が不正確であるとの批判も多い．これは，公共投資プロジェクトには多くの利害関係者が存在し，高速道路，空港などの建設を正当化するために，往々にして，便益の過大評価と費用の過小評価がなされることが，その一因である．

　高速道路，ダムなどの建設により，外部不経済，たとえば，環境汚染，環境破壊などが発生し，これにより住民が被害を受ける場合には，上に述べたように，この被害額を費用便益分析において，考慮に入れる必要がある．

　そこで，この被害額を明示的に費用便益分析の式に導入するために，t 期の被害額を E_t（$t=0, 1, \cdots, T$）とすれば，費用便益分析の式は

$$NB = B_0 - C_0 - E_0 + \frac{B_1 - C_1 - E_1}{1+r} + \frac{B_2 - C_2 - E_2}{(1+r)^2} + \cdots + \frac{B_T - C_T - E_T}{(1+r)^T} \quad (7.3)$$

となる．

　以前と同様に，もし純便益 NB が正であれば公共投資プロジェクトは実施すべきであるし，純便益 NB が負であれば実施すべきではない．

　高速道路，ダムなどの公共投資プロジェクトにおいては，便益を享受する経済主体と被害を受ける経済主体とが異なる場合がある．この場合，公共投資プロジェクトをどのように評価すべきだろうか．1 つの基準としては，イギリス

の経済学者，N. カルドア（N. Kaldor）と J. ヒックス（J. Hicks）によって提唱された補償原理がある．これは，もし公共投資プロジェクトの受益者が被害者に対して補償をしたとしても，なお便益に余りがあるのであれば，この公共投資プロジェクトは推進すべきだとの考えである．つまり，社会全体として有益であれば，多少被害が発生しても，これを推進すべきだとの考えである．ただし，N. カルドアと J. ヒックスは実際に補償が行われることは必ずしも要求していない．

7.3.2 持続可能性と費用便益分析

将来にわたって経済発展を続けるには，各期において一定量の自然資本ストックが必要とされる．自然資源で再生可能ではない，石油，天然ガスなどの枯渇資源に関しては，あまりに早い時期に採掘してしまえば，資源の枯渇により，より遠い将来の経済発展が制約される可能性がある．この場合，多期間にわたって自然ストック，すなわち石油，天然ガスなどの採掘可能な埋蔵量が一定の水準を維持するように配慮すべきである．

経済発展の持続可能性の条件を費用便益分析に導入しよう．持続可能性のために最低限必要とされる自然資本ストック量を N_{sn}，t 期における自然資本ストック量を N_{st}（$t=0, 1, \cdots, T$）とすると，制約条件

$$N_{s0} \geq N_{sn},\ N_{s1} \geq N_{sn},\ \cdots,\ N_{sT} \geq N_{sn} \tag{7.4}$$

のもとで（7.3）式を最大化することになる．

環境破壊が発生するとき，自然資源は，ある種の汚染物質に対しては浄化能力をもつので，ある一定水準までは社会的な被害は，さほど大きくない．ところが，一定水準を超えると，莫大な社会的費用が発生し，取り返しのつかない場合がある．これは，不可逆的な環境損害と呼ばれる．たとえば，人工島や井堰の建設によって干潟が消滅し，それとともに希少な動物，植物が多く死滅し，種の保存が不可能となる場合である．

将来の問題を視野に入れて考えるとき，将来の便益と費用を現在の便益と費用に換算するには，上に述べたように割引率が用いられる．割引率は時間選好率と呼ばれ，将来と現在に関する人々の選好を表し，通常，正の値をとる．このことは，人々は将来に対する不確実性などの理由から，将来よりも現在をよ

り高く評価すると仮定していることを意味する．

割引率の値が適正でないと環境破壊が促進され，大きな損害をもたらすことがある．たとえば，森林の伐採について，年率5%の割引率が採用されているとする．伐採による環境破壊の進行により，30年後，洪水などにより住民に10億円の被害が発生すると予想されるとしよう．30年後の10億円を年率5%で割り引くと現在価値は2.20億円 $\left(\frac{10}{(1+0.05)^{30}} \fallingdotseq 2.20\right)$ となる．費用便益分析を用いれば，伐採の費用を無視するとして，現在，森林の伐採により，耕地の拡大など，2.5億円の便益が発生するならば伐採は実行されるであろう．これによって，30年後の将来世代は大きな損失をこうむることになる．この場合，現代世代は将来世代の犠牲により，便益を享受している．これは，世代間の不公平と呼ばれる．

7.3.3 他の環境評価の方法

費用便益分析のほかに環境がもたらす，消費者の便益を間接的に推定する方法についてみてみよう．①トラベル・コスト法，②ヘドニック法，③仮想市場評価法の3つの方法である．

①トラベル・コスト法

トラベル・コスト法とは，ある環境から得られる消費者の便益を，その環境までの消費者の旅行費用によって評価する方法である．たとえば，渓谷を有する自然保護区を想定してみよう．各地域の居住者から，居住地，自然保護区までの旅行手段，旅費，滞在日数などの情報を，質問表などによって収集し，この自然保護区への訪問者数と旅行費用との関係，すなわち訪問需要関数を求める．需要曲線の下方の部分の面積が消費者の便益である．もし，旅行費用を交通費とみなすことができ，さらに交通費を目的地からの距離により推定できる場合には，訪問需要関数，需要曲線を推定するのは容易である．

②ヘドニック法

環境条件の違いが土地や住宅などの資産の価格に影響するとして，環境のもたらす便益は土地や住宅などの資産価値によって推定できるとするのがヘドニック法である．この方法は，地価は将来の地代の割引現在価値であるとする資産還元仮説を前提にしている．

たとえば，ある地域の宅地の価格は，都心からの距離，通勤，通学に要する

図7.3　トラベル・コスト法

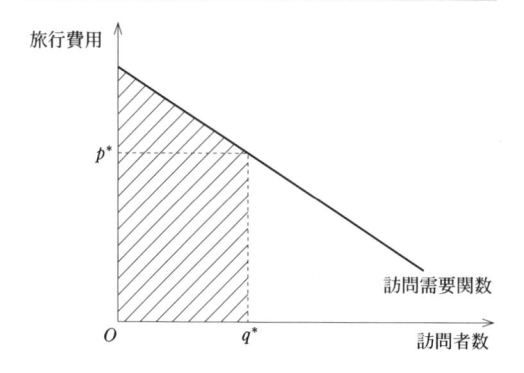

時間，都市緑地，地域の大気中の汚染度など，さまざまな立地特性によって形成される．住宅価格に対する，これらの立地特性の貢献度を推定し，立地特性を説明変数とする地価関数を計測する．そして，ある環境特性，たとえば，大気汚染の減少が地価をどのように変化させるかを計測する．

③仮想市場評価法

　自然環境から得られる便益を推定するのに，各経済主体に主観的評価を直接聞く方法が仮想市場評価法である．すなわち，ある自然環境が各経済主体にもたらす便益に対する最大限支払意思額を直接，各経済主体に聞き，これらを総計して社会全体としての総便益を求める方法である．このとき，問題となるのは，果たして，各経済主体が自己の得る便益を正直に申告するかどうかである．もし，不正直な申告が存在すれば，総便益は正確には計測できない．

　たとえば，自然環境の保全の費用を各経済主体が自己の得る便益に比例して負担するとき，ある経済主体が自然環境から得られる便益に対する最大限支払意思額を正直に申告せず，少なめにしか申告しないならば，この経済主体は他の経済主体の負担において，より少ない費用で自然環境の便益を享受することになる．すなわち，フリー・ライダーの問題が発生する．

　仮想市場評価法は，トラベル・コスト法，ヘドニック法と異なり，自然環境の存在価値，すなわち自然環境が存在するだけで意味をもつ価値も評価することができる．

7.3.4 環境政策の目標

①最適汚染水準の決定

　環境汚染は，被害者の健康を損なうなど，社会的に損害を与える．したがって，可能な限り環境汚染を除去することが望ましいのは当然である．ところが，環境汚染を除去するには処理費用が必要である．あまりに大きな処理費用は，かえって社会的な負担になるであろう．それでは，この2つをどのように調和させるべきであろうか．すなわち，環境汚染による社会的な損害と汚染削減に要する費用をどのような水準に決定すれば，社会的に望ましいだろうか．これが，最適汚染水準の決定問題である．

　図7.4の横軸に沿って汚染水準は増大する．e_0 は汚染削減をまったくしないときの最大の汚染水準である．限界損害費用 MDC（marginal damage cost）曲線は右上がりである．汚染水準が増大するにつれて，環境汚染が社会に与える限界損害費用もしだいに増加する．限界損害費用曲線の下方の部分の面積が環境汚染が社会に与える損害費用である．上に述べたように，e_0 は汚染削減をまったくしないときの最大の汚染水準である．限界削減費用 MAC（marginal abatement cost）曲線は，e_0 から左上がりに描かれている．環境汚染が削減されるにつれて，汚染水準は e_0 から原点 O の方向にしだいに低下する．ところが，汚染水準の低下とともに，限界削減費用も，しだいに上昇する．限界削減費用曲線の下方の部分の面積は環境汚染の削減費用である．

　社会的に望ましいのは，環境汚染が与える損害費用と環境汚染の削減に必要

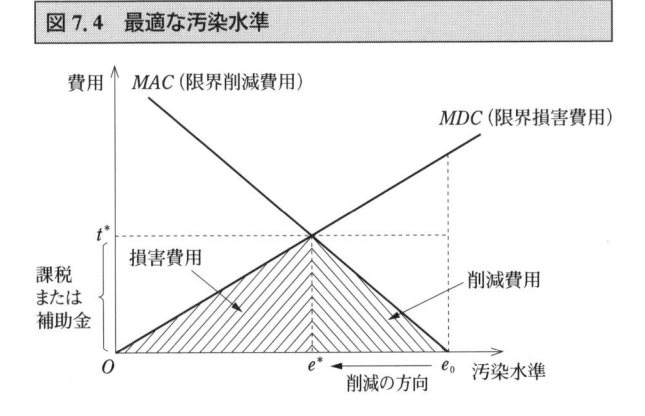

図7.4　最適な汚染水準

とされる削減費用の合計を最小化することである．限界削減費用曲線と限界損害費用曲線の交点 E が与える汚染水準 e^* が，損害費用と削減費用の合計を最小化する汚染水準である．したがって，汚染水準 e^* が社会的に最適な汚染水準である．このとき，環境汚染の削減によって汚染水準は e_0 から e^* へと $e_0 e^*$ だけ低下する．

7.3.5 環境政策の経済的手段

環境政策の目標を達成するために必要とされる環境政策の手段には，直接的規制と間接的規制とがある．直接的規制とは汚染物質の排出量などを一定数量に規制し，これを超える場合には，罰金，刑事罰などを課す方法である．これに対して，間接的規制とは市場メカニズム，価格メカニズムを活用し，課税，補助金などの経済的手段により，目標とする産出量の水準，汚染水準を達成しようとするものである．

ここでは，環境問題の経済的手段による解決方法である①ピグー税とボーモル‐オーツ税，②排出許可証取引制度，③デポジット制度，④炭素税について述べる．

①ピグー税とボーモル‐オーツ税

上に述べたように，A. C. ピグーによれば，環境問題は外部不経済に起因する．環境問題の解決とは外部不経済の問題の解決である．外部不経済は市場の外部において，ある経済主体が別の経済主体に直接的に損害を与えることである．外部不経済には経済主体間の取引の場である市場が存在しない．そこで，外部不経済の問題を解決するには，ここに，新たな市場を創出すればよい．すなわち，外部不経済を内部化すればよい．A. C. ピグーは，外部不経済を内部化する経済的手段として，課税または補助金を提案した．これがピグー税と呼ばれるものである．

図 7.5 に則して，ピグー税を説明しよう．上に述べたように，企業の財・サービスの供給曲線は私的限界費用曲線である．企業は財・サービスの供給に関して企業内で発生する費用しか考慮しない．ところが，企業の排出する汚染物質により周辺の住民に損害が発生すれば，社会全体としての，この財・サービスの供給曲線は産出量 1 単位当たりの損害額だけ上方にシフトする．これが社会的限界費用曲線である．すなわち，現実の均衡点は需要曲線と私的限界費用曲

第7章 環境を考える　　139

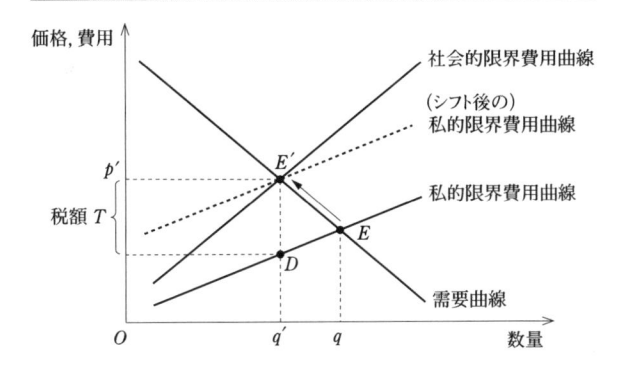

図7.5　ピグー税

線の交点 E であるが，社会的に望ましい均衡点は需要曲線と社会的限界費用曲線の交点 E' であり，そのときの価格は p'，需給量は q' である．

ピグー税は需給量 q' のときの，企業の産出量が社会に与える単位当たりの損害額 $E'D$ と等しい税額 T を単位当たり産出量に賦課するものである．ピグー税を課すことにより，私的限界費用曲線は上方にシフトし，その結果，財・サービス市場の均衡点は，点 E から点 E' にシフトし，社会的に最適な価格と需給量が達成される．

図7.4 に則して，ピグー税と補助金を説明しよう．上に述べたように，限界損害費用（MDC）曲線と限界削減費用（MAC）曲線の交点である点 E が与える汚染水準 e^* が社会的に最適な汚染水準である．汚染水準 e^* において，損害費用と削減費用の合計が最小化される．

汚染水準 e^* はピグー税によっても，また補助金によっても達成される．すなわち，汚染企業は Ee^* の高さに等しい税額 t^* を課すとしよう．企業は税額 t^* を限界削減費用と比較して，最大の汚染水準 e_0 から環境汚染を，次第に削減する．削減は最適汚染水準 e^* まで続く．これ以上，削減を進めると限界削減費用が税額 t^* よりも高くなるので，Oe^* の汚染量について，単位当たり t^* の税額を支払う．また，企業に汚染の削減について，単位当たり t^* の補助金を与えるとする．同様に，企業は最大の汚染水準 e_0 から補助金 t^* と限界削減費用を比較して，最適な汚染水準 e^* まで削減する．これ以上に削減を進めれば限界削減費用のほうが補助金 t^* よりも高くなるので，企業は補助金をもら

わずに削減を停止する．以上に示されるように最適な汚染水準 e^* は高さ Ee^* に等しい．最適な汚染水準は1単位当たり t^* だけの課税または補助金によって達成される．

　しかし，現実にピグー税を実行するのは，かなり困難である．社会的限界費用や限界損害費用を推定するには，環境汚染などが社会に与える損害額を正確に推定することが必要であるし，限界削減費用を推定するには，企業の内部情報が必要である．いずれの場合にも，住民や企業などの経済主体による，不正な申告の可能性は存在するので，正確な推定はかなり困難である．これらの費用が確定しなければ，ピグー税の意味での最適税率は決定できない．最適税率が決定できなければ，最適汚染水準も達成できないことになる．

　そこで，W. ボーモル（W. Baumol）と W. オーツ（W. Oates）は最適汚染水準ではなく，自然科学的知見に基づく環境汚染水準の達成を提案した．この環境汚染水準を最小の社会的費用で達成する税が，ボーモル-オーツ税である．税率を試行錯誤的に変化させて，目標とする環境汚染水準に到達するときに，ボーモル-オーツ税は最適な税率となる．もちろん，この税率は経済学的な意味での，効率性の基準をみたす最適な税率ではない．しかし，現実の環境政策において採用される手段としては，上に述べた費用の正確な推定が困難な場合など，ピグー税よりもボーモル-オーツ税のほうがより適切な場合も多いであろう．

②排出許可証取引制度

　排出許可証取引制度とは汚染物質の排出総量を規制すると同時に，汚染物質を排出する経済主体に，ある水準までの汚染を認める汚染権（排出許可証）を割り当て，これらの排出許可証を経済主体が相互に取引する市場を創出することである．経済主体は企業であることもあり，世界の各国であることもある．企業間，国際間の取引がともに可能である．アメリカでは，すでに大気保全のために，いくつかの州で導入されているし，地球規模での大気汚染などに対する経済的手段として，国際間の二酸化炭素の排出に関する取引制度が検討されている．

　企業間の取引制度についてみてみよう．各企業は初期に一定の排出許可証の割り当てを受ける．各企業は，この排出許可証によって示される水準までは，汚染物質を排出することが許可されている．また，この水準以上の排出量は削

減しなければならない．各企業は排出許可証の市場における価格と各企業の限界排出削減費用とを比較して，割り当てられた排出許可証を市場で部分的に売却したり，購入したりする．

限界排出削減費用曲線が図 7.6 で与えられるとしよう．原点 O から横軸に沿って右方向に企業の排出量が示される．企業の現在の排出量水準は e_0 である．企業の排出量の削減は，現在の水準 e_0 から原点 O へ，横軸に沿って左方向へなされる．企業の排出量削減が進むにつれて，限界削減費用も上昇するので，限界排出削減費用曲線は左上がり（右下がり）に描かれている．

企業に対して，初期に排出許可証 e^* が割り当てられたとしよう．排出量の水準が e^* のときの，企業の限界排出削減費用は MC^* である．このとき，排出許可証の排出量 1 単位当たりの市場価格が p_1 であるとする．市場価格 p_1 と企業の限界排出削減費用を等しくさせる排出量の水準は e_1 である．排出量 e^*e_1 については，企業の限界排出削減費用よりも，価格 p_1 のほうが低いから，企業は排出量 e^*e_1 に相当する排出許可証を価格 p_1 で市場で購入することによって，削減量を e_0e_1 にとどめて利益を得る．すなわち，図 7.6 の三角形 fgh が，この企業が価格 p_1 で排出許可証 e^*e_1 を購入することによる利益である．

排出許可証の単位当たり排出量の市場価格が p_2 であれば，企業は e_0e_2 の排出量に相当する排出許可証を売却する．結果として，企業の排出量の水準は e_2 となり，企業の排出削減量は e^*e_2 に増加する．図 7.6 の三角形 hij が，この企業が価格 p_2 で排出許可証 e^*e_2 を売却することによる利益である．

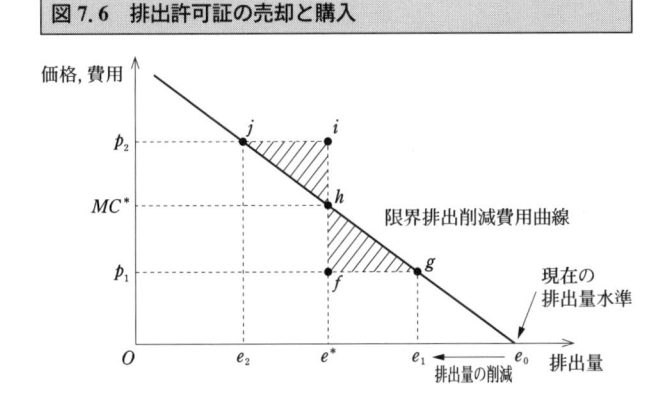

図 7.6　排出許可証の売却と購入

このように，企業は，限界排出削減費用と市場価格とが等しくなる水準に，汚染物質の排出量または排出削減量を決定する．この水準と排出許可証の初期の割当とを比較して利益が出るように，企業は排出許可証の売買を行う．

　各企業の技術水準は異なるから，各企業の限界排出削減費用も当然異なる．ところが，各企業は，各企業に共通の市場価格と各企業の限界排出削減費用が一致する水準に汚染物質の排出量または排出削減量を決定する．したがって，その水準では，共通の市場価格を通して各企業の限界排出削減費用は一致する．排出許可証の市場が存在することにより，一定の排出総量または排出削減量の総量が社会的に最少の費用で達成されることになる．換言すれば，排出削減に関して，社会的に最も効率的な資源配分が達成されるのである．

　各企業への初期の排出許可証の配分に関しては，なんらかの効率性の基準があるわけではなく，むしろ，公平や公正さの基準が問題となる．排出許可証の初期配分は各企業の利潤，つまりは，各経済主体への所得分配に大きく関係する．したがって，公平かつ公正な配分が望まれる．

③デポジット制度

　デポジット制度とは，缶入り飲料の販売のときに，業者が預かり金（デポジット）を缶入り飲料の価格に上乗せして消費者に販売し，その後，消費者が空き缶をもってきた場合には預かり金を消費者に返却する制度である．したがって，デポジット制度は課税と補助金を組み合わせた制度である．

　空き缶のポイ捨ては観光地などの景観に影響を与える．また，空き缶を回収して処理するには多くの費用を要する．そこで，経済主体の経済的インセンティブに訴えて，市場メカニズムと価格メカニズムを利用して問題を解決しようとするのが，デポジット制度である．アメリカではボトル法と呼ばれ，いくつかの州で実施されている．

　図7.7によって，デポジット制度を説明しよう．需要曲線は代表的消費者の需要を示す．缶入り飲料の価格が p であるとき，需要は e_0 である．預かり金（デポジット）が課されたとすると，缶入り飲料の価格は p' に上昇し，需要は e_1 に e_0e_1 だけ減少する．ここで，缶入り飲料の価格に上乗せされた，消費者の限界回収費用が与えられたとすると，消費者は預かり金の単位当たり金額と限界回収費用が等しくなる，Oe_2 の数量の空き缶を業者にもっていき，預かり金を受け取る．そこで，捨てられた空き缶の数量は e_1e_2 となる．預かり金を

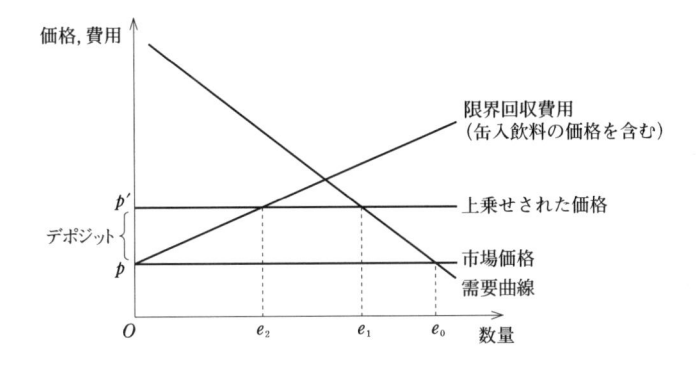

図7.7 デポジット制度

価格, 費用

限界回収費用
（缶入飲料の価格を含む）

p'　上乗せされた価格

デポジット $\{$

p　市場価格

需要曲線

O　e_2　e_1　e_0　数量

課す前の，捨てられた空き缶の数量は e_0 であるから，デポジット制度の導入によって，価格上昇による缶入り飲料の減少分 e_0e_1 と空き缶の回収による減少分 Oe_2 の合計分だけ，捨てられる空き缶は減少することになる．

　デポジットの金額を増加させることによって，捨てられる空き缶をゼロにすることはできるが，同時に缶入り飲料に対する需要も大きく減少するであろう．デポジット制度は捨てられる空き缶をゼロにするのではなく，なんらかの意味で適当な数量に制限するのに適した制度である．

　デポジット制度は環境汚染をもたらす外部不経済に対して課税し，外部不経済の除去に対して補助金を与えるもので，A. C. ピグー以来の課税と補助金の組み合わせによって，すなわち，経済主体に対する経済的インセンティブによって外部不経済を解決しようとする．空き缶を捨てる現場を直接確認するのは，本人以外の者にとっては困難であるから，この問題は直接的数量規制や刑事罰などの法的手段によるよりも，デポジット制度のような間接的な経済的手段によって解決するのが，より有効である．

④炭　素　税

　地球温暖化を防止する1つの対策として，炭素税の導入が検討されている．地球規模での温暖化は年々進行しているが，地球温暖化の原因として二酸化炭素の排出が大きな要因を占めるとされている．そこで，排出を削減するために，二酸化炭素排出の直接的原因である，石炭，石油，天然ガスなどの化石燃料の利用を制御するために炭素税を賦課しようというものである．

炭素税は，広く認められている原則である汚染者負担の原則をみたしている．すなわち，環境汚染により発生する社会的費用は汚染者自身が負担するべきだという考え方に沿っている．炭素税を課しても，二酸化炭素の排出量は多少減少するにせよ，まったくなくなってしまうとは考えられないので，その限りにおいて，一定水準の税収が期待できる．この税収を財源とすれば，たとえば，風力や地熱発電などの化石燃料の代替エネルギー源の開発，エネルギーの効率的利用を追求することによる省エネルギーの促進，さらには大気中に排出された二酸化炭素を吸収する熱帯林などの森林資源の保全などを行うこともできる．
　地球温暖化が大気中の二酸化炭素濃度の上昇によるのであれば，上に述べたように，外部不経済を内部化するために，二酸化炭素排出量1単位当たりに対して，社会的限界費用と私的限界費用の差だけの税額を汚染者に課すべきである．ところが，実際に二酸化炭素排出者を1人ずつ特定し，排出量を1つずつ特定することは，多くの費用を要するし，事実上不可能といってもよい．そこで，二酸化炭素排出量とほぼ比例的な関係にある，石炭，石油，天然ガスなどの化石燃料の消費量で代替させ，化石燃料の消費量に炭素税を課すのである．
　炭素税を課すときに汚染者負担の原則を守るとすれば，二酸化炭素の排出者，すなわち化石燃料の消費者を1人ずつ特定しなければならない．ところが，化石燃料の消費者も，生産，流通，消費の各段階に存在し，原料や材料として使用する，財を生産する企業もあれば，燃料として消費する最終消費者もある．
　もし，生産や流通の各段階における，化石燃料の消費者に課税するとすれば，彼らは，課せられた税額を生産物の価格に上乗せし，最終消費者などに税額の一部を転嫁するであろう．そこで，汚染者負担の原則を多少修正して，たとえば，生産や輸入の特定の段階においてのみ，炭素税を課すとすれば，実行は容易になり，徴税費用も少なくてすむ．
　税制を評価する基準としての，中立，公平，簡素という3つの原則から炭素税を検討してみよう．炭素税は，炭素含有率に応じて，化石燃料に対して，数量単位に課税がなされる．すなわち，炭素税は従量課税である．もし，炭素税が化石燃料に賦課されるとすれば，化石燃料以外の燃料との相対価格は変化し，化石燃料は割高となり，代替効果により化石燃料の消費が相対的に抑制される．また，炭素含有率に比例して炭素税が変化すれば，炭素含有率が異なる化石燃料の間の相対価格が変化し，炭素含有率の多い化石燃料の消費が相対的に抑制

される．

　炭素税は一部の財にのみ課税して，財・サービス間の相対価格を変化させるのであるから，経済的な効率性は損なわれ，租税は最適資源配分に対して中立であるべきだという，税の中立性も損なわれているように思える．ところが，もともと，化石燃料の消費により環境汚染という外部不経済が発生しており，これを除くために，すなわち，社会的費用と私的費用を一致させるために課税するのであるから，むしろ，課税することによって，資源配分に関して社会的最適が達成されるのである．

　税負担は，すべての経済主体に対して，公平であるべきだという公平性についてはどうだろうか．炭素税は，その一部は最終消費者に転嫁されるし，化石燃料は生活必需品的性格をもつのであるから，所得に関して逆進的であるといえる．すなわち，高所得者層に比べて，相対的に低所得者層への負担が大きくなる．実際，アメリカでのいくつかの実証研究でも炭素税の逆進性は明らかにされている．したがって，所得分配の公平性の観点からすれば，これを是正するためになんらかの対策が必要であろう．

　税制は，できるだけ徴税および徴税費用を少なくするべきだという，簡素の原則についてはどうだろうか．炭素税は新税であり，その仕組みと徴税方法は，揮発油税，石油ガス税など，現行の石油関係諸税に近いものであるから，税制が重複し，複雑化する．そこで，導入にあたっては，既存の化石燃料に関する税制との調和が重要である．実際，スウェーデン，フィンランドなど北欧諸国でも，炭素税の導入とともに，エネルギー税制など既存の税制の改正も同時に行われている．

　大気中の二酸化炭素濃度の上昇が，その一因とされる地球温暖化は地球規模での問題である．もし，ある一国のみが炭素税を導入したとすると，他国がこれに「フリー・ライド」する可能性がある．すなわち，炭素税を導入した国の負担において，炭素税を導入していない国が，その利益を享受するのである．そこで，地球温暖化対策としての炭素税の導入は国際的な同意を得て，地球規模で行うべきである．また，各国の炭素税の税率も同一にすべきであろう．各国の石油や石炭などの化石燃料の価格には，かなりの格差があるのであるから，従量税率が同じであれば，これまで低価格であった国ほど，価格は大きく上昇する．したがって，これらの国での化石燃料の消費は相対的に大きく抑制され

ることになる．このことは，地球全体としての化石燃料の消費の抑制にも貢献するであろう．炭素税を国際的合意のもとで，地球規模で同一の税率で導入すれば，税率が異なる場合に発生するであろう企業の国際的な租税回避行動なども阻止されるし，炭素税の導入がもたらす国際経済への影響も少ないと考えられる．

炭素税は，一般税または目的税のどちらにすべきであろうか．すなわち，炭素税を目的税として，炭素税によって得た税収は特定の支出目的の財源にするべきであろうか．それとも，一般税として炭素税の税収の使途を限定すべきではないのであろうか．本来，炭素税は二酸化炭素の排出によって発生する外部不経済に対して課せられるもので，課税による財源調達を目的とするものではない．仮に，炭素税を課すことによって外部不経済が解消するなら，税収もゼロになる．もし，炭素税を目的税とすれば，財源を失うことになるわけで，この意味でも炭素税は一般税であるべきである．

もっとも，温暖化対策として炭素税を課すのみでは不十分であろうし，課税のみでなく補助金の支出も必要であろう．そこで，補助金の財源が必要となるので，財源として炭素税の税収を確保せざるをえないであろう．

炭素税を導入するとき，税収総額は従来と比較して一定にするべきであろうか．それとも増加するべきであろうか．すなわち税収中立は守られるべきであろうか．上に述べたように，炭素税は税収を目的とする目的税ではないから，税収中立を守るべきであろう．税収中立を守るためには，炭素税の導入と同時に，他の税を減税することになる．そこで，たとえば，炭素税が逆進的な税であることを考慮すれば，低所得者に対する所得税の減税などが必要であろう．もっとも，国によっては，財政事情によって，税収中立を維持できないこともありうるであろう．

7.3.6　共有資産

石炭，石油，天然ガスのような自然資源は，ひとたび採掘して，消費してしまえば，もはや再生は不可能である．これらは，再生不可能な資源，または枯渇性資源と呼ばれる．これに対して，動物や植物などの自然資源は適切に管理すれば再生が可能である．再生可能な自然資源には，社会または全人類の共有資産であるものが多い．たとえば，大洋を自由に回遊する，マグロなどの魚類

は，ある国が捕獲を制限しても，他の国が制限しないならば捕獲制限は効果をあげないであろう．この場合，公共財の場合のように資源に関して非排除性が存在する．そこで，このような回遊魚の捕獲制限のためには国際的な協定や機関を必要とすることになる．

　動物や植物などの自然資源については，再生能力の限度内で捕獲や伐採がなされれば，自然資源は再生され，将来世代にとっても利用可能である．しかし，再生能力の限度を超えて捕獲，伐採されれば，もはや再生は不可能で自然資源は絶滅または消滅してしまう．

　非排除性を有する共有資産である自然資源は，多くの人が利用することができる．彼らは，通常，再生可能性を考慮に入れずに利用するから，自然資源の過剰利用や過剰消費が引き起こされやすい．それでは，過剰利用や過剰消費にならないように，再生可能な限度内で自然資源を利用または消費するにはどのようにすべきであろうか．そこで，再生可能な自然資源の最適利用について検討しよう．

① 再生可能資源の最適利用

　ある湖に一定数量の魚が生息していると仮定しよう．図7.8において横軸は湖中の魚のストック量，縦軸は魚の毎期の増加量である．魚の増加量は魚のストック量の関数である．魚のストック量が K_0 以下のときは，ストック量が少なすぎるので，また，K_1 以上のときは，ストック量が多すぎて混雑現象が生じ，魚の増加量は負となり，魚のストック量は減少する．魚のストック量が K_0 以下の場合には，ストック量が減少するほど，毎期の魚の減少量も大きくなるから，湖中の魚は絶滅に至る．ストック量が，ちょうど K_0 または K_1 の水準のときには魚の増加量はゼロであるから，魚のストック量は K_0 または K_1 の水準に静止する．

　ストック量が K_0 より多いときは魚の増加量もだんだん増加するのでストック量も増加して，ついには，ストック量が K^* の水準に至る．ストック量が K^* のときは魚の増加量は最大の E^*K^* となる．しかし，ストック量が K^* の水準を超えれば，混雑現象によりエサの不足などが起こり，増加量は減少する．魚のストック量が K_1 の水準のときは，外部の，かく乱要因がないならば，ストック量はこの水準に保たれる．したがって，魚のストック量を一定水準に保ちつつ，毎期，継続的に捕獲可能な魚の最大量は，魚のストック量の水準が

図7.8 再生可能資源の最適利用

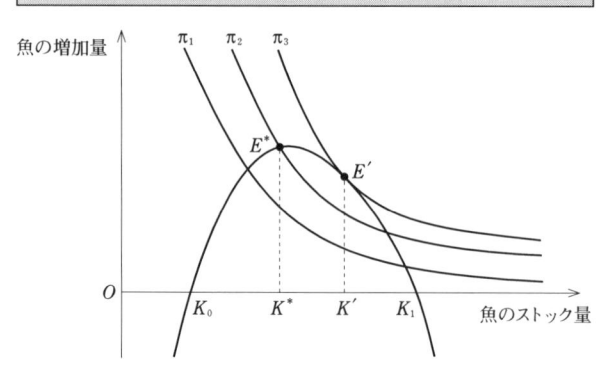

K^* のときであり，捕獲量は E^*K^* となる．

この湖が企業に所有された養殖池であると仮定しよう．このとき，企業は利潤最大化行動をとるので，利潤最大化をもたらす捕獲量を選択するであろう．図7.8の曲線 π_1，π_2，π_3 は魚のストック量と増加量に関する，企業の等利潤曲線である．魚のストック量が多いほど単位当たりの捕獲費用は低下するので，等利潤曲線は右下がりである．また，右上に位置する曲線ほど利潤が大きい（$\pi_1<\pi_2<\pi_3$）．最大利潤をもたらす均衡点は E' であり，このときの魚のストック量は K'，魚の増加量は $E'K'$ である．したがって，毎期の捕獲可能量は $E'K'$ となる．

②ストック外部性

上述のように，湖が企業によって所有されているならば，再生可能資源である魚は企業によって適切に管理され，資源が枯渇することはない．ところが，この湖が共有資源で非排除性が存在し，誰もが魚を捕獲できるとしたら，どうなるであろうか．

この場合，各々の漁民が考慮するのは，捕獲にかかる私的費用だけである．すべての漁民がこのように行動すれば，乱獲により魚のストック量が減少して，K_0 以下の水準に低下し，結局，魚は絶滅するかもしれない．

魚のストック量が減少すれば，捕獲量単位当たりの捕獲費用は増大する．すなわち，各々の漁民が魚を捕獲して，全体としてストック量を減少させることによって，互いに，他の漁民の捕獲費用を増大させる．この外部不経済はスト

ック外部性と呼ばれる．たとえ，湖中の魚が絶滅しないとしても，共有資源であればストック外部性が発生する．したがって，湖が私有である場合と比較すると同一の捕獲量を達成するのに，より多くの費用を要することになる．結局，共有資源に所有権を設定して所有者を決めるか，または，政府や，国際間の協定などによって共有資源を適切に管理することが必要である．

7.4 今後の課題

7.4.1 地球環境問題

　経済主体の活動によってもたらされる環境汚染や環境破壊が，ある国のみならず他の国にも影響を及ぼす場合，すなわち越境効果をもつ場合がある．たとえば，酸性雨についてみてみよう．ある国の工業化の進展により，工場などから空気中に排出される煤煙が大気の流れによって運ばれて，他の国で酸性雨として，山林や農作物などに被害を与える．この場合，問題の解決には一国だけの努力では不十分で，汚染度，汚染地域の特定，環境政策の調整などについて，国際的な交渉や協定などが必要である．

　環境汚染や環境破壊の発生源が発展途上国で被害地域が先進国であることがある．この場合には，経済的な事情を考慮して途上国がすべての費用を負担するのではなく，汚染者負担の原則を修正して，先進国も公害防止に要する費用を一部負担することも考えられる．

　先進国から発展途上国への企業進出にともなって，環境汚染や環境破壊が発生することもある．これは，先進国と発展途上国とで環境基準が異なるか，または，行政機構の不備，財源や人材などの不足のために，環境に関する監視が十分でないことが原因である．これに対して，先進国としては，資金の提供と人材の育成などで，発展途上国の環境政策の充実に貢献すべきであろう．

　発展途上国から先進国への一次産品の輸出，たとえば，木材やエビなどの輸出により，発展途上国に環境破壊が発生することがある．東南アジアでの森林の過剰伐採による熱帯林の消滅が，これである．熱帯林の消滅により，動物や植物の生態環境が破壊され，野生生物種の絶滅などが起こる．

　地球規模の環境問題として，冷蔵庫などに使用されるフロンガスによる大気中のオゾン層の破壊や，二酸化炭素などの大気中の濃度上昇にともなって発生

するとされる地球温暖化の問題などがある．これは地球規模での問題であるので，地球上のすべての人が被害を受ける可能性がある．もっとも，地球温暖化の因果関係について，すべての専門家の間で，意見が一致しているわけではない．すなわち，二酸化炭素が温暖化の原因だとする説を疑問視する専門家もいる．しかし，因果関係が不確実であるとしても，被害は不可逆的で，もし，被害が発生すれば，もはや元の状態に戻すことは不可能である．たとえば，もし地球温暖化により，南極や北極の氷が解けて，海面の水位が上昇すれば，太平洋の小島が水没するなど，海岸線の後退により多くの人が定住地を失うであろう．このような事態を防止するには，先進国と途上国など，世界各国の国際協調が不可欠である．

地球環境政策の国際的枠組みについて，そのいくつかをみてみよう．すでに述べたように，1997（平成9）年に「京都議定書」が採択された．「京都議定書」では，二酸化炭素やメタンなどの温室効果ガスについて，2008年から2012年までの間に，先進締約国全体で1990年比5％以上を削減するとの数値目標を定めた．オゾン層を破壊する物質に関する「モントリオール議定書」は1987年に採択され，その後，何度か見直され，規制が強化された．先進国では，フロンなどの生産については，1995年末に生産が全廃され，発展途上国についても，段階的に廃止が進んでいる．

「ワシントン条約」の正式名称は，「絶滅の恐れのある野生動植物の国際取引に関する条約」である．1973年に採択され，ゴリラやジャイアントパンダなどの国際商業取引を禁止または規制している．有害廃棄物の国境を越える移動およびその処分に関する「バーゼル条約」は1989年に採択され，1992年に発効した．

その他にも，地球環境政策の国際的枠組みとして「砂漠化防止条約」，「世界の文化遺産および自然遺産の保護に関する条約」，廃棄物その他のものの投棄による海洋汚染の防止に関する条約である「ロンドン条約」などがある．

7.4.2 持続可能な発展

地球環境保全のために国際的枠組みを作るには，国際的合意が必要とされる．ところが，当然のことながら，国家間の国益は異なるし，利害は対立するので，合意形成は簡単ではない．たとえば，上述のように，「気候変動枠組み条約」

（地球温暖化防止条約）については，法的拘束力のある「京都議定書」が採択されたが，先進国と発展途上国との間には対立がある．

　二酸化炭素などの排出に関して，先進国側は，汚染者負担の原則を適用し，各国の排出量に応じて責任をとるべきだとの立場である．これに対して，途上国側は経済発展の権利を主張し，これまでの先進国の経済活動が気候変動，地球温暖化を引き起こしているのだから，先進国こそが環境汚染の責任をとるべきだとする．途上国は先進国の援助の範囲内で対策をとればよいとの立場である．アメリカは，自国経済に悪影響を与えることと，途上国に排出削減義務を課していないことを理由として，2001年に「京都議定書」の不支持を表明した．

　環境保全技術の移転についても，発展途上国は，特恵的，非商業ベースでの移転を主張しているし，資金援助についても，途上国と先進国は意見が異なっている．

　経済発展を達成している先進国と，これから発展する途上国を環境保全の負担に関して同等とするならば，途上国の発展の機会は大きく抑制されることになる．しかし，地球規模で考えて，従来のような発展を続けることが，もはや不可能であれば，先進国と途上国とが，共に協力して，なんらかの妥協をして，地球環境を保全する努力をしなければ，今後の持続的発展は不可能であろう．

参考文献

石弘光編，環境税研究会著（1997）『環境税―実態と仕組み―』東洋経済新報社．
岸本哲也（1998）『公共経済学（新版）』有斐閣．
Kolstad, C. D. (1999) *Environmental Economics*, Oxford University Press（細江守紀・藤田敏之監訳（1999）『環境経済学入門』有斐閣）．
柴田弘文・柴田愛子（1995）『公共経済学』東洋経済新報社．
時政　勗（2001）『環境・資源経済学』中央経済社．
植田和弘（1996）『環境経済学』岩波書店．

第2部　マクロ経済学を学ぶ

第8章　経済循環と国民所得

8.1　経済循環と国民経済計算

8.1.1　国民経済計算の展開

　経済循環を図式化してとらえようとする試みは，学説史的には古くからみられる．とくに著名なのは，ケネー（F. Quesnay）の「経済表」（1756年）やマルクス（K. Marx）の「再生産表式」（1863年）である．これらは，素朴なかたちで経済循環を表示し，そこに表れる集計概念の相互的関連を明らかにしようと試みたものである．しかし，経済循環の表示方式が現在みるようなかたちに整備されるための基礎は，1950年代以降における国民経済計算（national economic accounting）の進歩によって与えられたのである．

　国民経済計算（社会会計とも呼ばれる）は，国民経済のストックとしての資源とフローとしての生産物・所得の両者の構造を明確に表示するための方式である．そして，国民経済計算の発展につれて，しだいに明らかになったのは，主要集計値間の関係を明確に知るためには，それらが記録されるべき国民勘定は，それぞれ孤立的に存在するのではなく，それらは全体として1つのシステムを構成するものとして認識される必要がある，ということである．また，統計実務の面においても，1960年前後からは，世界の主要各国におけるマクロ経済統計は，このような国民経済計算の考え方に沿って作成されることになったのである．具体的には，その作業は，経済循環の表示のために必要となる多数の国民勘定を1つのシステムとして表示することを目指すものである．そのような国民勘定システム構築のための国際的ガイドラインも提示されている．このガイドラインは，SNA（System of National Accounts）という通称で知られているものにほかならない．また，このSNAの最新ヴァージョンは，1993

年に採択されている．これはとくに93SNAの名で呼ばれており，日本も2001年に導入した．

8.1.2 ストックとフロー

すべての経済活動は，与えられた元本を基礎として行われるが，この元本をストック（stocks）というのである．ストックという概念は，一定の時点を指定して初めて具体的な意味をもつことに注意しなければならない．このことは，企業のストックの表示である貸借対照表（バランスシート）や財産目録が，必ず指定された一時点のそれとして作成されることからもわかるであろう．ストックの数量・構成に変動をもたらすような経済量は，フロー（flows）と呼ばれる．ある元本がどれだけ増加あるいは減少するかということは，一定の時間に関係していわれるのであるから，フローは時点でなく時間に関する概念であることがわかる．たとえば，企業の保有するストックの内容は，その企業の営業活動の結果変化するであろう．そのストック変動の原因としては，製品の販売，賃金の支払い，設備の購入等があげられるのであり，これらがフローにほかならない．いうまでもなくこれらのフローは，1年あるいは半年といった期間を指定して初めて測定されるものである．

ストックは，通常3種類に大別して示すことができる．すなわち，人的ストック，非金融ストック，および金融ストックの3種である．これらについての詳細な説明はここでは行わないが金融ストックについてだけ一言しておく．金融ストックとは，消費者や企業などの各経済単位（経済主体）が一定の時点で保有する債権・債務のことである．したがって，金融ストックは，他のストックのようにそれ自体で存在する実体ではなく，経済主体相互間の請求・被請求の関係を表しているにすぎない．債権としての金融ストックはいわばプラスの資産であるが，債務としてのそれはマイナスの資産である．

人的フロー以外のフローについてもっぱら考える場合，フロー全体は2種類に分けることができる．それらは，非金融フロー（実物フローと呼んでもよい）と金融フロー（資金フローまたはマネー・フローともいう）である．

非金融フローには，財・サービス（goods and services）が対象となるようなフローと移転フロー（transfers）との2種類のものが含まれている．前者は，財・サービスの生成，加工，販売，および消滅を表すようなフローであり，こ

れは，生産物の販売（購入），消費支出等の例にみられるように，財・サービスという「モノ」を対象とするフローである．移転フロー（たんに移転ともいう）とは，定められた制度または慣習のもとで，経済主体間で行われる一方的な支払いまたは受け取りのことであり，租税の支払いや各種社会保障給付がその例である．

　移転を除外してみるとき，非金融フローが財・サービスという「モノ」を対象とするのに対して，金融フローは「カネ」の流れを意味する．すなわち，金融フローは，金融ストックの変動を表すのであり，金融的請求権の設定，売買，および解消を意味する．たとえば，企業が社債を発行したり，消費者が銀行預金を増やしたりするのは，それらの経済主体の金融ストックを変化させることであるから金融フローの一例である．

8.1.3 資産と取引

　ストックとフローが，経済活動またはその対象として明確に識別され，評価され，かつ記録されるとき，それは資産（assets）および取引（transactions）と称される．ここで，資産という語は，ストックのうち経済活動の元本として金額的に評価しうるものの総称として用いられる．つまり，ストックのすべてを資産と呼ぶのではなく，ストックのなかでとくに資産の境界（assets boundary）に含まれるものが資産（経済資産と呼ばれることもある）である．簡単にいえば，ストックが資産としてみなされるためには，①それに対して個人あるいは集団による所有権が設定されており，かつ②それを利用することでなんらかの便益を得ることが期待される，といったことが必要である．例をあげれば，石油の推定埋蔵量の全体がストックであるのに対して，そのうちすでに採掘権が設定されている既発見石油埋蔵量の評価額だけが資産となる．また，広義の資産という概念には，マイナスの資産としての負債や正味資産も含まれる．資産の分類は，表8.1にみるとおりである．

　次に，フローのなかで経済活動の主体である当事者間の合意に基づき，両者にとって対照的なかたちで発生する資産変動と認められるものを取引という．しかし，この定義に合致しない取引もいくつかあることに注意したい．固定資本減耗，保険可能な災害・事故による損失等がその例である．ところで，経済循環の包括的表示を目的としている現在の国民経済計算（とくに93SNA）が

表 8.1　資産の分類

資 産	非金融資産	生産資産	有形資産（例．建物，機械）
			無形資産（例．コンピュータ・ソフトウェア）
		非生産資産	有形資産（例．土地，地下資源）
			無形資産（例．特許実体（patented entities））
	金融資産・負債（例．通貨，預金，貸付金，借入金）		

　記録対象としているフローは，上記の取引よりも広範囲にわたっていることが注目される．このような取引以外のフローは，資源の新規発見，大規模災害・戦争による資産損壊等の資産の数量変動やインフレーション等による資産再評価を含んでいる．これらは取引の範囲外であるにもかかわらず，国民経済計算の記録対象とされる．

　これらすべての取引は，フローの分類に対応して，

$$\text{取引} \begin{cases} \text{非金融取引（移転を含む）（non-financial transactions）} \\ \text{金融取引（financial transactions）} \end{cases}$$

のように分類される．前者は，財・サービスの取得をともなう取引（ある金額の一方的な支払い・受け取りを意味する移転を除いて）であり，後者は，金融的請求権（financial claims）の取得（喪失）をともなう取引である．

8.1.4　経済循環の概念

　経済活動の全体は，具体的には経済的取引の集まりであると考えられる．そして，経済的取引とは，ここでは，日常獲得し，消費し，あるいは利用しようとする対象物としての財・サービスあるいは金融的請求権に対して，経済的意味での「変換」（あるいは変形）を加えることである，と解釈される．この変形という概念には，実行者としての経済主体（あるいは経済部門）や対象となる財・サービスまたは請求権の種類・機能が異なるのに応じて多種多様の型のものが含まれる．また，変換という語よりもむしろ過程（プロセス）またはアクティヴィティー（活動）という語が用いられることが多いのに注意すべきである．たとえば生産という変換（プロセス）は，財・サービスの投入と産出の関係としてとらえられ，そのようなものとして評価され，記録される．他の変

換は，それぞれの場合に応じて購入と販売，貸出と借入，支出と収入等の関係としてとらえられるのである．

経済循環全体を構成する多くの変換（プロセス）を，どのような方法で分類し，整理すれば，マクロ分析の基礎として最も有用な循環表示を得ることができるであろうか．これについての最も適切な考え方は，次のとおりである．それは，すべての経済活動を，生産，所得の分配・使用，および蓄積という3つの基本的変換に分類するというやり方である．

8.2 経済循環の表示方法

8.2.1 経済循環と国民勘定

国民経済計算において基本的に想定されている経済循環を，次に概念図のかたちで描いておこう．これは，図8.1に示されるが，ここでは，プロセスという語の代わりに「活動」という用語が使用されている（以下の説明においても同様）こと，また期首ストック（期首貸借対照表）と期末ストック（期末貸借対照表）が経済循環の一部として記録されていること，に注意すべきである．

上記の3つのプロセスが，同時に継続的に実行されるためには，それらの規模と機能が相互に整合性を保っていなければならない．そして，経済循環の望ましい表示方式は，これらのプロセスの整合性チェックと循環の規模の数量的表示を可能にするようなものであるべきである．このような考え方をもとに国

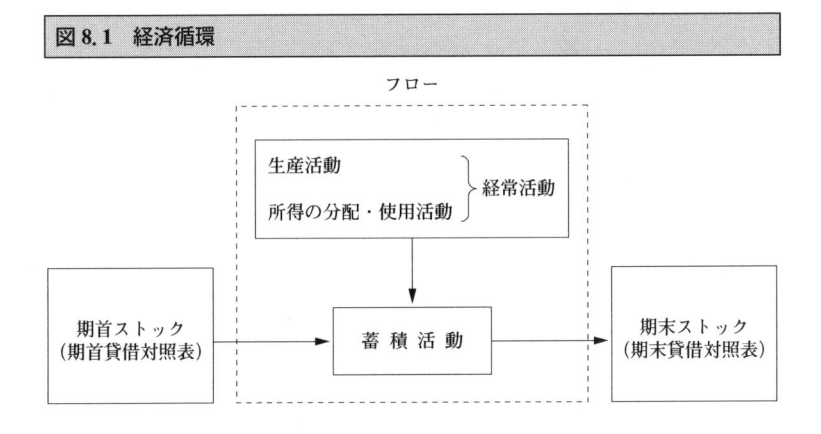

図 8.1 経済循環

民経済計算による記録方式が展開されているのである．

これまでは，経済循環を同時に進行するいくつかのプロセスの集まりとして考えたが，国民経済計算では，個々のプロセスは，勘定という形式を用いて記録される．そこで，上にあげた3つの基本的プロセス（生産プロセス，所得の分配・使用プロセス，および蓄積プロセス）を記録するために3つの勘定が設定されることになる．それらは，生産勘定，所得の分配・使用勘定，および蓄積勘定と呼ばれる．これらの勘定の内容は，表8.2，表8.3，および表8.4にみるとおりである．そこに示される記入項目は，すべて社会的（または国民的）集計値であり，したがってこれらの勘定は，社会勘定（social accounts）または国民勘定（national accounts）と呼ばれる．また，各項目に付けられた記号は，その記入金額を表示することをあらかじめ注意しておく．

8.2.2　生産勘定

表8.2，表8.3，および表8.4に示され3つの勘定は，フローによって構成される経済循環を表示するさいに基本となるものであり，「基本3勘定」と称される．以下，これらの内容について簡単に説明する．

生産勘定は，一経済期間を通じての生産活動を記録する．その源泉側には，生産物としての財・サービスの産出（O）が記録されるが，それは，中間生産物（P）と最終生産物とに大別される．後者は，表にみるように最終消費（C）と総資本形成（I）から構成される．さらに，総資本形成は，総固定資本形成（I_1）と在庫品の変動（増加（＋）あるいは減少（－））（I_2）とに分けられる．生産勘定の使途側には，生産のための費用が記録される．ここでは，その費用とは原材料等の中間生産物の購入（P）を意味している．これは，中間消費支出の名で呼ばれることもあるが，同勘定源泉側の中間生産物と金額上一致することが明らかである．生産総額から中間生産物の投入を控除した残余は，総付加価値（gross value added）（Y）と呼ばれる．この総付加価値は，生産物であると同時に所得生成の源泉として解釈されるものである．

8.2.3　所得の分配・使用勘定

所得の分配・使用勘定は，①生産勘定で発生する付加価値を受け入れ，②それを，いくつかの取引項目を通じて経済主体間で分配し，かつ③その結果とし

表 8.2 生産勘定

使　途		源　泉	
P	中間生産物の投入	O	財・サービスの産出
Y	総付加価値	P	中間生産物
			最終生産物
		C	最終消費
		I	総資本形成
		I_1	総固定資本形成
		I_2	在庫品変動

表 8.3 所得の分配・使用勘定

使　途		源　泉	
T	所得の発生と分配	Y	総付加価値
T_1	第1次所得	T	所得の発生と分配
T_{11}	雇用者報酬	T_1	第1次所得
T_{12}	生産・輸入品に課される税	T_{11}	雇用者報酬
T_{13}	財産所得	T_{12}	生産・輸入品に課される税
T_2	経常移転	T_{13}	財産所得
C	最終消費	T_2	経常移転
S	純貯蓄	$-D$	固定資本減耗（−）

表 8.4 蓄積勘定

資産の変動		負債・正味資産の変動	
I	総資本形成	S	純貯蓄
I_1	総固定資本形成	ΔL	負債増加
I_2	在庫品変動	ΔL_1	通貨・預金
$-D$	固定資本減耗（−）	ΔL_2	債券・株式
ΔF	金融資産増加	ΔL_3	その他の金融的請求権
ΔF_1	通貨・預金		
ΔF_2	債券・株式		
ΔF_3	その他の金融的請求権		

て得られた所得を消費のために支出する，といった取引を記録する勘定である．②の所得の分配（T）について説明しよう．当該経済の経済主体間（または部門間）での所得分配は，大別して4つの項目を通じて行われる．それらは，a. 雇用者報酬（T_{11}），b. 生産・輸入品に課される税（間接税）（T_{12}），c. 財

産所得（T_{13}），および d. 経常移転（T_2）である．93SNA では，これら 4 つの項目のうち，a〜c は第 1 次所得（primary incomes）（T_1）と名づけられており，それらが，国民所得集計値を構成することになる．a は，いうまでもなく提供された労働サービスに対する報酬である．b の生産・輸入品に課される税（正確には，これらの税に対応する補助金を控除した額を指す）は，簡単にいえば，財・サービスの市場価格に含まれる税，したがって付加価値を構成するような税のことである．

c は，利子，賃貸料等である．a〜c が，財・サービスの産出活動における費用配分の性質をもつ項目であるのに対して，d の経常移転は，性格を異にする分配項目である．これは，第 1 次所得として分配された所得が，種々の制度や契約のもとで再分配される取引を指している．たとえば，租税，社会保障負担金等は家計や企業から政府への経常移転であり，社会保障給付は，逆に政府から家計への経常移転を表す．

表 8.3 の源泉側に記される最後の項目である固定資本減耗（$-D$）についてとくに注意しなければならない．これは，マイナスの符号がつけられていることからもわかるように控除項目であり，同勘定の源泉側に記されている総付加価値のなかの固定資本減耗と相殺される．この勘定の使途側に記入される最終消費（C）は，いうまでもなく生産勘定の源泉側のそれに対応している．純貯蓄（S）は，この勘定の両側の金額合計を等しくするためのバランス項目である．

8.2.4　蓄積勘定

蓄積勘定（表 8.4）の役割は，経済全体を通じて当期間中に得られた資産を，その源泉と使途の両面に分けて記録することである．資産増加の源泉は，正味資産変動（貯蓄）と負債変動の 2 つからなり，これらは，この勘定の右側に記される．資産の使途面は，やはり 2 つの項目に大別される．その 1 つは，非金融資産（実物資産）の蓄積すなわち総資本形成（I）であり，もう 1 つは，資産としての金融的請求権の付加，すなわち金融資産増加である．経済全体についての金融資産増加と負債増加は等しいことから，$\Delta F = \Delta L$ である．なお，その内容となる金融的請求権は，便宜上ここでは 3 つのグループ，つまり通貨・預金（ΔF_1 あるいは ΔL_1），債券・株式（ΔF_2 あるいは ΔL_2），およびその他

の金融的請求権（ΔF_3 あるいは ΔL_3）に分けられている．

8.3 国民勘定システム

8.3.1 勘定システムの統合表示

　上に説明した基本3勘定とその内容を，統合された1つのシステムとして表示するには，どうすればよいか，という問題を考えてみる．経済循環を構成するいくつかの国民勘定が，全体として1つの勘定システムを作るためには，勘定の記録内容は，次の性質を備えていなければならない．第1に，関連のあるフローは，例外なく網羅され，すべて記録対象となる，という意味で，勘定システムの記録は，包括的でなければならない．次に，システムの内部において，源泉項目（勘定の右側の項目）と使途項目（勘定の左側の項目）とが完全に対応するという意味で，システムの記録は，完結的でなければならない．最後に，当然のことながら記録される集計値はすべて金額表示され，相互に整合的でなければならない．

　勘定システムが備えているこれらの性質を考慮するとき，その統合表示はどのような形式でなされればよいのであろうか．国民経済計算では，この統合表示形式として基本的に2つのものが示されている．その1つは，勘定行列形式であり，他は，勘定連結形式（とも呼ぶべきもの）である．前者は，勘定システムの表示にさいして伝統的に採用されてきた形式であり，それに対して後者は，93SNAにおいてもっぱら採用されている形式である．ここでは，これら2つの表示形式を比較・検討することは避け，主として便宜上の理由から，もっぱら後者，つまり勘定連結形式を用いて統合システムの説明を進めることにする．

　表8.5は，基本3勘定（表8.2，表8.3，および表8.4）の内容をそのまま統合表示したものであるが，理解の便に供するために，そのいくつかの特徴について触れておく．①全経済が統合されており制度部門への分割がなされていない（したがって海外部門も分離されていない）ために「一国経済」（「当該経済」と呼んでもよい）の勘定だけが示されている．②ここでは，基本3勘定に含まれていなかった4番目の勘定として「財貨・サービス勘定」が導入されている．この勘定の左側には，当期の生産物である財・サービスの出所が記されており，

表 8.5　勘定の統合表示（勘定連結形式）

勘定	使　途（資産の変動)			源　泉（負債と正味資産の変動)			勘　定
	財・サービス	一国経済	取引項目およびバランス項目	一国経済	財・サービス		
生産勘定	O		産出	O			生産勘定
		P	中間消費		P		
		Y	総付加価値	Y			
所得の分配・使用勘定		T_1	第1次所得の配分	T_1			所得の分配・使用勘定
		T_{11}	雇用者報酬	T_{11}			
		T_{12}	生産・輸入品に課される税	T_{12}			
		T_{13}	財産所得	T_{13}			
		T_2	経常移転	T_2			
	$-D$		固定資本減耗（−）	$-D$			
		C	最終消費		C		
		S	純貯蓄	S			
蓄積勘定		I	総資本形成		I		蓄積勘定
		I_1	総固定資本形成		I_1		
		I_2	在庫品変動		I_2		
		$-D$	固定資本減耗（−）		$-D$		
		ΔF	金融資産・負債	ΔL			
		ΔF_1	通貨・預金	ΔL_1			
		ΔF_2	債券・株式	ΔL_2			
		ΔF_3	その他の金融的請求権	ΔL_3			

その右側には，財・サービスの使用（あるいは利用）が記入されている．前者の記録は，O と $-D$ であり，後者の記録は，P, C, I ($=I_1+I_2$) および $-D$ となっている．両者の合計額が等しいことは明らかである．③一見してわかるように，生産勘定と所得の分配・使用勘定とは，総付加価値（Y）によって接続されており，それと同様に所得の分配・使用勘定のバランス項目 S（純貯蓄）がそのまま蓄積勘定の右側の記録を形成している．バランス項目（Y と S）の上に破線を付したのは，それらの項目によって上下の勘定が連結されていることを明示するためである．

8.3.2　制度部門と活動部門

　ここで経済活動を自らの責任で実行する主体をどのように識別し，分類するかについて説明する．一定の資産と負債を保有し，その処分を行うための意思

決定能力を有する最小の経済主体は，経済制度単位またはたんに制度単位（institutional units）と呼ばれる．そして，法律上，制度上類似の性質をもつ制度単位の集まりを制度部門（institutional sectors）という．注意すべきなのは，ここでいう制度部門は，すべての制度単位がいずれか1つの，そして1つだけの制度部門に含まれるように規定されるということである．このように全経済は，経済主体の制度的・法律的特徴という観点から制度部門に分割される．現在SNAで採用されている制度部門分割では，次の5つの部門が示されている．

①非金融法人企業
②金融機関
③一般政府
④家計（個人企業を含む）
⑤対家計非営利団体

とくに国内制度部門である①～⑤を統合したかたちの部門はたんに国内部門または一国経済（国民経済）と呼ばれる．

制度部門が経済主体を制度的・法律的側面から分類するものであるのに対し，経済活動の性質にもっぱら注目し，同質の経済活動をグループ化することによって構成される取引の集まりは，活動部門と呼ばれる．活動部門の構成には多くの種類のものが考えられるが，その最も典型的なものは生産者としての産業（または産業部門）の分類である．広義の産業は，大きく2つに分類される．1つは，通常の意味での産業であり，国民経済計算の用語で，これは「市場生産者としての産業」と呼ばれる．そして，他のものは，非市場生産者としての産業となる．具体的には，これには，政府サービス生産者と対家計民間非営利サービス生産者が含まれるのである．

8.3.3 海　外

海外（ROW：the rest of the world）（海外部門ともいう）は，当該国民経済（ここでは日本経済）にとって非居住者である制度単位（non-resident institutional units）からなる部門である．ここで非居住者制度単位とは，その国の居住者制度単位（resident institutional units）でないものを指すのであるが，その判定基準はそれほど単純ではない．まず，SNAにおける「国内」あ

るいは「経済的領域」の定義を述べる．SNA によれば国内とは，ある国の政治的領土からその国に所在する国際機関（国際連合等），外国政府の公館および外国軍隊を除いたものに，政治的領土以外に所在する当該国の公館および軍隊を加えたものである．一国経済の居住者とは，原則的にその国の経済的領域に，その「経済的利害の中心（center of economic interest）」を保有しているような制度単位を指すのである．

　法人であると非法人であるとを問わず，企業活動を営む経済主体の場合を考えよう．その主体（企業）は，それが現に生産設備，店舗等を保有し，営業している国の居住者とされる．したがって，他国の子会社・支店等が自国内に工場・事務所を保有し，操業している場合，その子会社・支店は，管理上の意思決定がどこでなされ，出資者が何国人であるか等にかかわりなく，当該国（立地国）の居住者である．また船舶や航空機のように，国境を越えて移動する設備を用いる操業は，あくまでそれらの設備を所有する企業の活動の一部であると考えられる．したがってそれらの操業は，その企業の属する経済の居住者による活動である．

8.4　日本経済のフロー構造

8.4.1　日本経済の基本3勘定システム

　3勘定システムの統合表示についてのこれまでの説明は，表8.5も含めて，記号ばかりを使用した概念上のものであった．そこで，次にそれらの概念に対応すべき統計実績値を示すことにする．日本の基本3勘定システムの記録は，どうなっているのか．それは，表8.6にみるとおりである．一見してわかるように，表8.6の構造は，表8.5のそれと比較してまったく同一のものである．唯一異なるところは，後者においては最も簡単な部門分割として，経済活動の主体が，国内部門（一国経済）と海外に分割されていることである．海外の記入数字をみればわかることであるが，海外は，あたかも一国経済と対等の制度部門であるかのように取り扱われている．例をあげてこのことを示せば，輸入は，海外にとっては源泉であり，輸出は，その使途である．輸出入バランス（−7,315.5）や経常対外収支（−12,875.6）（いずれも単位：10億円）がマイナス値になっているのは，海外の取引を，海外の立場で記録しているからである．

8.4.2 日本経済のフロー勘定

表8.6の記録をやや詳細に示すことによって，日本経済のフロー勘定の主要内容を表示したものが，表8.7である．表8.7の構造は，表8.6のそれと基本的には同一であるが，注意すべきなのは，表8.7では，勘定システムが少しばかり細分化されていることである．具体的にいえば，表8.7では，所得の分配・使用勘定は，所得の発生勘定，第1次所得の配分勘定，所得の第2次分配勘定，および所得の使用勘定という4つの部分勘定に分割されている．この勘定分割によって，「営業余剰・混合所得」，「第1次所得バランス，国民純所得（NNI：net national income），および「可処分所得（disposable income）」という新しいバランス項目が定義されることになったのである．その一方で，蓄積勘定も，2つの勘定，すなわち「モノ」の蓄積を記録する資本勘定と「カネ」の蓄積を記録する金融勘定とに分解されている．そして，この2つの部分勘定を接続する共通のバランス項目が，「純貸出／純借入」である．

なおここで，国民総所得（GNI：gross national income）と国民純所得の概念が，勘定システムのなかでどのように示されるのかについて説明する．表8.7では，一国経済における第1次所得の配分勘定バランス項目は，第1次所得バランスであるが，これが国民純所得である．固定資本減耗（97,951.1）が加算されているときは，これらは，総概念になる．つまり，

第1次所得バランス（純）（418,338.1）＝国民純所得（NNI）

第1次所得バランス（総）（516,289.2）＝国民総所得（GNI）

となる．ただし，これらの数字には，統計上の不突合（3,666.1）は含まれていない．

表8.7に記されている2つの集計値，NDP（国内純生産，一国経済の純付加価値）とNNI（国民純所得，一国経済の第1次所得バランス）の関係を確かめておくことにしよう．表の全体構成から考えて，これら2つの集計値の差をもたらすものは，対外的取引，つまり海外を相手とする取引以外にはありえない．ここでは，それは，第1次所得の配分を表す対外取引に限られているのである．したがって，

表 8.6　日本経済の3勘定システム（2000 暦年）(単位：10億円)

勘定	合計	使途（資産の変動）			取引項目およびバランス項目
		財・サービス	海外	一国経済	
生産勘定	944,215.1	944,215.1			国内産出
	434,347.2			434,347.2	中間消費
	47,940.9	47,940.4			財・サービスの輸入
	55,255.9		55,255.9		財・サービスの輸出
	509,867.9			509,867.9	総付加価値,GDP(統計上の不突合を除く)
	−7,315.5		−7,315.5		輸出入バランス
所得の分配・使用勘定	279,646.0		28.9	279,617.1	雇用者報酬
	38,393.0			38,393.0	生産・輸入品に課される税(純)
	135,673.8		11,545.9	124,127.9	財産所得
	271,334.7		1,423.7	269,911.0	経常移転
	−97,951.1	−97,951.1			固定資本減耗（−）
	372,961.6			372,961.6	最終消費支出
	31,639.7		−12,875.6	44,515.3	純貯蓄，経常対外収支
蓄積勘定	133,256.9			133,256.9	国内総資本形成
	−97,951.1			−97,951.1	固定資本減耗（−）
	0.0				資本移転（純受取）
	3,666.1	3,666.1			統計上の不突合
	66,504.5		906.4	65,598.1	金融資産・負債（全種類）

（資料）内閣府経済社会総合研究所編『国民経済計算年報（平成14年版）』2002年.

NNI（国民純所得，418,338.1）＝NDP（国内純生産，411,916.8）
　　　　　　　　　　　　　　　＋（海外からの第1次所得の受取，11,574.8）
　　　　　　　　　　　　　　　−（海外への第1次所得の支払，5,153.5）

となる．GNI（国民総所得）とGDP（国内総生産）の関係もまったく同様である．

8.4.3　財貨・サービス勘定

93SNAでは，国内生産物は「財・サービス」と呼ばれ，両者は同義語として取り扱われる．その意味での財・サービスの出所と使用について集約的に記録するものが，財貨・サービス勘定である．これは，内容としては，表8.6，あるいは表8.7の財・サービスの欄をまとめて示しただけの勘定である．表8.8の財貨・サービス勘定は，当該経済（日本経済）が国内部門の生産活動の成

源泉（負債・正味資産の変動）				勘定
一国経済	海 外	財・サービス	合 計	
944,215.1			944,215.1	生産勘定
		434,347.2	434,347.2	
	47,940.4		47,904.4	
		55,255.9	55,255.9	
			509,867.9	所得の分配・使用勘定
	−7,315.5		−7,315.5	
279,616.7	29.3		279,646.0	
38,393.0			38,393.0	
130,549.6	5,124.2		135,673.8	
269,049.9	2,284.9		271,334.8	
−97,951.1			−97,951.1	
		372,961.6	372,961.6	
44,515.3	−12,875.6		31,639.7	蓄積勘定
		133,256.9	133,256.9	
		−97,951.1	−97,951.1	
−994.5	994.5		0.0	
3,666.1			3,666.1	
53,717.1	12,787.5		66,504.6	

果として，どれだけの「市場価格評価」の財・サービス（＝生産物）を提供したかを，その源泉と使途の両面から示すものである．この勘定は，一種のダミー勘定であるために，バランス項目を含まず，しかも源泉項目と使途項目が左右逆に記録されることに注意すべきである．

8.4.4　国内総生産と国内総支出

　ここで，国内総生産と国内総支出の関係について述べよう．これら両者の関係を表す「国内総生産と総支出勘定」は，日本国民経済計算の最も中心的な統合勘定である．この表の構造が理解されれば日本版 SNA の他の勘定はすべてわかる，といってもよいであろう．それは，表 8.9 に示されている．

　表 8.9 の構造を順次説明しよう．まず，一国経済における財・サービスの総供給（総需要）から，国内総生産を導くために，表 8.8 の両辺から中間消費と輸入を引く．一国経済（日本経済）の国内総生産（GDP: gross domestic product）

表 8.7　日本経済のフロー勘定（2000 暦年）（単位：10 億円）

勘定	財・サービス	使途（資産の変動）海外	一国経済	取引項目およびバランス項目
生産勘定	944,215.1			国内産出
			434,347.2	中間消費
			97,951.1	固定資本減耗
	47,940.4			財・サービスの輸入
		55,255.9		財・サービスの輸出
			411,916.8	純付加価値, NDP（統計上の不突合を除く）
		−7,315.5		輸入入バランス
所得の発生勘定		28.9	279,617.1	雇用者報酬
			38,393.0	生産・輸入品に課される税(控除)補助金
			93,906.8	営業余剰・混合所得（純）
第1次所得の配分勘定		11,545.9	124,127.9	財産所得
		−13,736.8	418,338.1	第1次所得バランス, NNI
所得の第2次分配勘定		1,423.7	269,911.0	経常移転
		−12,875.6	417,476.9	可処分所得（純），経常対外収支
所得の使用勘定			372,961.6	最終消費支出
		−12,875.6	44,515.3	純貯蓄，経常対外収支
資本勘定			133,256.9	国内総資本形成
			135,051.8	総固定資本形成
			−1,794.9	在庫品増加
			−97,951,1	固定資本減耗（−）
			0.0	土地の購入（純）
				資本移転（純受取）
	3,666.1			統計上の不突合
		−11,881.1	11,881.1	純貸出（＋）／純借入（−）
金融勘定		906.4	65,598.1	金融資産・負債
		812.8	−15,344.2	通貨・預金
		93.6	80,942.3	その他の金融的請求権

（資料）内閣府経済社会総合研究所編『国民経済計算年報（平成14年版）』2002年．

は，

$$国内総生産(513,534.0) = 市場価格財・サービス(995,821.6)$$
$$- 中間消費(434,347.2) - 輸入(47,940.4)$$
$$= 最終消費支出(372,961.6)$$
$$+ 総固定資本形成(135,051.8)$$
$$+ 在庫品増加(-1,794.9)$$

源　　泉（負債・正味資産の変動）			
一国経済	海　外	財・サービス	勘　　定
944,215.1		434,347.2	生産勘定
		97,951.1	
	47,940.4		
		55,255.9	
411,916.8			所得の発生
	−7,315.5		勘定
279,616.7	29.3		第1次所得
38,393.0			の配分勘定
93,906.8			
130,549.6	5,124.2		
418,338.1	−13,736.8		所得の第2次
269,049.9	2,284.9		分配勘定
417,476.9	−12,875.6		所得の使用
		372,961.6	勘定
44,515.3	−12,875.6		
		133,256.9	
		135,051.8	
		−1,794.9	資本勘定
		−97,951.1	
0.0			
−994.5	994.5		
3,666.1			
11,881.1	−11,881.1		
53,717.1	12,787.5		金融勘定
−18,461.8	3,930.4		
72,178.9	8,857.1		

$$+輸出(55,255.9)-輸入(47,940.4)$$
$$=国内総支出(513,534.0)$$

となる.

　この集計値から，さらに固定資本減耗と統計上の不突合（これは，理論的には存在しない調整項目である）を差し引くならば，国内純生産（NDP: net domestic product）が算出される．つまり，

表 8.8　財貨・サービス勘定（2000 暦年）（単位：10 億円）

源　　泉		使　　途	
(1)国内産出	944,215.1	(1)中間消費	434,347.2
生産者価格国内産出	931,423.8	(2)最終消費支出	372,961.6
（輸入品に課される税・関税を含む）		(3)総固定資本形成	135,051.8
生産物に課される税（純）：VAT（消費税）	12,791.3	(4)在庫品増加	−1,794.9
		(5)輸出	55,255.9
(2)輸入	47,940.4		
(3)統計上の不突合	3,666.1		
市場価格財・サービスの源泉	995,821.6	市場価格財・サービスの使途	995,821.6
(1)+(2)+(3)		(1)+(2)+(3)+(4)+(5)	

（資料）内閣府経済社会総合研究所編『国民経済計算年報（平成 14 年版）』2002 年．

表 8.9　国内総生産と総支出勘定（2000 暦年）（単位：10 億円）

源　　泉		使　　途	
雇用者報酬	279,617.1	最終消費支出	372,961.5
営業余剰・混合所得	93,906.8	民間最終消費支出	287,230.7
固定資本減耗	97,951.1	政府最終消費支出	85,730.8
生産・輸入品に課される税	43,142.0	国内総固定資本形成	135,051.8
（控除）補助金	4,749.0	在庫品増加	−1,794.9
統計上の不突合	3,666.1	財・サービスの輸出	55,255.9
		（控除）財・サービスの輸入	47,940.4
国内総生産	513,534.0	国内総支出	513,534.0

（資料）内閣府経済社会総合研究所編『国民経済計算年報（平成 14 年版）』2002 年．

$$\text{国内純生産}(411{,}916.8) = \text{国内総生産}(513{,}534.0)$$
$$-\text{固定資本減耗}(97{,}951.1)$$
$$-\text{統計上の不突合}(3{,}666.1)$$

である．一方で，表 8.7 の一国経済について，所得の発生勘定をみれば，

$$\text{国内純生産（純付加価値，}411{,}916.8)$$
$$= \text{雇用者報酬}(279{,}617.1) + \text{営業余剰・混合所得}(93{,}906.8)$$
$$+ \text{生産・輸入品に課される税（純）}(38{,}393.0)$$

が成立していることがわかる．したがって，

国内総生産(513,534.0)
　　＝雇用者報酬(279,617.1)＋営業余剰・混合所得(93,906.8)
　　　　＋生産・輸入品に課される税(純)(38,393.0)
　　　　＋固定資本減耗(97,951.1)
　　　　＋統計上の不突合(3,666.1)

となる．これらの関係を記録するのが表8.9である．

参考文献

Commission of the European Communities, International Monetary Fund, Organisation for Economic Co-operation and Development, United Nations and World Bank (1993) *System of National Accounts 1993*, Brussels/Luxembourg, New York, Paris, Washington, D. C.（経済企画庁経済研究所国民所得部編（1996）『1993年改訂国民経済計算の体系』（上巻・下巻・索引）社団法人経済企画協会）．

内閣府経済社会総合研究所編（2002）『国民経済計算年報（平成14年版）』財務省印刷局．

武野秀樹・金丸哲編著（1997）『国民経済計算とその拡張』勁草書房．

武野秀樹・山下正毅編著（1993）『国民経済計算の展開』同文舘出版．

第9章 国民所得の決定

9.1 はじめに

マクロ経済をみるうえで最も重要な指標は GDP（国内総生産）である．GDP は「1 年間に国内で生産された財・サービスの付加価値総額」を表す．したがって，外資企業であってもそれが日本国内であれば日本の GDP に含まれることになる．逆に日本企業の活動であっても海外で行われたものは含まれない．マクロ経済指標としてかつては GNP（国民総生産）が使われていたが，国際取引が活発になった現在ではその経済指標は GDP である．

マクロ経済の需要項目は，消費，投資，政府支出，海外との貿易から構成される．本章では，議論を簡単化するために，家計と企業という 2 つの経済主体からなる単純なマクロ経済を取り上げて，45 度線分析による国民所得の決定と乗数過程について説明する．45 度線分析とは財市場の部分均衡分析であり，貨幣市場や労働市場からの影響がないという仮定のもとで分析が行われる．そこで，まず，貨幣市場からの影響を遮断するために投資は利子率に依存しないものと仮定し，次に投資需要の影響について触れる．

9.2 消費需要[1]の説明

本章でこれから分析する45度線分析においては財の価格（一般物価水準）は定数として扱われる[2]．このとき，消費を決定する最も重要な要因は，所得で

---

1) 需要は事前的概念である．つまり，消費需要は消費者が「計画する」需要量である．
2) これは，ケインズ（J. M. Keynes）が財市場では価格メカニズムが十分に機能していないと考えていたことの表現であると考えられる．

あろう．消費関数は，各国民所得に対して（計画された，あるいは事前の）消費水準を対応づける関数である．本章では，消費関数を線形であると仮定する[3]．消費は2種類のもの，すなわち，基礎的消費と比例的消費から構成される．基礎的消費は衣食住について必要最低限の支出であり，所得水準に依存しない部分を意味する．所得がゼロのときの消費水準に対応する．基礎的消費を超える部分の消費は所得に依存し，所得が増加すると消費も増大する部分を比例的消費で表す．

いま，消費関数を次のように仮定する．

$$C = B + cY \tag{9.1}$$

ここで，C は消費水準，B は基礎的消費，c は限界消費性向，Y は所得（GDP），cY は比例的消費を表す．限界消費性向とは，所得の増加のうちどの程度の割合が消費の増加にまわるのかを表した指標で，$c = \Delta C / \Delta Y$ で定義される．たとえば，ある人の収入（つまり所得）が追加的に1万円増えたときに，消費を6,000円増やすならば，その人の限界消費性向は0.6ということになる．所得の増加以上に消費を増やす人はいない，所得が増加したときに消費を減少させる人はいないと考えるとき，$0 < c < 1$ と仮定される．また基礎的消費は正の値であると仮定する．(9.1)式は，所得が増加すれば消費も増加することを意味する．このように経済的行動をとらえた方程式を行動方程式と呼び，(9.1)式は消費者の行動をとらえており，2つのパラメータ B と c で特徴づけられている．消費関数に関する概念として限界消費性向以外に，平均消費性向[4]があ

---

[3] ケインズの消費関数は，消費は所得の関数であることが大きな特徴であるといわれている．
[4] 平均消費性向は『日本統計年鑑』平成9年版より引用．図9.1(a)，図9.1(b)参照．

図9.1(a)　日本の平均消費性向（1970～95年）

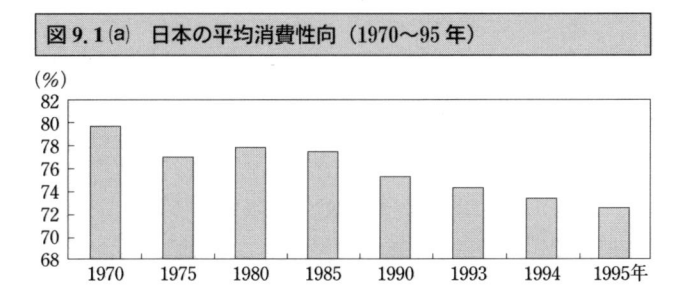

(%)

年	1970	1975	1980	1985	1990	1993	1994	1995
	約80	約77	約78	約77.5	約75	約74	約73.5	約73

る．これは，消費者が所得のうち消費にあてる割合を表し，C/Y で定義する．

以上のことが図 9.2 で描かれている．図の横軸には所得 Y，縦軸には消費 C がとられている．直線 C が消費関数で C は Y とともに増加する関係として右上がりに描かれている．この場合直線の消費関数を仮定しているので，消費関数の傾きは限界消費性向 c で，所得の水準とは独立な一定値になっている．所得が 1 単位増大するごとに消費が c 単位増えるという関係を表している．また，限界消費性向が大きいほど，消費関数の傾きは大きくなる．消費関数の縦軸切片は，基礎的消費であり，縦軸切片が大きくなると，消費関数が上方にシフトする．平均消費性向は原点と直線 C 上の点を結ぶ直線の傾きで表され，所得の増大とともに小さくなっていくことがわかる．

9.3 投資需要の説明

企業も財・サービスの重要な購入主体である．各企業は設備を拡張したり研究開発・技術開発のために，他の企業から多くの財・サービスを購入する．このような企業による支出は，投資と呼ばれる．

45 度線分析は，部分均衡分析であるから他の市場からの影響がないという状況を想定しなければならない．ここでは分析の単純化のために，投資は利子率に依存しないと仮定する．したがって，投資 I は定数 I_0 で，独立投資と呼ばれている[5]．これは，外生的に与えられたものと考えることにする．図 9.3(a)

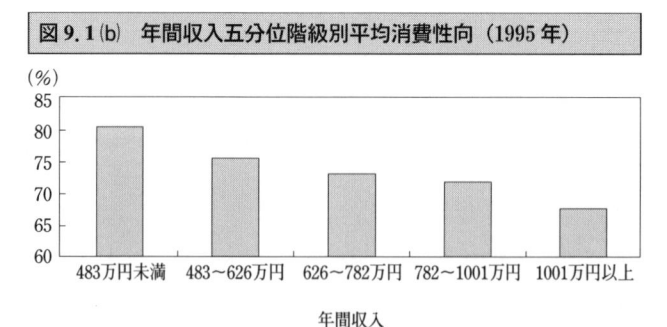

図 9.1(b)　年間収入五分位階級別平均消費性向（1995 年）

(%)
年間収入	平均消費性向
483 万円未満	約 80
483〜626 万円	約 75
626〜782 万円	約 73
782〜1001 万円	約 72
1001 万円以上	約 67

（出所）『日本統計年鑑』平成 9 年版．

（注）年間収入五分位階級，世帯人員別 1 世帯当たり年平均 1 ヵ月間の収入と支出（勤労世帯，1970〜95 年）．

のように，投資関数は横軸に水平な直線で描かれる．

さて次に，貯蓄投資均衡による国民所得の決定について説明する．次節の45度線分析による国民所得の決定は，投資関数と貯蓄関数を用いた国民所得の決定に変形することができる．

いま，家計と企業のみが存在している経済を想定している．家計に入った所得 Y は消費 C か貯蓄 S のいずれかに費やされるので，$Y \equiv C+S$ が恒等的に成立する．

ところで，企業の生産活動は，消費財の需要 C と投資財の需要 I に対応して付加価値 Y_s が生み出される．生産 Y_s に等しい所得 Y が得られるので，$Y_s = Y$ の関係が導かれる．

財に対する需要 Y_d は，$Y_d \equiv C+I$ と書かれ，消費と投資の和に恒等的に等しいことを意味する．

以上より $Y_d \equiv Y_s = Y \equiv C+S$ は，$C+I=C+S$ と書き表され，$I=S$ が成立する．$I=S$ は財市場の均衡条件式になっている．本章のモデルの想定のもとでは，投資と貯蓄が等しくなるように国民所得が決定され，そのときの国民所得を均衡国民所得 Y^* と呼ぶ．

ここで，貯蓄関数 S について説明する．貯蓄関数とは，各所得 Y に対して計画された貯蓄 S を対応づける関数である．いま線形の消費関数を仮定しているので，対応する貯蓄関数は次のようになる．

$$S = Y - C = Y - (B+cY) = (1-c)Y - B$$

限界貯蓄性向は，所得の増加分に対する貯蓄の増加分の比率 $\Delta S/\Delta Y$ を表す．上式の限界貯蓄性向は $1-c$ と求められる．限界消費性向と限界貯蓄性向の和は1となることがわかる．つまり，所得の増加分は消費の増加分か貯蓄の増加分のいずれかになることを意味する[6]．

以上のことが図9.3(b)で描かれている．横軸は Y，縦軸は C, S, Y をとっている．45度線は傾き1の直線であるから，線上の縦座標と横座標は同様の

---

[5] 利子率は一定であると仮定し，そのときの投資水準は $I=I(r_0)=I_0$（一定）であると解釈することもできる．

[6] このことは，本章のモデルの想定のもとで導かれたものであることに注意しよう．

図 9.2(a) 線形の消費関数

$C = B + cY$

図 9.3(a) 投資関数

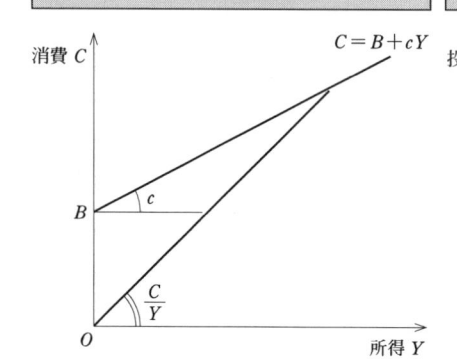

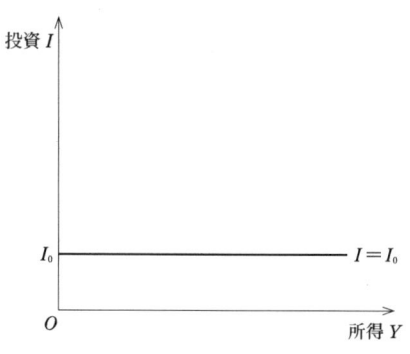

$I = I_0$

図 9.2(b) 限界消費性向の増大

$C = B + c_2 Y$
$C = B + c_1 Y$

図 9.3(b) 貯蓄関数

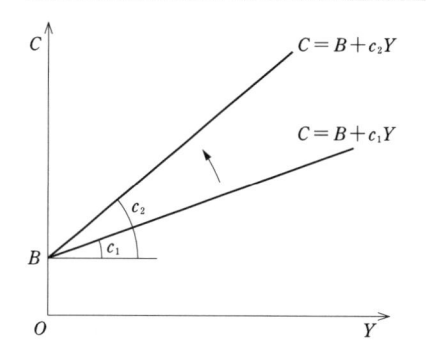

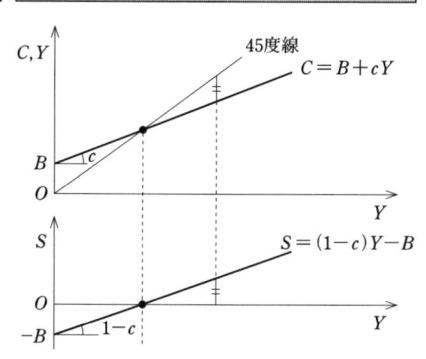

45度線
$C = B + cY$
$S = (1-c)Y - B$

図 9.2(c) 基礎的消費の増大

$C = B_2 + cY$
$C = B_1 + cY$

図 9.3(c) 貯蓄投資均衡による国民所得の決定

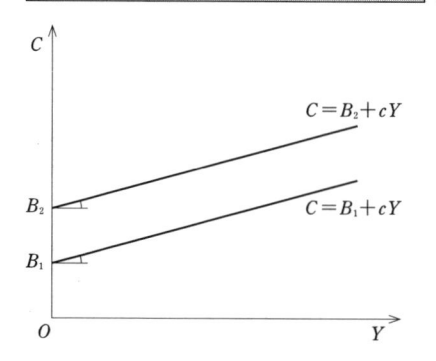

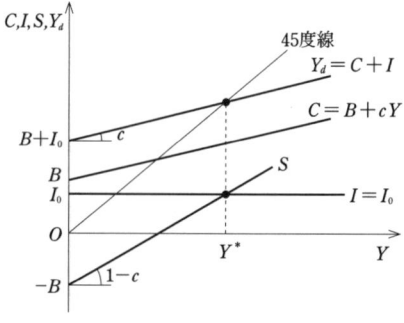

45度線
$Y_d = C + I$
$C = B + cY$
S
$I = I_0$

Y の大きさを測っている．図 9.3 (b) の上図で C と Y が等しくなる点つまり直線 C と 45 度線の交点で貯蓄がゼロとなる点を示している．この点より Y が大であれば貯蓄の余裕がでて Y とともに大きくなり，この点より左では貯蓄はマイナスになる．マイナスの貯蓄は借金をするか資産を売り食いする現象を指す．また，直線 C と直線 S を垂直方向に加え合わせると原点からの 45 度線となる．つまり，$Y \equiv C + S$ の関係より 45 度線は常に所得（つまり供給）の大きさを表す．

貯蓄関数が図 9.3 (b) により求められたので，貯蓄＝投資均衡による国民所得の決定は図 9.3 (c) のようになる．

9.4　国民所得の決定[7]

本節では，45 度線を用いて国民所得の決定を説明しよう．

いま，政府と海外部門は存在しない経済を仮定する．需要 Y_d は，消費と投資を加えたものとして，定義式（または恒等式）を以下のように書く[8]．

$$Y_d \equiv C + I \tag{9.2}$$

消費関数は線形であると仮定し，次式で書き表す．

$$C = B + cY \tag{9.1}$$

投資は独立投資 I_0 であると仮定する．したがって，需要は，

$$Y_d = cY + B + I_0 \tag{9.3}$$

で表され，所得の関数となっている．

一方，供給 Y_s は，

$$Y_s = Y \tag{9.4}$$

---

7) 国民所得決定の基本的な考え方は，有効需要の原理であり，「需要が供給を決定する」という内容である．45 度線分析では，有効需要が均衡国民所得を決定する仕組みが解き明かされる．有効需要の原理を中心に国民所得の決定を論じるこの分析は，ケインズ体系の中心であるといわれる．
8) 本章では政府，海外部門が仮定により省略されているが，それらを考慮すれば，$Y_d \equiv C + I + G + E - M$ に書き換えられる．G は政府支出，E は輸出，M は輸入を表す．

で表される.これは,生産 Y_s に等しい所得 Y が得られることを意味する.ここで,供給が所得を生み出す過程,(9.4)式について説明しよう.この基本的な考え方は誰かの支出は誰かの収入(したがって所得)になるという意味の経済循環である.供給側に資源の制約はないという想定のもとでは,企業家はあり余っている生産要素を結集して需要に等しいだけの生産を行うことになる.需要があるわけだから,そうして作られた財は販売され,企業は売上収入を手にし,付加価値を分配する.このようにして,生産 Y_s に等しい所得 Y が得られることになる.

さて,財市場の均衡は,財の需要と供給の一致によって定義される.すなわち,

$$Y_s \equiv Y_d \tag{9.5}$$

が,財市場の均衡条件式になる.この財市場の均衡条件式に,需要関数(9.3)と供給関数(9.4)を代入すると,

$$Y = cY + B + I_0 \tag{9.6}$$

という関係が得られる.その解は,

$$Y^* = \frac{B + I_0}{1 - c}$$

と求められる.財市場の需要と供給を一致させる所得 Y^* を均衡国民所得という.

いま均衡国民所得が決定されたので,均衡国民所得水準のときの消費水準は (9.1) 式より,$C^* = B + \dfrac{c(B + I_0)}{1 - c}$ と求められる.

では,以上のことを図 9.4 で説明しよう.図 9.4(a) では,横軸に所得 Y,縦軸に消費 C,投資 I,需要 Y_d がとられている.需要曲線は,消費関数と投資関数を垂直方向に足し合わせたものになっている.したがって,その傾きは限界消費性向 c で,縦軸切片が基礎的消費＋独立投資になっている.図 9.4(b) の供給曲線は,横軸に所得 Y,縦軸に生産 Y_s をとった平面上で,原点を通る 45 度線で描かれている.45 度線は,傾き 1 なので,横軸にとられた所得と縦軸にとられた生産が等しくなるということを示している.

均衡国民所得は,図 9.5 によって需要曲線と供給曲線の交点 E(この点 E

図9.4(a) 需要曲線

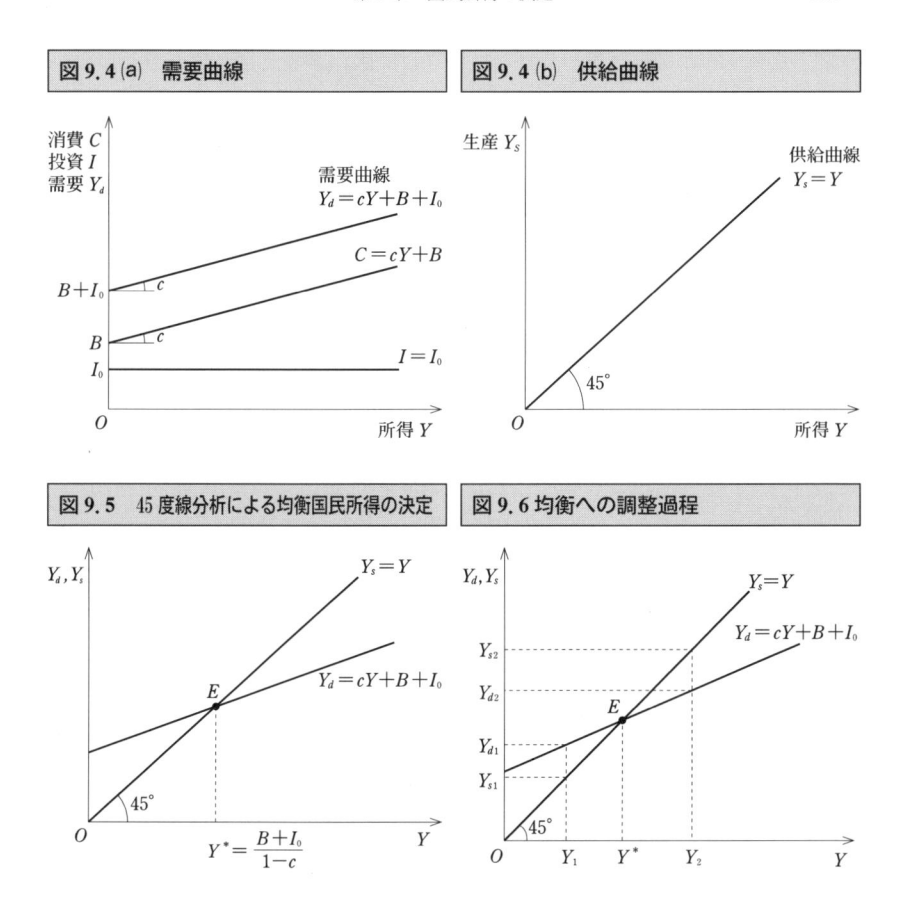

需要曲線
$Y_d = cY + B + I_0$

$C = cY + B$

$I = I_0$

消費 C, 投資 I, 需要 Y_d 縦軸、所得 Y 横軸。切片 $B + I_0$、B、I_0、傾き c。

図9.4(b) 供給曲線

供給曲線
$Y_s = Y$

45°線、所得 Y 横軸、生産 Y_s 縦軸。

図9.5 45度線分析による均衡国民所得の決定

$Y_s = Y$

$Y_d = cY + B + I_0$

均衡点 E、$Y^* = \dfrac{B + I_0}{1 - c}$

図9.6 均衡への調整過程

$Y_s = Y$

$Y_d = cY + B + I_0$

Y_{s2}, Y_{d2}, E, Y_{d1}, Y_{s1}, Y_1, Y^*, Y_2

を均衡点と呼ぶ）で表される所得水準である．この均衡国民所得は，マクロ経済の所得＝生産＝需要となる所得水準である．つまり，この所得水準のときには，マクロ経済の所得・生産・需要が等しくなっている．

次に，国民所得が均衡から乖離している場合，均衡の回復へ向けてどのように調整がなされるかを考察しよう．

まず，所得水準が Y^* よりも低い所得 Y_1 の場合を考える．この場合は，図9.6において国民所得水準が Y^* より左にある場合（たとえば Y_1）になる．需要曲線の位置からも明らかなように，需要の水準は生産や所得よりも高い水準，つまり需要曲線の位置が45度線よりも上にある．このとき需要が供給を超過している状態（$Y_{d1} > Y_{s1}$）になっている．財市場ではモノ不足が発生している

ので，マクロ的数量調整が行われる．マクロ的数量調整とは，超過需要が発生すれば生産を拡大させ，超過供給が発生すれば生産を縮小させるように調整がなされることである．この場合，企業は計画の誤りに気づいて，もし経済に十分な供給能力があれば生産を拡大し，所得も拡大していくものと考えられる．

これに対して，所得水準が Y_2 のように Y^* よりも高いときには，需要は生産や所得よりも小さくなっている．図9.6では需要曲線は45度線よりも下にある．このとき超過供給（$Y_{d2} < Y_{s2}$）が発生している．財の過剰生産状態になっているので，企業は生産を縮小して，所得も縮小する．この結果，生産や所得は Y^* の方向へ向かって収束していく．

つまり，所得水準が均衡国民所得水準 Y^* の場合にのみ，所得・生産・需要の一致がみられる．このとき，財に対する過不足がないことになるので，均衡は安定的となる．つまり，企業は計画どおり生産し，それを計画どおり販売でき，家計も計画したとおりに商品を買うことができる．他の与件が不変な限り，企業や家計はこれ以上計画の変更をする必要がない状態になっている．それ以外の所得水準では所得・生産・需要は一致せず，生産や所得の調整が起こり，Y^* に収束することになる[9]．

9.5 乗数効果とはなにか

いま，なんらかの理由で企業の投資意欲が高まり，設備投資の購入額が ΔI だけ増大するとしよう．このとき均衡国民所得はどのように変化するのかを考察する．

図9.7で示されているように，投資増加 ΔI が所得循環の流れに新たに加わり，所得が ΔI だけ増大する．所得の増大のうち一部は貯蓄の増大にまわって所得循環から漏出していくが，残りの部分は消費の増大となって循環の流量を一層増大させていく．つまり ΔI のなかで $c\Delta I$ が消費され残りの $(1-c)\Delta I$ が貯蓄される．このような消費増加分 $c\Delta I$ はそのまま2巡目における所得増加分となる．その一部である $c^2\Delta I$ が消費され，3巡目における所得増加を生みだしていく．このように，さらに4巡目……と無限に波及していくことになる．

---

[9] 均衡の存在と一意性は $0 < c < 1$，$B > 0$ によって保証されている．

以上のことより，ΔI の投資増加が所得に及ぼす影響，所得の増加分は

$$\Delta Y = \Delta I + c\Delta I + c^2\Delta I + c^3\Delta I + \cdots$$
$$= \Delta I(1+c+c^2+c^3+\cdots)$$
$$= \Delta I \frac{1}{1-c}$$

となる．

上式の右辺の丸括弧のなかは，初項が 1，公比が c の等比級数の和になる．所得の増加分を ΔY で表せば，ΔI はその $1/(1-c)$ 倍の ΔY をもたらす．この倍数 $1/(1-c)$ [10] のことを投資乗数という．これは，投資が変化したとき，国民所得がその何倍変化するかを表す．したがって，投資乗数[11] は $\Delta Y/\Delta I$ と定義され，

$$\frac{\Delta Y}{\Delta I} = \frac{1}{1-c}$$

と表現できる．投資乗数は（1 − 限界消費性向）の逆数であるから，$0 < c < 1$ であることを考慮すれば，1 より大であることがわかる．

需要増大が生産増大と所得増大を生み出し，これが次々に派生需要を生み出し，その結果経済全体の需要，生産，所得が増えていくプロセスを乗数過程と

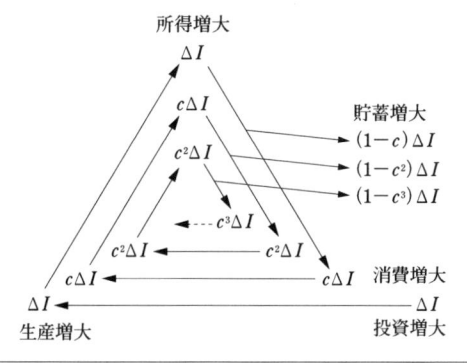

図9.7 投資増大の波及効果

---

10) 投資乗数 $1/(1-c)$ は，このモデルのもとで導かれたものである．税金や輸入を考慮すれば，違った式が投資乗数として導かれる．
11) 乗数にはここで学んだ投資乗数以外にも，政府支出乗数，貿易乗数などさまざまなものを考えることができる．

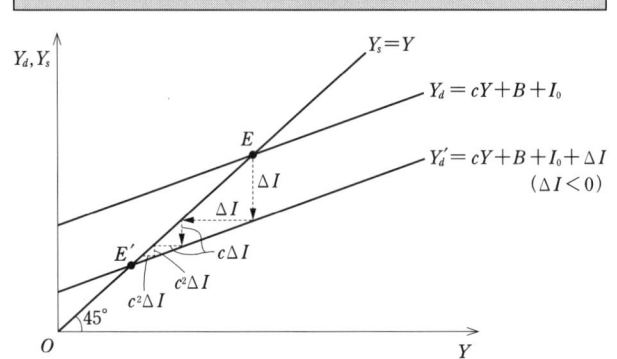

図 9.8 乗数過程の図解（投資需要の減少の場合）

$Y_s = Y$
$Y_d = cY + B + I_0$
$Y_d' = cY + B + I_0 + \Delta I$
$(\Delta I < 0)$

呼ぶ．乗数過程は，プラスの方向だけでなくマイナスの方向にも働く．

そこで，投資意欲が減退した場合の乗数過程について図 9.8 を用いて説明しよう．図 9.8 の点 E は当初の均衡点を表している．いま，投資が ΔI だけ減少したとしよう．投資の減少は，需要をその分だけ減少させるので，点 E からの下矢印で表してある．ここでは，45 度線が Y_d' 線の上方向に位置しているので，供給が需要を上回っている．超過供給の状況では，企業は生産を（縦の破線で測られた）ΔI だけ減少させるので，所得も（横の破線で測られた）ΔI だけ減少する．この所得減少の状況が左矢印で描かれており，投資減少分に等しい生産の減少つまり所得の減少が起こっている．そこまで所得が減少すれば，需要がさらに減少する．これは，消費関数は右上がりなので，所得の減少は消費（需要）の減少を引き起こすことに対応している．これが下矢印で表されている．ここでも，45 度線が Y_d' 線の上方向に位置しているので，供給が需要を上回っている．超過供給の状況では，企業は生産を減少させるので，所得も減少する．この状況が左矢印で描かれており，消費減少分 $c\Delta I$ に等しい生産の減少つまり所得の減少が起こる．このように，投資の減少という需要減少が生産低下を招き所得も減少するというプロセスが続いて，点 E' の新しい均衡点にたどりつくことになる．新しい均衡点 E' は元の均衡点 E に比べて，低い所得・生産・需要になっていく[12]．

以上のことから投資乗数の大きさは限界消費性向の大きさに依存することが

---

[12] 出発点 E と到達点 E' の比較だけに注目しているのが，比較静学としての乗数理論である．

わかった．限界消費性向が大きければ大きいほど，均衡国民所得水準が大きくなり，投資変化の所得増大効果，つまり乗数効果も大きくなる．需要を表す直線の傾きが大きくなり，乗数効果が強く働いていることが図9.9で描いてある．限界消費性向が1に近いとき，すなわち人々が所得増加のほとんどを消費にまわすときには乗数値も大きくなる．限界消費性向が1に近く人々が所得増のほとんどすべてを消費にまわすならば，波及していく需要も大きくなり，乗数値も大きくなる．

景気の動きやその予想が投資を刺激し，その投資が乗数過程を通じて需要，生産，所得を高め景気を拡大することになる．逆に，現在のように失業率の上昇など雇用不安や将来不安などにより，人々の将来に関する期待が冷え込み消費が低下しているとき，企業も販売不振などから生産力に見合っただけの販売を達成することができずに，過剰設備を抱えていると考えている．したがって投資需要もなかなかでてこないであろう．このような需要の低下は生産の低下を招き所得の低下をもたらしマイナスの乗数過程を通じて，さらに景気を悪化させることになる．

数年来における不況下の限界消費性向[13]が，バブル景気時の限界消費性向と比較して小さくなっているならば，乗数効果も低下していることになる．

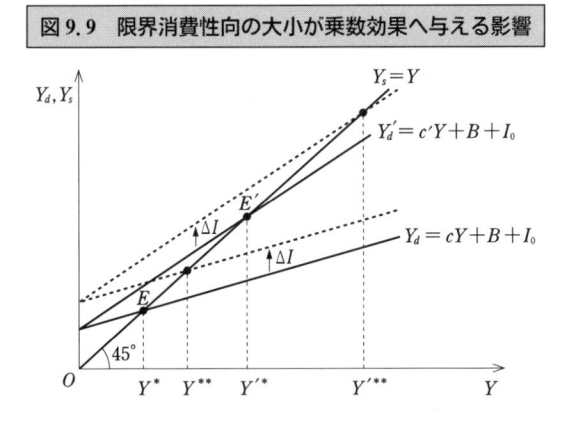

図9.9 限界消費性向の大小が乗数効果へ与える影響

---

13) 限界消費性向の推定には，最小二乗法を用いて推定する必要がある．

9.6 投資需要とIS曲線

これまで投資需要は一定としてきたが，実際にはさまざまな要因によって決まってくる．投資は将来の生産活動をみこした活動であるから，将来の予測に依存する．また，投資をするために資金調達が必要であるが，そのためには金融仲介機関から借りるか，債券発行によって調達する必要があろう．このために利子率の大きさが重要になる．利子率が高くなると調達コストが高くなり投資需要も減少するであろう．ここでは簡単化のために投資需要は利子率 r の減少関数と考えよう．

$$I = I(r)$$

このように投資需要を利子率の関数と考えると利子率の変化が投資需要を変化させ，投資の乗数過程をへて投資＝貯蓄となるように GDP を変化させることになる．このような利子率と均衡 GDP の関係を IS 曲線と呼ぶ．図9.10 はこの IS 曲線を表している．この関係は

$$Y = C(Y) + I(r)$$

によって表される．利子率の決定については貨幣市場での動きを記述することによって説明される．

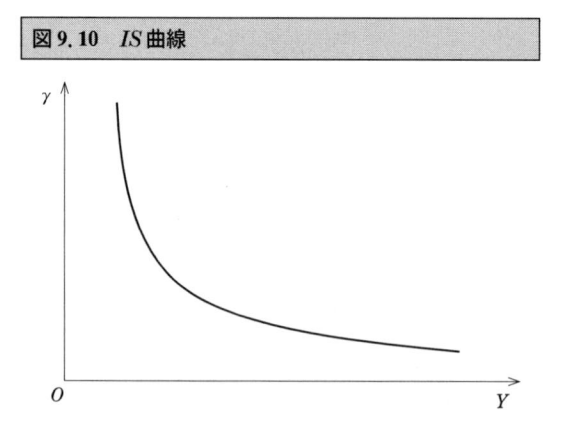

図9.10　IS曲線

参考文献

浅子和美・加納悟・倉澤資成（1993）『マクロ経済学』新世社.
平澤典男（1995）『マクロ経済学基礎理論講義』有斐閣.
伊藤元重（2001）『入門経済学』第2版, 日本評論社.
中谷巌（1993）『入門マクロ経済学』第3版, 日本評論社.
総務庁統計局監修『日本統計年鑑』平成9年版.
鴇田忠彦・知野哲朗・中泉真樹・中山徳良・渡辺愼一（1999）『ブランシャール　マクロ経済学』（上），東洋経済新報社.

第10章 財政とマクロ経済

10.1 日本の財政

この節では，日本の財政を概観していくために，まず政府部門の範囲について，国民経済計算体系に基づきながら概観し，次に，政府支出の推移，公債の累積状況，税制構造などについて言及していく．

10.1.1 国民経済計算における政府部門

ここでは，政府部門の経済活動について，国民経済計算体系をもとにしながら概観していくことにする．政府の主たる経済活動は，家計や企業，あるいは海外から租税を徴収することと，それらを財源として政府消費，政府投資等の政府支出を行うことである．政府は，これらの経済活動に関する意思決定を毎年行っているわけだが，この政府部門の経済活動について概観するために，図10.1に基づいて，国民経済計算体系における政府部門の範囲をみていこう．

政府部門は，まず大きく一般政府部門と公的企業部門に分類される．一般政府部門は，さらに中央政府，地方政府，社会保障基金に分類されており，中央政府は一般会計，特別会計，事業団などに，地方政府は普通会計，事業会計などに分類されている．一方，公的企業部門とは公的に所有されている企業のことであり，企業的活動を行っている部門はすべて含まれている．かって公的企業であった例としては，日本国有鉄道（1987年に分割民営化），電信電話公社（1986年にNTTへと民営化），専売公社（1986年に日本たばこ産業株式会社へと民営化）があり，現在の公的企業としては郵政事業などがある．

政府の経済活動の中心的な部分は，中央政府の一般会計と地方政府の普通会計である．これらの会計では，政府の消費的支出などの経常的支出を租税によ

図 10.1　国民経済計算における政府部門

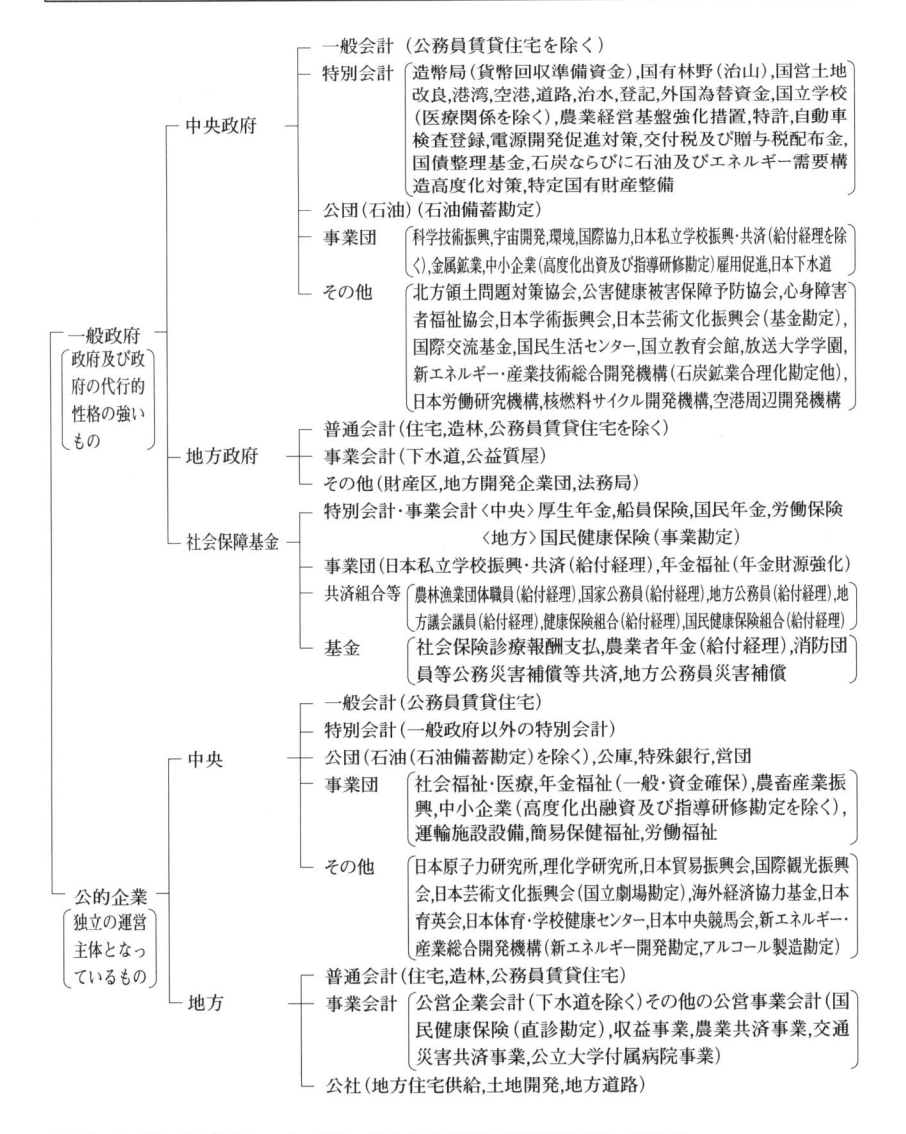

- 一般政府 政府及び政府の代行的性格の強いもの
  - 中央政府
    - 一般会計（公務員賃貸住宅を除く）
    - 特別会計：造幣局(貨幣回収準備資金),国有林野(治山),国営土地改良,港湾,空港,道路,治水,登記,外国為替資金,国立学校(医療関係を除く),農業経営基盤強化措置,特許,自動車検査登録,電源開発促進対策,交付税及び贈与税配布金,国債整理基金,石炭ならびに石油及びエネルギー需要構造高度化対策,特定国有財産整備
    - 公団(石油)（石油備蓄勘定）
    - 事業団：科学技術振興,宇宙開発,環境,国際協力,日本私立学校振興・共済(給付経理を除く),金属鉱業,中小企業(高度化出資及び指導研修勘定)雇用促進,日本下水道
    - その他：北方領土問題対策協会,公害健康被害補償予防協会,心身障害者福祉協会,日本学術振興会,日本芸術文化振興会(基金勘定),国際交流基金,国民生活センター,国立教育会館,放送大学学園,新エネルギー・産業技術総合開発機構(石炭鉱業合理化勘定他),日本労働研究機構,核燃料サイクル開発機構,空港周辺開発機構
  - 地方政府
    - 普通会計(住宅,造林,公務員賃貸住宅を除く)
    - 事業会計(下水道,公益質屋)
    - その他(財産区,地方開発企業団,法務局)
  - 社会保障基金
    - 特別会計・事業会計〈中央〉厚生年金,船員保険,国民年金,労働保険 〈地方〉国民健康保険(事業勘定)
    - 事業団(日本私立学校振興・共済(給付経理),年金福祉(年金財源強化)
    - 共済組合等：農林漁業団体職員(給付経理),国家公務員(給付経理),地方公務員(給付経理),地方議会議員(給付経理),健康保険組合(給付経理),国民健康保険組合(給付経理)
    - 基金：社会保険診療報酬支払,農業者年金(給付経理),消防団員等公務災害補償等共済,地方公務員災害補償

- 公的企業 独立の運営主体となっているもの
  - 中央
    - 一般会計(公務員賃貸住宅)
    - 特別会計(一般政府以外の特別会計)
    - 公団(石油(石油備蓄勘定)を除く),公庫,特殊銀行,営団
    - 事業団：社会福祉・医療,年金福祉(一般・資金確保),農畜産業振興,中小企業(高度化出資及び指導研修勘定を除く),運輸施設設備,簡易保健福祉,労働福祉
    - その他：日本原子力研究所,理化学研究所,日本貿易振興会,国際観光振興会,日本芸術文化振興会(国立劇場勘定),海外経済協力基金,日本育英会,日本体育・学校健康センター,日本中央競馬会,新エネルギー・産業総合開発機構(新エネルギー開発勘定,アルコール製造勘定)
  - 地方
    - 普通会計(住宅,造林,公務員賃貸住宅)
    - 事業会計：公営企業会計(下水道を除く)その他の公営事業会計(国民健康保険(直診勘定),収益事業,農業共済事業,交通災害共済事業,公立大学付属病院事業)
    - 公社(地方住宅供給,土地開発,地方道路)

(出所)　加藤治彦編『図説　日本の財政　平成14年度版』東洋経済新報社，2002年.

ってまかなっており，課税によって調達される収入をどのように支出してくかという重要な意思決定を行っている．したがって，一般会計を分析することによって，国の具体的政策を知ることができるのである．

たとえば，2002年度の一般会計予算においては，政府収入（歳入）は約81兆2,300億円であるが，そのうち，租税による収入が約46兆8,000億円，公債による収入が約30兆円となっている．すなわち，政府収入の約37%が公債発行による収入となっているのである．政府支出（歳出）においては，社会保障，公共事業などの一般歳出が約45兆5,500億円，公債の償還と利払いにあてられる公債費が約16兆7,000億円となっている．すなわち，政府支出の約20%が公債費を占めているのである．このように，公債の累積は財政の大きな問題となってきている．そこで，以下の3つの項において，政府支出の推移，公債の現状，租税構造について，それぞれ概観することにする．

10.1.2 政府支出の推移

表10.1は，1970年度以降の政府支出，社会保障移転の推移，および，それらの対国内総支出比を表している．政府支出のうち，最終消費支出とは，政府の経常的な支出のことであり，資本支出とは，道路整備，住宅対策，下水道環境整備などの投資的経費のことである．また，社会保障移転とは，生活保護，

表10.1 政府支出・社会保障移転の推移（単位：10億円）

年度	国内総支出	政府支出							社会保障移転	
		計		最終消費支出		資本支出				
	金額(A)	金額(B)	金額(C)	(C)/(A)	(C)/(B)	金額(D)	(D)/(A)	(D)/(B)	金額(E)	(E)/(A)
1970	752,985	117,305	56,469	7.5	48.1	60,836	8.1	51.9	35,364	4.7
1975	1,523,616	294,649	152,615	10.0	51.8	142,034	9.3	48.2	118,260	7.8
1980	2,455,466	472,834	241,224	9.8	51.0	231,610	9.4	49.0	249,082	10.1
1985	3,242,896	528,703	310,380	9.6	58.7	218,323	6.7	41.3	357,640	11.0
1990	4,388,158	682,717	395,201	9.0	57.9	287,517	6.5	41.8	474,536	11.0
1995	4,897,497	911,686	485,735	9.6	52.3	434,950	8.9	47.7	651,729	13.3
1996	5,037,870	905,947	485,879	9.9	53.6	420,067	8.3	46.4	681,702	13.5
1997	5,049,867	893,752	499,018	9.9	55.8	394,734	7.8	44.1	701,840	13.9
1998	4,941,000	916,000	500,000	10.1	54.6	416,000	8.4	45.4	735,413	14.9
1999	4,963,000	951,000	503,000	10.1	52.1	448,000	9.0	47.1	756,830	15.2

（出所）財務省主計局調査課編『財政統計　平成12年度版』財務省印刷局，2000年．

社会福祉，社会保険，保健衛生，失業対策などへの支出のことである．

　政府最終消費支出が国内総支出に占める割合は 9〜10％，資本支出の割合は 7〜9％台でそれぞれ推移し，比較的安定した割合を占めているが，社会保障移転については，たとえば近年の少子化・高齢化の進展の影響を受けて上昇傾向にある．

10.1.3　公債の現状

　本章の 10.3 節においても，財政赤字の問題を取り扱う際に公債の問題についてふれていくが，ここで公債の現状について概観しておこう．

　第 2 次世界大戦後，均衡財政主義のもとで，高度経済成長にともなう税収の自然増にも支えられて，政府予算においては均衡財政が保たれていた．しかし，1965 年度には，当初予算では均衡予算が組まれていたが，不況による税収不足が明らかとなったため，財政処置の特別措置に関する法律により，事実上の赤字国債である歳入補塡債が発行された．歳入補塡債の発行はこの年度のみであったが，1966 年度には財政法に基づく建設国債の発行も始まった．

　1966 年度当初予算以降も公債の発行は続き，1970 年代前半には公債依存度は 10％台で推移した．1975 年度には，石油ショックによる世界的同時不況のため景気は低迷し，税収も減少した．そのため，建設国債の発行だけでは税収不足をまかないきれなくなり，建設国債の発行と同時に特例国債も発行して財源不足をまかなった．建設国債・特例国債の発行は 1975 年度以降も続き，図 10.2, 図 10.3 に示されているように，公債残高・公債依存度は急激に増大していった．

　これは，この時期から 1980 年代の前半まで，総需要拡大のフィスカル・ポリシーが不況対策として本格的に採用されたのであるが，その財源調達のために，大量の建設国債・特例国債が継続的に発行されたためであった．

　しかし，その一方で，膨大な財政赤字と公債残高の累増に対する危機感は徐々に高まっていき，1980 年度以降，歳出削減を中心とする財政再建策が推進されるようになった．そして，1990 年度には，特例国債依存体質からの脱却が一応達成された．この間に，1979 年度には 34.7％にまで達していた公債依存度が徐々に低下していき，1990 年度には 10.6％にまで低下した．

　ところが，バブル経済崩壊後，日本経済は長期の景気低迷状態に陥り，この

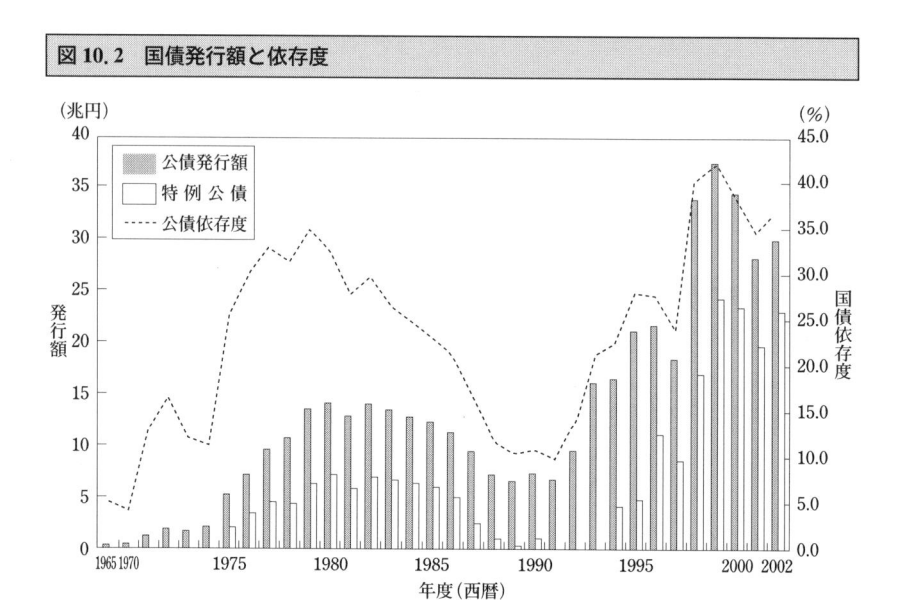

192　第2部　マクロ経済学を学ぶ

図 10.2　国債発行額と依存度

凡例：
- 公債発行額
- 特例公債
- 公債依存度

（出所）　加藤治彦編『図説　日本の財政　平成14年度版』東洋経済新報社，2002年．

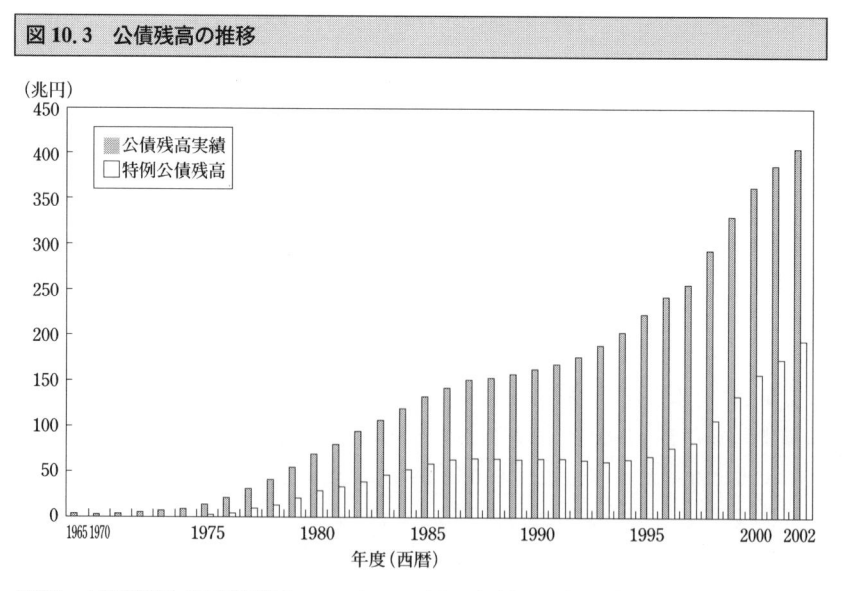

図 10.3　公債残高の推移

凡例：
- 公債残高実績
- 特例公債残高

（出所）　大蔵財務協会『図表解説財政データブック　平成13年度版』大蔵財務協会，2001年．

事態に対処するための不況対策の財源として再び大量の公債が発行されはじめ，10兆円を超える公債発行が行われるようになった．また，1994年度からは一時停止されていた特例国債が再び発行されるようになり，1997年度以降は30兆円を超す公債が発行され，1998年度，1999年度には公債依存度が40％を超す水準にまで上昇してしまっている．なお，公債残高は1975年度の15兆円から83年度には100兆円，94年度には200兆円に達し，2002年度末には528兆円に達する見込みである．

10.1.4 日本の租税構造

ここでは，日本の租税制度の構造的特徴をみていくことにする．表10.2より，租税構造を課税主体別にみていくと，所得税，法人税などの国税が約59％，県民税，事業税などの都道府県民税が約18％，市町村民税が約24％となっている．すなわち，租税においては，国税が約6割を占めているのである．

次に，図10.4より国税収入の構成についてみていくと，たとえば，1999年度においては，所得課税が約53％，消費課税が約40％，資産課税等が約7％

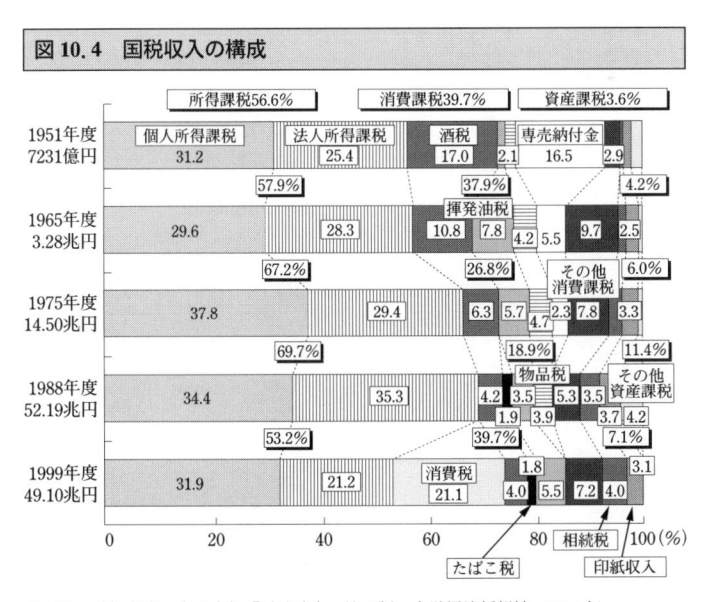

図10.4 国税収入の構成

(出所) 井堀利宏・土居丈朗『財政読本』第6版，東洋経済新報社，2001年．

表10.2　日本の租税構造 (単位：億円，%)

		国　税		都道府県税		市町村税		国・地方税
	税　目	構成比	税　目	構成比	税　目	構成比	構成比
所得課税	所得税	33.2	都道府県民税	23.8	市町村民税	42.8	
	法人税	22.3	個　人	15.9	個人	31.7	
	法人特別税	0.0	法　人	5.6	法人	11.1	
			利子割	2.3			
			事業税	29.3			
小計		55.5		53.1		42.8	52.1
消費課税	消費税	19.7	地方消費税	16.6	市町村たばこ税	3.9	
	酒税	3.7	道府県たばこ税	1.5	入湯税*	0.1	
	たばこ税	2.0	ゴルフ場利用税	0.6			
	揮発油税*	3.9	特別地方消費税	0.7			
	石油ガス税*	0.0	軽油取引税*	8.4			
	航空機燃料税*	0.2					
	石油税*	0.9					
	関税	1.7					
	地方道路税(特)*	0.6					
	石油ガス税(特)*	0.0					
	航空機燃料税(特)*	0.0					
	原油等関税(特)*	0.1					
	電源開発促進税(特)*	0.7					
	揮発油税(特)*	1.3					
小計		34.8		27.8		4.0	26.3
資産課税	相続税	3.7	自動車税	11.3	固定資産税	43.8	
	地価税	—	鉱区税	0.0	軽自動車税	0.5	
			固定資産税(特例)	0.1	鉱産税	0.0	
					特別土地保有税	0.3	
					事業所税*	1.6	
					都市計画税*	6.6	
					固定資産等所在市町村交付金	0.4	
小計		3.7		11.4		53.2	16.8
取引課税	取引所税	0.0	不動産取得税	4.1	法定外普通税	0.0	
	有価証券取引税	0.3	自動車取得税*	3.2			
	自動車重量税*	1.6	狩猟者登録税	0.0			
	印紙収入	3.1	法定外普通税	0.1			
	自動車重量税(譲/特)*	0.5					
小計		5.5		7.4		0.0	4.5
合計		99.5		99.7		100.0	99.7
合計金額		511,977　58.8		153,195　17.6		206,027　23.6	100.0

(注1)　(譲)は譲与分，(特)は特別会計分を表す．
(注2)　*印は目的税を表す．
(出所)　『財政金融統計月報』財政総合政策研究所．

となっており，所得課税が中心となっていることがわかる．しかし，消費税の導入以来，所得課税の割合は低下し，消費課税の割合が上昇してきている．また，国税と地方税の合計でみていくと，所得課税が約50%，消費課税が約25%，資産課税等が約15%となっており，わが国の税制は，所得ベース課税が中心になっている．

10.2 財政のマクロ的役割

ここでは，財政がマクロ経済に及ぼす影響について考察を進めていく．政府が果たさなければならない役割として，資源配分機能，所得と富の再分配機能，経済の安定化機能の3つの役割が存在している．これらは，市場経済の限界を補完するために政府に課せられている役割である．この果たすべき3つの機能について，以下の各項でそれぞれ考察を進めよう．また，近年，政府の果たすべき役割として，将来世代への配慮の問題が取り上げられはじめている．この問題についても考察することにする．

10.2.1 資源配分機能

市場が効率的に機能していれば効率的資源配分が達成され，資源の最適配分という観点からは市場にすべて任せておけばよいということになる．しかしながら，現実的には，競争の阻害，費用逓減的生産活動の存在，公共財の存在，外部性の存在などによって，市場を通じた効率的な資源配分が阻害されている．

したがって，資源が効率的に配分される状態に経済を近づけていくため，これらの弊害を取り除いていくことが政府の役割として求められることになる．たとえば，公共財として司法制度，治安の維持，社会資本などがあげられるが，これらの公共財は市場に委ねておいたままでは供給されないので，政府が介入することによって供給していかなければならない．また，外部性の存在については，外部経済が存在する財の場合は補助金などを支給することにより過少供給を調整しなければならず，外部不経済が存在する財の場合は，その発生源の経済主体に租税や課徴金を課し，過剰供給を調整していかなければならない．

10.2.2 所得と富の再分配機能

　市場経済における所得の分配は，基本的に生産活動への貢献にしたがって行われている．すなわち，労働市場に労働を供給することによって労働所得を得ることができるのである．それ以外にも，資本を所有している人々は資本市場に資本を供給して資本所得を得ることができる．

　しかし，このどちらの供給もできない人々も存在しており，日々の消費支出を保障するためには，この人々に対するなんらかの救済が必要となってくる．また，労働所得や資本所得を獲得している人々の間においても，過度の所得格差が存在する場合には，所得格差を調整する必要がでてくる．たとえば，累進所得税による税収によって社会保障給付を行うことなどは政府による所得の再分配活動であり，福祉サービスを提供していくことなどもこれにあたる．

　しかしながら，これらの政府活動は，公平性に関する価値判断という難しい問題を常にともなっており，公平性に関するなんらかの基準を設けることが重要な課題となっている．

10.2.3 経済の安定化機能

　経済の状態は常に変動を繰り返しており，景気が過熱してくるとインフレーションが発生し，逆に，景気が低迷してくると失業や社会不安が発生する．また，石油ショックなどのような経済的ショックが発生した場合にも，経済への悪影響が懸念される．このように経済状態の変動によって，さまざまな悪影響が発生するので，経済を安定化させていくことは政府の重要な役割となってくるのである．たとえば，景気が後退し，経済が停滞した低成長の状態にあるときには，経済を刺激するために公共投資の拡大など政府支出の増加や減税が行われなければならない．逆に，景気が過熱し，経済にインフレ・ギャップが存在しているときには，財政支出の削減など政府支出の抑制や増税が行われなければならない．

　このような裁量的な財政政策は，経済の状態に応じて臨機応変に施行されなければならないが，その一方で，財政システムにはビルト・イン・スタビライザーと呼ばれる自動安定化機能も内在している．これは累進所得税システムに内在するシステムであり，景気過熱期には，国民所得の増加に対して所得税収

も増加するため消費をおさえる効果がある．法人税についても同様で，景気過熱期には法人税収も増加するため，投資の増加をおさえる効果がある．景気後退期には，これらと逆の効果が働いて景気の後退をおさえるのである．

10.2.4 世代間の問題

財政の役割として，将来的にその重要度が大きくなってくると考えられる役割に，将来世代を配慮した政策を行っていくという役割がある．たとえば，現在の消費を優先するあまりに将来への貯蓄を減少させれば，これは将来世代への負担を残すことになる．ほかにも，財政赤字の拡大は将来世代の負担を増加させるかもしれないし，また，近年，大きく取り上げられるようになってきた環境問題も現在世代と将来世代との間の問題となっている．このような問題に対処していくとき，将来世代の利害を適切に配慮すべき主体は政府となってくるであろう．

10.3 財政赤字の意味

ここでは，10.1節においても言及された財政赤字について再考しよう．そして，財政赤字の現状をふまえたうえで，景気変動の側面から財政赤字をとらえていく構造的赤字・循環的赤字の考え方について，また，インフレーションの側面から財政赤字をとらえていく名目財政赤字・実質財政赤字の考え方について考察を進めていこう．

10.3.1 財政赤字とその現状

財政赤字とは，ある特定の期間（通常は1年）に政府の歳入を超えた歳出の額のことを意味している．すなわち，政府支出と税収のギャップのことであるが，このギャップの部分は，10.1節においても概観したように，いわゆる赤字公債の発行によってカバーされている．

財政法においては，公債発行による収入は原則として公共事業費，出資金，貸付金にのみあてられることになっている．これは，公債の利払い，償還の費用を将来世代が負担することになってしまうため，公債発行による収入は将来世代にも便益が及ぶような支出の財源にあてることが望ましいという考え方に

基づいたものである．

　1965年度の補正予算において景気刺激策として発行され，それ以降引き続き発行されている公債（建設国債）はこの考え方に基づくものである．しかし，1975年度の補正予算においては，特例法の制定によって特例国債が発行された．これは財政法に規定されていない公債であり，一般に赤字公債と呼ばれているものである．このことは，1975年以降，政府支出と税収のギャップを建設国債の発行だけではカバーしきれなくなったことを意味している．1965年度以降の公債の発行額，依存度および残高の推移は10.1節における図10.2，図10.3に示されている．なお，2002年度一般会計予算においては，建設国債は6兆7,900億円，特例国債は23兆2,100億円発行されている

10.3.2　構造的赤字と循環的赤字

　経済が低迷し，GDPが低下しているときには政府の税収が減少し，失業保険給付などの移転支出が増大する．すなわち，財政政策そのものは変更されていなくても財政赤字は景気後退によって増大し，逆に，景気過熱によって減少することが考えられる．このことを図10.5で示そう．水平の直線は，GDPの水準に影響を受けない政府の財・サービスの購入を表している．右上がりの直線は，GDPが増加するにつれて税収が増加し，移転支出が減少することを表している．この図から，同じ財政政策のもとでもGDPがY_1の場合にはABの財政赤字が発生し，Y_4の場合には黒字が発生することがわかる．すなわち，この図は，財政赤字によって財政政策の善し悪しを判断することができないことを示しているのである．

　このため財政赤字を考えるさいには，実際の赤字の大きさよりも，構造的赤字の大きさを検討する必要がある．構造的赤字とは，現行の税率と支出のルールを変更しないとして，経済が一定の高い雇用水準（たとえば完全雇用の所得水準）にあるときの歳出入の推定値によって測られた財政赤字のことである．たとえば，図10.5において，現在のGDPがY_1の水準にあったとしよう．高雇用下のGDPをY_2とするならば，実際の赤字がABなのに対して構造的赤字はCDにすぎないのである．

　それに対して，循環的赤字とは景気循環によって引き起こされる赤字のことであり，財政政策そのものは変更されていなくても，景気過熱期には税収の増

第10章 財政とマクロ経済

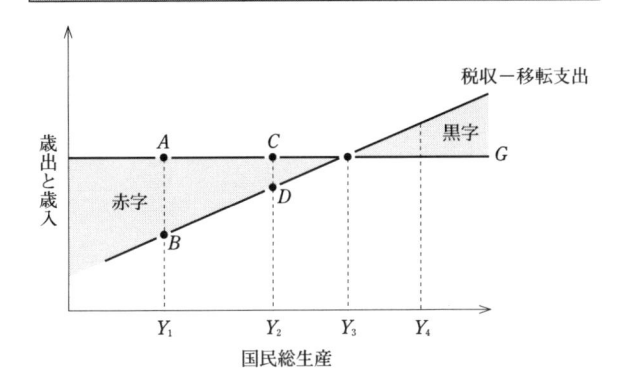

図 10.5　経済状態と財政状態

図 10.6　構造的財政赤字と循環的財政赤字

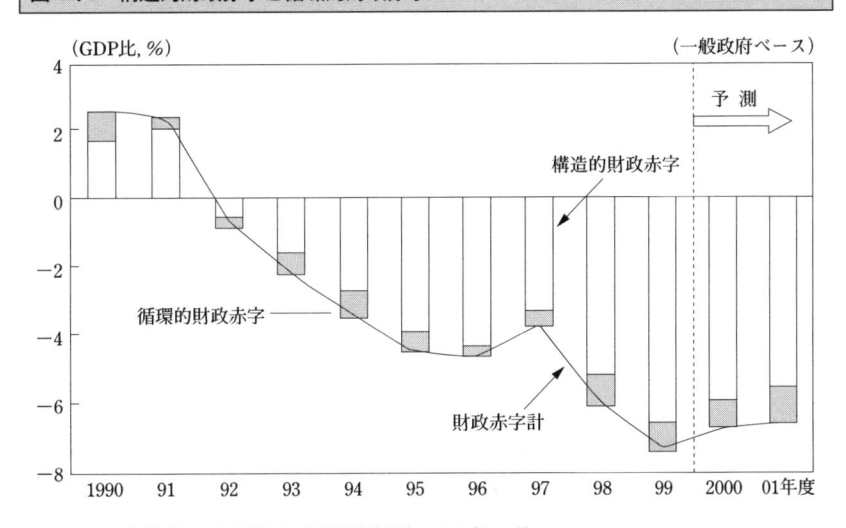

（出所）内閣府『平成 14 年度版　年次経済財政報告』2002 年 11 月．

加によって赤字が減少し，逆に，景気後退期には税収の減少によって赤字が増大する．2001 年度の「年次経済財政報告」によれば，図 10.6 に示されるように，財政赤字のほとんどは構造的赤字であることが示唆されている．したがって，仮に景気が回復したとしても財政赤字はなくなっていかない可能性があるのである．

10.3.3　名目財政赤字と実質財政赤字

　ここでは，インフレーションが財政赤字に与える影響について考察しよう．いま仮に，政府が2％の利子で1,000億円を1年間借り入れるとしよう．このとき，もしインフレ率がゼロであれば，その年の終わりに元金1,000億円と利子の20億円をあわせた1,020億円を返済すればよい．

　同じ返済計画のもとで，今度は，10％のインフレ率が存在するときに，返済額と利子払いがどのように変化するかを考えてみよう．インフレ率が10％のときには，たとえば100万円借りたとすれば，1年後の返済時には，インフレーションの補償分を含めると，元金として110万円用意しなければならず，これに利子払いを含めると110万円×1.02＝112万2,000円を返済しなければならない．すなわち，1,000億円借りた場合に置き換えると1,122億円返済しなければならないのである．

　このとき利子払いは結局いくらになるであろうか．1,000億円借りて1,122億円返済したのであるから利子払い分は122億円であろうか．伝統的な会計処理においてはそうなるであろう．しかし，インフレ会計と呼ばれる会計処理を適用すると次のようになる．すなわち，インフレ・プレミアムを考慮すると，10％のインフレ率の補償分を含めた元金の返済分が1,000億円＋100億円＝1,100億円となるため，利子払い分は22億円となるのである．伝統的な会計処理とインフレ・プレミアムを考慮したインフレ会計の間では，支出項目となる利子払いに100億円もの差額が発生するのである．

　このインフレ会計の考え方をもとにして，名目財政赤字と実質財政赤字について考察していこう．そのために，仮に，昨年の政府支出が100兆円，税収が90兆円であったする．すなわち，10兆円の赤字が発生しており，これを赤字国債の発行でまかなえば負債が10兆円増加したことになる．そして，仮に，これまでに累積している負債がすでに200兆円存在しているとすれば，この10兆円はこれまでの負債に加えられることになる．

　ここで，もしインフレーションが存在せず，基準年として昨年の物価水準を使用すれば，これらの名目値は実質値でもあり，実質負債は10兆円÷200兆円，すなわち5％増加することになる．

　次に，年率10％のインフレ率が存在する状況を想定してみよう．名目値で

の今年の政府支出は110兆円,税収は99兆円となり,名目の赤字は11兆円となる.すると累積負債額の合計は200兆円+11兆円=211兆円となり,インフレ率の存在を考慮して今年の赤字を測ると,211兆円÷1.1-200兆円=-8兆2,000億円となり,先ほどの11兆円の負債と一致しない.これは,インフレーションが存在するとき,累積された負債が減価することを考慮に入れていないために起こる計算違いである.このことを簡単な数式を用いて以下に示していこう.

今年の名目負債額をR_t,(去年の物価水準を基準とした)今年の物価水準をP_t,去年と今年の間のインフレ率をπとする.今年の実質負債残高の変化は今年の実質財政赤字であるが,これは

$$\frac{R_t}{P_t} - R_{t-1} = \frac{R_t - P_t R_{t-1}}{P_t} \tag{10.1}$$

と表される.ここで$P_t = 1+\pi$なので,(10.1)式はさらに,

$$\frac{R_t - (1+\pi)R_{t-1}}{P_t} = \frac{R_t}{P_t} - \frac{R_{t-1}}{P_t} - \frac{\pi R_{t-1}}{P_t} \tag{10.2}$$

と変形される.$\pi = 0.1$,$R_{t-1} = 200$,$P_t = 1.1$をこの式に代入すると(10.2)式の値は-8.2となり,先ほどの計算結果と一致する.(10.2)式の第3項が以前から存在する負債の減価分を表しているが,先ほど11兆円の赤字と計算したときにはこの部分を考慮していなかったため,赤字額の食い違いが出てきたのである.

このように負債残高の変化によって財政赤字をとらえていく場合においては,インフレーションが存在するとき,以前から存在する負債の減価がでてくることを忘れてはならない.すなわち,政府がなにもしなくても,インフレーションが負債の一部を返済してくれるので,負債の減少が発生するのである.

10.4 税制のあり方

ここでは,日本の税制の変遷について考察し,同時に,税制のあり方について考察を進めていこう.

10.4.1 シャウプ税制

　日本の税制は，1949年のシャウプ勧告による税制を基礎として，改革を繰り返しながら形成されてきた．その形成の過程において，さまざまな税制改革が行われてきたが，それらの改革によって，日本の税制がどのように変革されてきたかを概観しよう．

　シャウプ勧告の理念は，恒久的，安定的な税制を確立し，所得を包括的にとらえた総合課税主義によって近代的な税制を構築するということであった．この勧告に基づいたシャウプ税制の基本的特徴は，税制を直接税中心の総合累進課税制度としたことであった．直接税として設置された租税は，たとえば，国税としては所得税と法人税，地方税として住民税と固定資産税などがあり，これらの直接税を中心とした税制が想定されているのである．

10.4.2 シャウプ税制の変革

　このようなシャウプ税制は，施行後数年のうちに早くも修正が始められた．1953年には，執行上の困難さを理由に富裕税が廃止され，同時に，累積取得型の相続税も廃止され，総合累進課税の骨格が崩されていくことになった．1954年には，付加価値税が廃止され，その一方で，道府県民税が採用され，市町村優先の地方税体系も大幅に変更されていった．

　1955年以降も毎年のように税制改革が行われており，たとえば，所得税については，1958年以降，高度成長期を中心に減税政策がとられたため，各種所得控除の引き上げ，課税最低限の引き上げが行われ，包括的課税ベースが大きく浸食されることになった．また，この課税ベースの浸食による税収減をカバーするため，所得税の最高税率の引き上げなどが行われた．

10.4.3 近年の税制改革

　1987年，88年の税制改革によって，シャウプ税制改革以来と称される抜本的税制改革が実行された．この税制改革においては，公平・中立・簡素を基本理念としながら，所得・消費・資産の間でバランスのとれた税体系を構築することが理念として掲げられていた．

　この税制改革における最も大きな改革は，付加価値税の一形態である消費税の導入によって，わが国の租税体系を所得税中心の税制から，所得課税と消費

表 10.3 シャウプ勧告の主な内容

1 国税関係

(1) 所得税の見直し
　① 課税単位の変更（同居親族合算課税→所得稼得者単位課税）
　② 包括的な課税ベースの構成（キャピタル・ゲインの全額課税，利子所得の源泉選択課税廃止）
　③ 最高税率の引き下げ（20～85％の14段階→20～55％の8段階）

(2) 法人税の見直し
　① 単一税率の導入〔法人普通所得（35％）・超過所得（10～20％）→35％単一税率〕
　② 所得税との二重課税の調整の促進〔配当税額控除（15％→25％），留保利益に利子付加税〕

(3) 事業用固定資産の再評価
　時価で再評価し，再評価益に対しては6％で課税

(4) 相続税・贈与税の見直し
　① 両税の一本化（累積課税方式の採用，遺産所得税への移行）
　② 税率の引き下げ（10～60％の19段階→25～90％の14段階）

(5) 富裕税の創設
　500万円超の純資産に対し，0.5～3％の累進税率で課税

(6) 間接税の見直し
　織物消費税の廃止，取引高税の条件付（歳出削減）廃止，物品税の税率引き下げ等

(7) 申告納税制度の整備等
　青色申告制度の導入，協議団の創設等

2 地方税関係

(1) 住民税の見直し
　① 課税団体を市町村に限定し，総額を充実
　② 均等割以外の住民税の課税標準を所得に限定等

(2) 地租，家屋税の見直し（固定資産税の創設）
　① 課税団体を市町村に限定し，総額を充実
　② 課税標準を賃貸価格の年額から資本価格へ
　③ 課税客体を償却資産に拡大

(3) 事業税の見直し（付加価値税の創設）
　① 課税団体を都道府県に限定
　② 課税標準の改正（所得→付加価値）
　③ 税率（上限8％）

(4) その他の地方税
　特別所得税の廃止（付加価値税に吸収），酒消費税の廃止（国税に移譲），船舶税等の廃止，入場税の税率引き下げ，鉱区税等の課税団体の区分の明確化

(出所) 池田篤彦編『図説　日本の税制　平成12年度版』東洋経済新報社，2000年．

課税の両立型に転換させたことであった．

　1987年，88年の抜本的税制改革以降，人口構成の高齢化と所得水準の上昇によって，中堅所得者層を中心とした税負担の累増感が高まっていったため，抜本的税制改革の考え方（公平・中立・簡素を基本理念として，所得・消費・資産の間でバランスのとれた税体系を構築する）をふまえつつ，1994年に税制の総合的見直しが行われた．この見直しにおいて，所得税・個人住民税の税率構造の累進性が緩和され，負担軽減が図られた．また，地方消費税の創設に合わせて，消費税の税率が3％から5％へ引き上げられた．

　1997年に提出された税制調査会の答申に基づいた1999年の税制改革においては，個人所得課税および法人課税について恒久的な減税が実施された．この減税は個人，法人を合わせて6兆円を超える大きな規模の減税であった．

10.4.4　税制改革の方向

　これまでの税制改革論議においては，その焦点の1つは所得税の改革であった．そして，その改革については，消費ベース課税，包括的所得課税，最適所得課税の3つの考え方が議論されている．

①消費ベース課税

　消費をベースとして課税する方法は，包括的所得を課税ベースとする方法よりも，より水平的公平を確保することができるという考え方がある．これは，所得を捕捉するよりも，消費を捕捉することのほうが容易であるということからでてくる考え方である．

　所得の補足に関しては，クロヨンと呼ばれる所得捕捉率の問題が従来から存在しており，これは，給与所得者，自営業者，農業者の3つの業種に所属する人々の間における所得の捕捉格差のために，3つの業種間での税負担が，およそ，9対6対4程度になっていることを指している言葉である．そして，この税負担格差は，給与所得者からの不満として常に主張されているものである．

　しかし，消費ベース課税に対する反対意見も存在しており，それは水平的公平性が確保されたとしても，垂直的公平性が損なわれるという指摘である．間接税である一般消費税においては比例税しか採用できないので，かえって所得の低い層がより多くを負担する逆進的な税になってしまうのである．

②包括的所得課税

　包括的所得を課税ベースとした場合，以下のようなメリットがあると考えられる．包括的所得を課税ベースとすれば，課税ベースを容易に拡大することができ，そのことによって税率を低下させることができる．また，累進的な税率を適用することが容易なため，垂直的な公平を実現することができる．

　しかし，デメリットも存在しており，たとえば，毎年の所得の変動が大きい場合などは，毎年同じ程度の所得がある場合よりも，実質的な税負担が長期的には重くなってしまうことが考えられる．このデメリットを解消していくためには，長い期間の平均的な所得である恒常所得や消費水準を課税ベースとしてとらえていかなければならない．

③最適所得課税

　最適所得課税の考え方は以下のようなものである．すなわち，所得には労働所得，事業所得，利子所得などさまざまな所得があるが，それらの所得の異質性を重視し，その異質性に基づいて課税を行うというものである．所得の異質性に見合った異なる課税方法，すなわち，税率構造や納税方法などによる所得課税の差別化が主張されているのである．

　それでは，所得の異質性とはなんであろうか．まず，課税による負の誘因効果の相違によって所得の異質性を考えることができる．所得に対する課税は可処分所得を減少させて，労働供給や貯蓄意欲に何らかの悪影響をもたらすが，この負の誘因効果は，所得の種類によって異なってくる可能性がある．すなわち，負の誘因効果の大きい所得には小さく課税し，小さい所得には大きく課税することが望ましい税制として考えられるのである．

　最適所得課税の考え方として，ほかにも，所得分配を考慮した税制，徴税コストの相違を基準とした税制などがある．ある社会的価値判断のもとで，ある特定の不平等を是正すべきであると政府が考えたとしよう．この場合には，是正すべき不平等が解消されるように所得再分配が行われるような課税方法が望ましいことになる．ただし，是正すべき所得分配の不平等がなにによってもたらされているかということを同時に考えなければならないことはいうまでもない．

　徴税コストは，所得の種類によって異なってくる．たとえば，労働所得は，その把握が比較的容易なため徴税コストも低い．しかし，金融資産からの所得

は，その源泉が多様であり，徴税コストが高くなる傾向がある．そのため，現行の制度のままでは，徴税コストを考慮したとき，資産所得への重課は望ましい課税方法ではないかもしれない．

最適課税論においては，このような所得の異質性を総合的に考慮して，それぞれの所得にふさわしい課税方法を導出し，それらの組み合わせとして分類所得税を構成するのである．

参考文献

Baumol, J. W. and A. S. Blinder (1991) *Macroeconomics*, 5 th ed., HBJ（佐藤隆三監訳・川島康男・三野和雄訳（1993）『マクロエコノミックス入門―経済原理と経済政策―』HBJ出版局）.

Galbraith, J. and W. Darity Jr. (1994) *Macroeconomics*, Houghton Mifflin Company（塚原康博・臼井邦彦・太田耕史郎・駒村康平・馬場政弘訳（1998）『現代マクロ経済学』TBSブリタニカ）.

井堀利宏（1990）『財政学』新世社．

井堀利宏・土居丈朗（2001）『財政読本』東洋経済新報社．

池田篤彦編（2000）『図説　日本の税制　平成12年度版』財経詳報社．

貝塚啓明（1996）『財政学（第2版）』東京大学出版会．

加藤治彦編（2001）『図説　日本の財政　平成13年度版』東洋経済新報社．

水谷守男・古川清・内野順雄編（2002）『財政』勁草書房．

内閣府（2001）『平成13年度　年次経済財政報告』内閣府．

大蔵財務協会編（2001）『図表解説財政データブック　平成13年度版』大蔵財務協会．

Stiglitz, E. J (1988) *Economics of the Public Sector*, W. W. Norton & Company（藪下史郎訳（1996）『公共経済学（上・下）』東洋経済新報社）.

横田信武・森岡一憲（2000）『財政学講義』中央経済社．

財務省主計局調査課編『財政統計』（各年度版）財務省印刷局．

第11章 国際取引のマクロ経済

11.1 はじめに

　日常生活を振り返ってみるとき，われわれがスーパーやデパートで購入する多くの商品は外国製であり，道路を走っている車でもメルセデス・ベンツやBMWといった外国製の乗用車を日常的に多くみかける．テレビをつければCNNのニュースが24時間流れ，さまざまな銀行や証券会社のCMでは，外国通貨建ての預金や金融商品を宣伝している．現代社会では，当然のことながら外国との関係を無視して経済活動は成り立たず，いわゆるグローバル化の潮流のなかで国際的な相互依存関係はますます緊密化しつつある．

　これまで学んできたマクロ経済学は，マクロ経済変数間の相互依存関係を，外国との関係を捨象した一国内で分析したものであった．このような外国を捨象した国内経済を「閉鎖経済（closed economy）」あるいは「自給自足経済（autarky）」という．これに対して，本章で考察対象とするような，外国とのさまざまな経済的関わりを考慮に入れた経済を「開放経済（open economy）」という．

　本章では，この開放経済を前提としたマクロ経済分析のための序論とでもいうべき，国際収支や為替レートといった基礎的知識を習得することを目的としている．

11.2 国際取引と国際収支

　現在，世界中の国々が国と国の間（それを国際間という）で輸出や輸入といった「財（goods）」の売買や，情報や通信，保険，金融といった「サービス

（services）」の売買を行っている．また，われわれが個人間でお金の貸し借りを行うように，国際間でもお金の貸し借りが行われている．貸し借りばかりでなく，たとえば学生が遠くの両親から仕送りを受けているように，開発途上国が先進国から開発資金という名目でお金を贈与（所得移転という）されることもしばしばである．これら国際間の財（モノ）・サービスそしてお金の貸し借りあるいは贈与などを総称して「国際取引（international transaction）」という．

閉鎖経済と開放経済を比較するとき，この国際取引は開放経済特有の概念である．国際取引全般を統計的にとらえるものとして「国際収支（balance of payments）」という概念があり，具体的にこの国際収支を表したものとして，「国際収支表（balance of payments statement）」あるいは「国際収支統計（balance of payments statistics）」という一国全体の国際取引を総括的に記載する"帳簿"とでもいえる統計が各国政府によって作成されている．国際収支に関する分析は，開放経済を対象にしたマクロ経済学である「国際マクロ経済学（open macroeconomics）」あるいは「国際金融論（international monetary economics）」において非常に重要な地位を占める学問領域の1つである．

国際収支表は，一定期間における一国の居住者と非居住者との間のあらゆる対外経済取引を体系的に記載したものであり，複式簿記の原理に基づいて，すべての取引が貸方（credit）および借方（debit）に同額計上され，貸方項目の合計と借方項目の合計が一致するように作成されるいわゆる貸借対照表である[1]．つまり貸借対照表であれば，最終的な貸方と借方の合計の数字は同じでなければ会計上定義矛盾を起こすことになる．したがって，テレビの経済ニュースや新聞紙上で「国際収支の不均衡」などと声高に叫ばれるものは，国際収支全体の不均衡ではなく，国際収支のどの収支項目までを考えたとき，貸方と借方の合計の数字が一致するかしないかという問題である．

ここで「居住者（resident）」とは，国籍に関係なく，日本に居住する個人および日本に主たる事務所を有する法人等のほか，外国の法人等の日本国内にある支店，事務所等と定義され，他方「非居住者（non-resident）」とは，滞在期

---

[1] わが国の国際収支統計は，1966年4月にそれまでの外国為替統計に代わりIMF方式で月別の発表が行われるようになり，1996年1月に新国際収支統計に移行した．現在の国際収支統計は，国際通貨基金（IMF）が定めた「国際収支マニュアル第5版（IMF, *Balamce of Payments Manual, fifth edition*, 1993）」に準拠して作成されている．

間が1年未満の旅行者など居住者以外の個人および法人と定義される[2]．

わが国の国際収支表は，形式別に（日本語で）2種類発表されており，1つは財務省発行の『財政金融統計月報』国際収支特集号であり，もう1つは日本銀行国際局発行の『国際収支統計月報』である．前者が会計勘定形式で表されたものであるのに対し，後者は報告形式で表にまとめられたものである．

11.3 国際収支表の項目

国際収支表の勘定項目は，「経常勘定（current account）」と「資本勘定（capital and financial account）」および「外貨準備増減（changes in reserve assets）」の3つのグループに大別される．経常勘定には，貿易収支，サービス収支，所得収支，および経常移転収支が計上され，また資本勘定には，投資収支とその他の資本収支が計上される．さらに外貨準備増減には，通貨当局の管理下にある直ちに利用可能な対外資産の増減が計上される．

ではこれらの勘定の中でわれわれの生活に比較的直結している経常勘定と資本勘定について，具体的にその中身の収支を順次概観していくことにしよう．

国際収支表では，貸方から借方を差し引いた差額を収支尻あるいは収支と呼ぶ．したがって経常勘定の収支尻は「経常収支（current balance）」という．上で述べたように，経常収支は，財貨の取引を記載する「貿易収支」とサービスの取引を記載する「サービス収支」，居住者・非居住者間の雇用者報酬，投資収益の受取・支払を計上する「所得収支」および「経常移転収支」の合計である．

「貿易収支」はいうまでもなく財貨の輸出と輸入の差額をFOB価格で表示したものである．ここでFOB価格とは，free on boardの略で，「積み込み渡し価格」のことであり運賃や保険料を含まない財貨そのものの価格のことである[3]．貿易収支が目に見える"モノ"の貿易の収支尻を表すのに対し，目にみ

---

2) 日本にある外国政府の大使館および領事館などの公館・外交団，駐留軍，外国人旅行者等はいずれも非居住者として取り扱われ，わが国の在外公館・外交団，海外旅行者等は居住者として取り扱われる．詳しくは，日本銀行『国際収支統計月報』を参照のこと．

3) FOBに対し，運賃や保険料を含んだ価格を「保険料運賃込み価格」といい，CIF（cost, insurance and freight）で表す．通関統計では，輸出がFOB建てで，輸入はCIF建てで計上される．

えない"サービス"に関する貿易の収支尻を表すのが「サービス収支」である．「サービス収支」に計上される取引には，輸送，旅行，通信，保険などのサービス取引が含まれる．たとえば，われわれが海外旅行に行った場合を考えてみよう．まず目的地までの交通手段を航空機でのフライトとし，外国の航空会社を利用したとしよう．これは「輸送」サービスの"輸入"である．また旅行中に滞在するホテルの宿泊費およびホテルから日本の家族への電話連絡などは，「旅行」サービスと「通信」サービスの"輸入"である．また旅行期間中，海外の保険会社の旅行保険に加入した場合,「保険」サービスも"輸入"したことになる．このようにわれわれの生活の中には，財貨の貿易ばかりでなくサービスの国際取引という側面も多く含まれていることがわかるであろう．

「所得収支」には，居住者・非居住者間の「雇用者報酬」および「投資収益」の受け取りと支払いを計上する．「雇用者報酬」には，非居住者（居住者）である個人が雇用関係のある居住者（非居住者）から受け取る賃金等報酬の受け払いを計上する．

「経常移転収支」には，個人または政府間の財・サービスおよび現金の贈与，国際機関への拠出金等を計上する．経常移転収支は開発援助，贈与，あるいは

表11.1 国際収支表の主要項目

経常収支	貿易・サービス収支	貿易収支	輸出
			輸入
		サービス収支	
	所得収支		
	経常移転収支		
資本収支	投資収支	直接投資	
		証券投資	
		金融派生商品	
		その他投資	
	その他資本収支	資本移転	
外貨準備増減			
誤差脱漏			

（出所）　日本銀行国際局『国際収支統計月報』．

賠償等の対価をともなわない無償取引を国際収支表に複式簿記形式で記帳するための見合い計上項目である[4]．

経常収支と同じく，資本勘定の収支尻を「資本収支」と呼ぶ．資本収支は，「投資収支」と「その他資本収支」の合計であり，「投資収支」は，「直接投資」，「証券投資」，「金融派生商品」および「その他投資」から構成される．

すでに述べたように，原理上貸方の合計と借方の合計は必ず一致するはずであるが，貿易や投資など諸経済データの収集にあたって，まったくもれなく行うことは事実上不可能であり，このため一般に貸方と借方の合計は一致せず，これを調整するため「誤差・脱漏」という項目を設け，全体として国際収支の借方と貸方が一致するように保たれている．

表11.2は，2001（平成13）年のわが国の国際収支表をまとめたものである．それぞれの数字は各項目ごとの収支尻を表しており，したがって経常収支，資本収支，外貨準備増減および誤差脱漏の合計はゼロになる．

表11.2 わが国の国際収支表（2001年） （単位：億円）

経常収支	106,523
貿易・サービス収支	32,120
貿易収支	85,270
サービス収支	−53,150
所得収支	84,007
経常移転収支	−9,604
資本収支	−61,726
投資収支	−58,264
直接投資	−39,000
証券投資	−56,291
金融派生商品	1,853
その他投資	35,175
その他資本収支	−3,462
資本移転	−2,933
外貨準備増減	−49,364
誤差脱漏	4,567

（出所）財務省『金融経済統計月報』2002年9月号より作成．

---

[4]「移転」は，相手国の経常支出となる「経常移転」と，相手国の資本形成に貢献する「資本移転」に区分され，前者が経常収支に，後者が資本収支にそれぞれ計上される．

11.4　生産物市場の均衡と双子の赤字

すでに学んだように，外国との国際取引を捨象した閉鎖経済においては，生産物市場の需要と供給の均衡条件は，I を国内の民間投資，G を政府支出，S を国内貯蓄，T を政府の税収としたとき，次の式で表される．

$$I+G=S+T \tag{11.1}$$

それでは国際取引を考慮した開放経済体系での生産物市場の需給均衡式はどのように表現されるであろうか．閉鎖経済体系においては，国内で生産された財は，民間部門で消費されるか，民間によって投資されるか，または政府によって消費されるかであるが，開放経済体系では，国内で消費されなかった国内財は海外へ輸出される．この輸出を X で表すと支出面からみた所得は，$C+I+G+X$ となる．一方，各人に分配された所得は，税金で徴収されるか，貯蓄にまわるか，あるいは消費されるかであるが，開放経済体系では，国内で消費される財は国内財だけでなく輸入財も消費の対象になる．この輸入を M で表すと分配面からみた所得は，$C+S+T+M$ となる．ゆえに，開放経済体系での生産物市場の均衡状態を表す方程式は，

$$C+I+G+X=C+S+T+M \tag{11.2}$$

となる．両辺から国内財の民間消費 C を消去すれば，

$$I+G+X=S+T+M \tag{11.3}$$

という開放経済体系での生産物市場の需給均衡条件が導出される．
　(11.3)式を次のように変形してみよう．

$$(S-I)+(T-G)=X-M \tag{11.4}$$

左辺の $(S-I)$ は，国内貯蓄と民間投資（国内投資と海外投資の和）の差であり，貯蓄-投資バランスあるいは IS バランスと呼ばれる．同じく $(T-G)$ は，政府の税収と政府支出の差であり，政府の財政収支を表す．つまりこの式は，民間の貯蓄-投資バランスと政府の財政収支の和が，輸出から輸入を引いた経

常収支に等しいことを表しているのである[5]．いま，民間の貯蓄－投資バランスが保たれているものとしよう．すなわち $S-I=0$ である．この状態でもし経常収支が赤字であれば，すなわち $X-M<0$ であれば，政府の財政収支は赤字，すなわち $T-G<0$ である．逆にいえば，政府の財政収支が赤字であれば，経常収支は自動的に同額だけ赤字にならなければならないことをこの式は示している．

　上で述べたような経常収支の赤字と政府部門の財政収支の同時的な赤字を一般に「双子の赤字（twin deficits）」という．1980年代アメリカのレーガン政権下において，アメリカ政府は強いアメリカを標榜し，防衛費等の政府支出を増額したものの，インフレの収束等数々の要因が重なって税収は予想を下回り深刻な財政赤字に見舞われた．他方で一貫して高金利政策を行った結果ドル高が発生し，輸出の不調と輸入の増大から大幅な経常収支の赤字が発生した．そこには政府の財政赤字が高金利を招き，その結果ドル高が助長されるという悪循環が存在した．

　当時，アメリカの経常収支赤字の原因は，日本がアメリカに自動車を大量に輸出し，他方アメリカからさまざまな財（牛肉，オレンジ，コメ等）を輸入しないからだとする，いわゆる"貿易摩擦"の議論が起こり，わが国の新聞各紙上を賑わせたが，上の議論からわかるように，アメリカにおける経常収支赤字の主たる原因は自国の政府部門の財政赤字であったのである．

11.5　開放経済体系と乗数

　第9章において，われわれはすでに閉鎖経済体系における生産物市場の均衡と均衡国民所得の概念を学んだ．そこでは生産物市場（財市場）での需要と供給が一致（均衡）するように国民所得の水準（均衡国民所得）が決定された．同じように開放経済体系においても，生産物市場の需要と供給が一致するように均衡国民所得が決定される．

　開放経済体系における生産物市場の需給均衡式（11.2）を振り返ってみよう．

---

[5]　前節で述べたように国際収支表では，経常収支は，貿易収支，サービス収支，所得収支および経常移転収支の合計である．ここでの輸出から輸入を引いたものは貿易収支とサービス収支の合計であり，所得収支と経常移転収支については無視して考えることとする．

Y を生産面からみた所得，$C+S+T$ を分配面からみた所得とすれば，所得の3面等価の議論より，$Y \equiv C+S+T$ である．すなわち生産面からみた所得と分配面からみた所得は恒等的に等しいから，これを (11.2) 式に代入すれば，

$$C+I+G+X = Y+M \tag{11.5}$$

となる．この式の右辺は生産物の総供給量を表している．つまり，自国の供給量（生産量）Y と，海外からの生産物の供給量（輸入量）M の和 $Y+M$ が，この国における生産物の総供給量である．他方，供給された生産物は民間での消費あるいは投資にまわるか，政府によって支出されるか，もしくは海外へ輸出されるほかはないから，左辺はこの国の生産物の総需要量を表す．したがって (11.5) 式もまた開放経済体系での生産物市場の需給均衡式であることは容易に理解されよう．

さて，(11.5) 式の右辺の輸入 M を左辺に移項すれば，次式を得る．

$$Y = C+I+G+X-M \tag{11.6}$$

図11.1は，閉鎖経済での生産物市場の需給均衡と均衡国民所得の決定を表すいわゆる "45度線図" を開放経済体系に拡張したものである．横軸は自国生産物の総供給を表し，原点から上に向かった縦軸は自国の総需要を表している．また，原点から下に向かった縦軸は経常収支（貿易収支）とそれを構成する輸出と輸入をそれぞれ表している．自国の輸入 M は，民間消費 C と同じく国民所

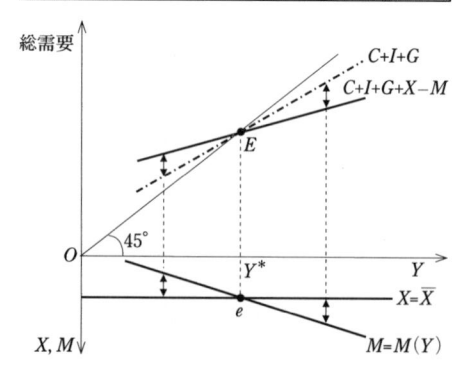

図 11.1　開放経済における生産物市場の需給均衡

得 Y の関数であり,一般に所得が増えれば輸入も増加すると考えられるので,所得の増加関数となる.他方,自国の輸出 X は輸出相手国にとっての輸入であり,ここで貿易相手国の所得水準は一定であると考えれば,相手国の輸入すなわち自国の輸出は一定となる.したがって固定という意味で記号の上に横棒(バー)をつければ $\bar{X}$ で表される.

開放経済における総需要を表すのは,$C+I+G+X-M$ 線である.これは経常収支が点 e において均衡しているとき,つまり $X-M=0$ のとき,閉鎖経済での総需要 $C×I×G$ に等しくなるから,点 E において $C+I+G$ 線と交わり,そのときの所得水準 Y が均衡所得水準 Y^* である.均衡国民所得 Y^* より左側では,経常収支は $X-M>0$ であるから,総需要を表す $C+I+G+X-M$ 線は,閉鎖経済における $C+I+G$ 線より上方に位置している.一方,均衡国民所得水準 Y^* より右側では,経常収支は $X-M<0$ であるから $C+I+G+X-M$ 線は,閉鎖経済における $C+I+G$ 線より下方に位置している.すなわち $C+I+G+X-M$ 線は $C+I+G$ 線と同じく,右上がりの勾配をもつが $C+I+G$ 線に比べその傾きは緩やかである.

いま,政府が景気浮揚策として政府支出を追加して公共投資を ΔG だけ行ったとしよう.すると $C+I+G+X-M$ 線は,ΔG の幅だけ上方にシフトし $(C+I+G+X-M)'$ 線になる.45度線との交点は点 E' となり,その結果,均衡所得は Y^{**} の水準まで増加することがわかる.

では,開放経済体系で政府支出を ΔG だけ増加させた場合と,閉鎖経済において同じ額だけ政府支出を増加させた場合とでは,どちらがより多く国民所得水準を増加させるであろうか.図11.2は,閉鎖経済における政府支出増大の効果と開放経済における政府支出増大の効果を比較したものである.

45度線上の点 E において,閉鎖体系の総需要を表す $C+I+G$ 線と,開放体系の総需要を表す $C+I+G+X-M$ 線が交わっている.すでに述べたように2本の曲線の勾配は共に右上がりであるが,閉鎖体系の総需要 $C+I+G$ 線のほうが開放体系の総需要 $C+I+G+X-M$ 線より急な勾配を示している.いま政府支出を同じ大きさ ΔG だけ増加させると,両曲線とも上方に ΔG の幅だけシフトする.その結果,閉鎖経済における新しい均衡点は45度線上の点 E'' となり,他方,開放経済における新しい均衡点は点 E' である.新しい均衡点に対応するそれぞれの均衡所得水準は,閉鎖経済においては Y^{***} であり,

図 11.2　閉鎖経済と開放経済における乗数効果

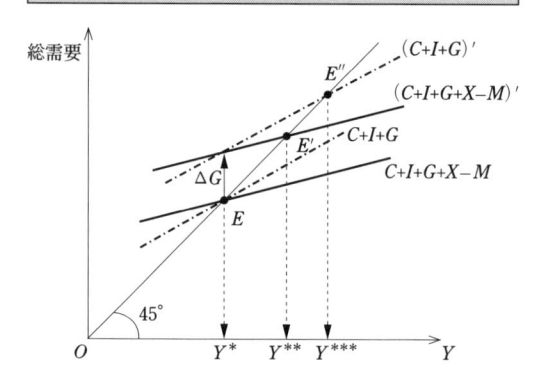

開放経済においてはそれより小さい Y^{**} にとどまることがわかるであろう．この均衡所得の増大に与える効果の違いは，2本の総需要線の傾きの違いに依存する．すなわち，総需要線の傾きが急であればあるほど（45度より小さくなければならないが）同じ大きさの政府支出の増加は，より大きい所得水準の増加分をもたらすのである．

このことを，次に示すように図を用いずに式で理解することもできる．(11.6) 式において，消費 C と輸入 M を，自国の所得 Y の関数として1次式（線形式）で表すとすれば，

$$消費関数：C = a + b \cdot Y \quad (a, b：定数, \ a > 0, b > 0) \tag{11.7}$$
$$輸入関数：M = h + k \cdot Y \quad (h, k：定数, \ h > 0, k > 0) \tag{11.8}$$

となる．投資 I は通常では利子率の関数として考えられるが，生産物市場では利子率は決定されないのでここでは定数扱いとなり，また輸出 X についても貿易相手国の所得は一定として考えるのでこれも定数となる．したがって，

$$投資：I = \bar{I} \tag{11.9}$$
$$輸出：X = \bar{X} \tag{11.10}$$

と表される．これら (11.7) 式から (11.10) 式までを (11.6) 式に代入すると，

$$Y=(a+b\cdot Y)+\bar{I}+G+\bar{X}-(h+k\cdot Y) \tag{11.11}$$

が得られ，これを Y について求める式に直せば，次のようになる．

$$Y=\frac{1}{(1-b+k)}(a+\bar{I}+G+\bar{X}-h) \tag{11.12}$$

いま政府支出 G を ΔG だけ増加すれば，国民所得 Y はどのくらい増加するであろうか．所得の増加分を ΔY で表すこととすれば，ΔG の政府支出の増加後 (11.12) 式より，

$$Y+\Delta Y=\frac{1}{(1-b+k)}(a+\bar{I}+G+\Delta G+\bar{X}-h) \tag{11.13}$$

が成り立っているから，(11.13) 式から (11.12) 式を引けば，

$$\Delta Y=\frac{1}{(1-b+k)}\Delta G \tag{11.14}$$

となることがわかるであろう．したがって，政府支出 G の増加分 1 単位当たり，どれだけ所得 Y が増加しているかをみるため，この式の両辺を ΔG で割ると次式を得る．

$$\frac{\Delta Y}{\Delta G}=\frac{1}{1-b+k} \tag{11.15}$$

この $\Delta Y/\Delta G$ を「乗数（multiplier）」と呼び，1 単位の政府支出の増加に対して所得がどれだけ増えるのかを示す．たとえばある経済で，$b=0.7$，$k=0.2$，であるとすると，乗数の値は，

$$\frac{\Delta Y}{\Delta G}=\frac{1}{1-0.7+0.2}=\frac{1}{0.5}=2$$

となる．この値は，1 兆円の政府支出の増加（公共投資など）によって，国民所得は 2 兆円増加することを示している．閉鎖経済において輸出入は存在しないから，輸入関数の傾きを表す k は $k=0$ となるため，閉鎖経済における乗数と開放経済における乗数を比較すると，

$$\frac{1}{1-b+k}<\frac{1}{1-b}$$

つまり，閉鎖経済の乗数のほうが開放経済の乗数より大となる．したがって同じ大きさの政府支出の増加では，閉鎖経済における所得の増加が開放経済に

おける所得の増加より大きくなることがわかる．

11.6　国際取引と外国為替

　われわれが日頃の買い物に出かける場合，代金の支払いは日本円で行われるのが通常である．したがって，われわれが日常持ち歩く財布の中には，1,000円札や10,000万円札等の紙幣（これを日本銀行券という）や500円や100円玉などのコイン（これを補助貨幣という）が入っている．しかしながら，国際的な取引を考えた場合，たとえばアメリカとの取引において，アメリカからの輸入代金を日本円で支払っても，アメリカ国内では一般に日本円は流通していないので，日本円での代金は受け取ってもらえない．ここに日本円を外国の通貨（この場合米ドル）に交換する必要性が生まれる．また最近は海外旅行がずいぶん割安になり，大学でも休みに入ると多くの学生が海外に出かけていくが，彼らも旅先での観光や食事を楽しむためには，出国する前後に渡航する国の通貨に日本円を交換しなければならない．

　通信販売などで品物を購入した場合，国内の離れた地点まで現金書留で代金を郵送せず，郵便為替や小切手などを郵便局や銀行へ振り込むことによって支払いを済ませる場合が多い．一般的に「為替」という用語は以下の2通りの意味で用いられる．1つは，遠隔地間の金銭債権・債務を直接現金を輸送することなく決済する方法あるいはシステムであり，もう1つは，これらの決済に用いられる有価証券類である（たとえば，郵便局で購入できる郵便小為替などがそれである）．

　債権者と債務者が共に国内にいて，本邦通貨（日本円）建て有価証券類によって決済が行われる場合，これを「内国為替」といい，債権者と債務者のどちらか一方が国外にいて，あるいは両者が国内にいても外国通貨建て有価証券類によって決済が行われる場合，「外国為替」という．また上記定義より，これら決済に用いられる外国通貨建ての有価証券類もまた「外国為替」である．

　日本の輸入業者がアメリカから牛肉を輸入し，その輸入代金は30万ドルであったとしよう．輸入業者は，輸入代金の支払いのため30万ドル分の日本円を米ドルに交換しなければならない．また，ある個人投資家が，アメリカにある企業の株を取得しようと考えている．株取得の費用は170万ドルであり，そ

のため彼は170万ドル分の日本円を米ドルに交換しなければならない．

一方，ある自動車輸出業者が，日本製の自動車をアメリカに輸出したとしよう．輸出代金としてこの輸出業者は200万ドルを受け取った．この輸出業者は受け取った200万ドルの米ドルを日本円に交換しなければならない．

この例では，牛肉の輸入業者と個人投資家は，日本円を売って200万ドル分の米ドルを手に入れたいと考えており，他方自動車の輸出業者は200万ドルの米ドルを売って日本円を手に入れたいと考えている．米ドルを基準に考えれば，前者は米ドルに対する需要であり，後者は米ドルに対する供給である．

彼らは，それぞれ取引のある銀行（外国為替銀行）にこれら通貨の交換を依頼する[6]．この例にあるように，貿易業者，商社，メーカーなどが海外から取得した輸出代金等の外貨の買い取りや，必要な輸入代金等の外貨の売却など，銀行が顧客との間で行う外国為替取引を「対顧客取引」という．これに対して銀行同士が，対顧客取引の結果生じた外貨の過不足を調節するため，あるいは自己資金を運用して裁定取引やスワップ取引などの資金調達を行うために銀行間で行う取引を「銀行間取引」という[7]．

図11.3は，外国為替市場を簡単に表したものである．上述したように外国為替取引には「対顧客取引」と「銀行間取引」があり，これらすべての外国為替取引を包含する市場が「広義の外国為替市場（foreign exchange market）」である．これに対し，対顧客取引を除いた，銀行間取引のみで構成される市場を「狭義の外国為替市場（inter-bank market）」と呼び，市場の構成要員は，外国為替銀行と為替ブローカーである[8]．銀行はそれぞれ独自に外国為替のディーリング・ルームをもっており，ここを通して為替ブローカーや銀行と外国為替

---

6) 1949年から続いた旧外為法（外国為替及び外国貿易管理法）下では，大蔵省から外国為替業務を営む許可を受けた銀行（外国為替公認銀行）でなければ外国為替取引を行うことができなかった．これを一般に"為銀制度"というが，1998年4月に施行された新外為法（外国為替及び外国貿易法）では，外国為替業務に関して大蔵省（現財務省）の認可を受ける必要がなくなった．また外国為替銀行の中でもコルレス契約を結んだ銀行のみが外国の銀行と外国為替の直接取引を行うことができるが，このコルレス契約に関しても，旧外為法下では大蔵大臣による契約締結の承認が必要であったが，新外為法では契約締結が自由化され大臣の承認が不必要となった．
7) 裁定取引（arbitrage）とは，異なった価格が確定している2つの市場において，安い価格の市場で購入し高い価格の市場で売ることによって利益を得るような取引をいう．また，受渡日の異なる反対方向の取引の契約を同時に行う取引をスワップ取引という．
8) 為替ブローカーとは，外国為替取引の仲介役を果たす業者のことで，正式には「外国為替外貨資金仲立人」という．

図11.3 外国為替市場

輸出入業者 — A銀行 — 個人
D銀行 ⇔ 為替ブローカー ⇔ B銀行
企業 — C銀行 — 機関投資家

←→：対顧客取引　⇔：銀行間取引

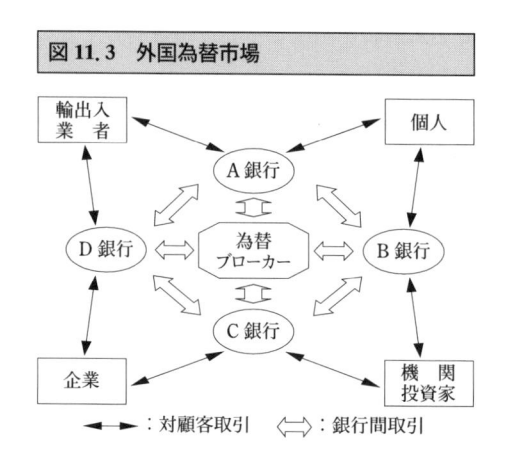

の取引を行っている[9]．

東京外国為替市場は，別名「東京インターバンク・マーケット」といい，東京証券取引所のように"物理的に"存在する市場ではない．それは各銀行間と為替ブローカー間が電話やテレックス等でつながっている目にはみえない市場であり，いわばテレフォン・マーケットである．東京外国為替市場は，外国為替の総取引高では，ロンドン，ニューヨークに次ぐ世界第3位の規模を誇る外国為替市場であり，取引の8割近くが米ドルと日本円の取引で成り立っている．

11.7　為替相場

外国為替市場で異なる通貨（外国為替）が交換されるさい，外国為替の需要と供給によってその外国為替の価格が決定される．この外国為替の価格とは，それら通貨間の交換比率のことであり，「為替相場」あるいは「為替レート（exchange rate）」と呼ばれる．したがって円の対米ドルの為替相場とは，日本円と米ドルの相対価格であり交換比率である．

1米ドル＝118円というように，外国通貨1単位が自国通貨何単位と交換されるかを表すものを，邦貨建て（自国通貨建て）為替レートといい，1円＝

---

[9] 外国為替市場において各銀行が為替ブローカーを通さずに直接取引をするいわゆる相対取引をDD（direct dealing）といい，東京外国為替市場においても近年外国為替取引総額に占めるDDの比率は増加傾向にある．

0.0085ドルというように自国通貨1単位が外国通貨何単位と交換されるかを表すものを，外貨建て為替レートという．通常われわれは1ドル＝118円という邦貨建て為替レートになじんでおり，テレビや新聞などの外国為替相場のニュースでもこの邦貨建て為替レートが用いられている．

　銀行間市場で取引される外国為替の価格が為替レートであることはすでに述べたが，1日の取引の中で，米ドルと日本円がすべて同じ相場で取引されるわけではない．その日1日の取引で出来高の最も多い直物（じきもの）相場を中心相場といい，夕方以降のニュースで伝えられる円相場がこれである．

　よくテレビや新聞の経済ニュースで，「円高」あるいは「円安」という単語を耳にするが，対米ドル邦貨建て為替レートの場合，たとえば1ドル＝118円の場合と1ドル＝130円の場合ではどちらが高い為替相場であろうか．一般的に価格とは，その値が大きければ大きいほど高い価格ということになる．それではこの場合も1ドル＝130円のほうが1ドル＝118円より高い相場であろうか．答えは逆である．1ドル＝130円ということは，1ドルを手に入れるためには130円を支払わなければならないことを意味しており，1ドル＝118円とは1ドルを手に入れるためには118円しか支払わなくてもよいということである．このことからわかるように，1ドル＝118円の場合と1ドル＝130円の場合ではどちらがドルに比べて相対的に円の価値が高いかといえば，1ドル＝118円のほうである．すなわち，一般的に「円高」あるいは「円安」という場合の高低は"価格"ではなく"価値"の高低のことを示すのである．

　では，われわれが日常の生活で直に接する為替レートにはどんなものがあるだろうか．最も身近なものは銀行の「対顧客為替レート」と呼ばれるものであろう．銀行に入ると"外国為替"と書かれたカウンターに今日の為替レートが"selling"と"buying"の両方で表示されているのをみたことがないだろうか．あれが対顧客為替レートである[10]．為替市場での市場相場を卸売価格とするなら，対顧客為替レートは小売価格であり，銀行が企業や個人などの顧客と外国為替取引を行うさいに適用される為替レートである．これは，東京外国為替市場における銀行間取引によって成立した銀行間直物為替レート（spot

---

10)　わが国では，各銀行は対顧客為替レートに関して，公示相場制度を採っている．これは朝10時前後の市場相場を基準に，その日1日の顧客取引に適用する対顧客相場を決めてしまう方法である．各銀行が決定する相場は，それぞれの銀行が独自に決めることになっており，必ずしも同一ではない．

exchange rate）に手数料その他を加算して算出される[11]．

　述べたように，為替レートは銀行間取引での外国為替の需給によって決定されるが，為替レートがどのような経済変数の影響を受けて変動するのか，あるいは短期や長期といった異なった時間的視野では，為替レートの決定メカニズムはどのように異なるのかといった問題は，為替レートの決定理論という国際金融理論の中心的な地位を占める議論であり，興味をもつ読者も少なからずいるのではないだろうか．

11.8　名目為替レートと実質為替レート

　一言に為替レートといっても種々さまざまな概念があり，それらは理論的なものと実務的なものの2つに大別される．とくに国際マクロ経済学を学ぶうえで重要なのは理論的な為替レートの概念である．とりわけ実際の経済データを用いた実証分析では，どの理論的な為替レートを用いるかで分析の意味づけが大きく変わる場合も少なくない．ここでは理論的な為替レートの中でも最も基本的な概念である実質為替レートについて触れることにしよう．

　すでに学んだように，経済変数には名目値（nominal term）と実質値（real term）がある．名目値は経済量を貨幣単位（金額単位）で表したものであり，実質値は数量単位で表したものである．たとえば，1万円という金額（名目値）を考えてみよう．10年前の1万円と現在の1万円ではどちらの1万円のほうが価値が高いであろうか．当然10年前の1万円のほうが"使いでがある"という意味で価値が高いはずである．なぜなら現在の物価水準のほうが10年前の物価水準より割高であるから，同じ1万円をそれぞれ現在と10年前の物価水準で割ってやれば，10年前の方が現在よりも高い実質値が得られるからである．

　為替レートにも実質為替レートという名目為替レートとは異なった概念がある．「実質為替レート（real exchange rate）」とは，通貨の実質的な購買力を示

11）　外国為替市場では，銀行間取引に関しては，取引成約から2営業日以内に受け渡しを行う取引を，また対顧客取引に関しては資金受け渡しが成約日当日である取引を直物取引といい，直物取引に適用される為替レートを直物為替レートと呼ぶ．これに対し，銀行間取引では，決済が3営業日またはそれ以降に行われる取引を，対顧客取引では決済が翌営業日以降である取引を先物取引といい，先物取引に適用される為替レートを先物為替レートと呼ぶ．

す概念であり，名目為替レートを両国の物価水準の比率でデフレートしたものであり，その値は名目値である．

いまアメリカと日本の両国で購入できる財があるとし，その財をアメリカで購入すると1ドルであり，日本で購入すると130円であるとしよう．すなわち米ドルと円の名目為替レートは，1ドル＝130円ということになる（このような考え方を購買力平価という）．さてアメリカと日本では物価水準の値あるいはインフレ率は同じではない．いま簡単化のため，アメリカの物価水準は変わらず，日本ではインフレが進行し物価水準が1.5倍になったと仮定する．アメリカの物価指数を100，日本の物価指数を150とすれば，もともとの同じ購買力である1ドルと130円を，それぞれの国の物価水準で割って，その比率を求めると，実質為替レートは次のように求められる．

$$\text{実質為替レート} = \frac{\dfrac{\text{日本の購買力}}{\text{日本の物価指数}}}{\dfrac{\text{アメリカの購買力}}{\text{アメリカの物価指数}}}$$

$$= \frac{\dfrac{130}{150}}{\dfrac{1}{100}} = 130 \times \frac{100}{150} = 87 \quad (11.16)$$

名目為替レートは1ドル＝130円のままであるが，1ドルの購買力は日本のインフレ上昇分だけ下落しているわけであるから，実質為替レートは，物価が上昇する以前は1ドルで130円分の財を購入できたものが，物価上昇後は1ドルで約87円分の財しか購入できないことを示している．上の考え方をまとめれば，実質為替レートは次のように定式化される．

$$\text{実質為替レート} = \text{邦貨建て名目為替レート} \times \frac{\text{アメリカの物価水準}}{\text{日本の物価水準}} \quad (11.17)$$

開発途上諸国などでは，通貨が米ドルにペッグ（peg：釘付けにする）されていることが多い．つまり米ドルとの固定レート制である．したがって開発途上国では名目為替レートはほとんど変動しないが，経済発展の段階でインフレが発生することもしばしばであり，より実勢に近い通貨価値をみようとする場合は，実質為替レートに注意しなければならない．

11.9 国際金融資本取引

もう一度,開放経済体系での生産物市場の需給均衡条件を振り返ってみよう.いま (11.4) 式において,政府の財政収支は均衡していると仮定すれば,すなわち $T=G$ であるとすれば,次式のようになる.

$$S-I=X-M \tag{11.18}$$

ここで右辺は経常(貿易)収支であり,左辺は国内貯蓄と民間投資の差である.開放経済体系においては,民間投資は国内にとどまらず外国へも向けられるから,民間の海外投資を I_f で表すこととすれば,国内貯蓄が民間国内投資と民間の海外投資の和に等しくなる状況は,

$$S=I+I_f \tag{11.19}$$

で与えられる.この式を (11.18) 式に代入すれば,

$$I_f=X-M \tag{11.20}$$

となる.したがって,もし,$X-M>0$ であれば $I_f>0$ であり,逆に $X-M<0$ であれば $I_f<0$ である.このことは,経常収支が黒字の国は,それと等しい額の資本の純輸出を行っており,逆に経常収支が赤字の国は,それと等しい額の資本の純輸入を行っていることを示している.つまり,財・サービスの国際的な取引である貿易の裏側には"資本の取引",すなわち国際金融取引が存在することがわかるであろう.

国際金融取引(international monetary transaction)とは,基本的にある国の居住者と非居住者との間の金融取引を表す用語である.しかしながら,近年の金融市場の国際化および取引の多角化のなかで,取引形態自体もたんに居住者と非居住者との間の取引にとどまらず,居住者によって仲介される非居住者間の金融取引であるオフショア取引(off-shore transaction)や,居住者間の外貨建て取引や非居住者間の邦貨建て取引などのクロス・カレンシー取引(cross-currency transaction)などが国際的な資本市場の自由化を背景にその比率をしだいに大きくしている.

先ほども触れたように，開放経済において民間投資は国内に限らず国外へもその行き場を求めていく．経常収支の黒字は資本の純輸出であり，資本流出に等しくなる．すなわち，国内で生産されたもののうち，民間および政府による消費や，国内の投資に向けられたものを差し引いた残りが経常収支の黒字となり，海外への投資という形で対外資産として蓄積されるのである．

一口に対外投資といっても，その資金移動の形態は大きく3つに分けられる．1つは直接投資（direct investment）である．直接投資は，国外に支店および子会社を設立したり，外国企業の株式を取得あるいは資本参加などを通じて，企業の経営に直接参加することを目的とした投資である．日本国内での外国からの直接投資の事例を探せば枚挙に暇がないが，古くからあるものでは，コカ・コーラやマクドナルドあるいはケンタッキー・フライドチキンなどが読者の身近なものであろう．

もう1つの投資形態に証券投資がある．証券投資は，直接投資のような経営参加を目的とはせず，資産運用として外国の株式や債券を取得・処分する投資形態である．主として生命・損害保険会社，投資信託，銀行，証券会社などのいわゆる機関投資家が主体となり，各国の経済情勢や資本市場の動向などを踏まえて行うもので，わが国でも1998年の新外為法の施行による資本取引の自由化の波を受け，資本輸出の促進が期待されるなかで，証券投資の果たす役割はしだいに大きくなりつつある．

最後に，邦銀の外国銀行あるいは外国企業への貸付，および外債の発行があげられる．外債とは，外国において発行・募集される債券を指し，通常外貨建てで表示されるが，ユーロ円債のように円建ての外債もこれに含まれる．わが国の企業が資金調達などの目的のために外債を発行する市場はいくつかあるが，発行額ではユーロ・ドル債市場，スイス・フラン債市場，ドイツ・マルク債市場が最も大きい市場である．

このように国際金融取引は，企業活動が一国内にとどまらず，多角化・多国籍化していることから生じる国際的な資金移動の必要性から拡大の一途をたどっており，また各国の資本市場もまた，オフショア市場の開設など，国際金融取引に対して金融資本市場の規制緩和および自由化を実施して拡大する取引に対応している．

11.10　タイ経済の経験

　国際間での財・サービスの貿易の拡大以上に速い速度で拡大し続ける国際金融取引は，市場のグローバル化とその規模の大きさゆえに，時としてあたかも生き物のように独り歩きを始め，ややもすると政策当局の制御が不能になってしまう危険性をはらんでいる．そしてついには一国の経済を飲み込み，危機的状況に陥れてしまうことすらある．ここでは，1997年7月にタイで起こったアジア通貨・金融危機を例にとり，極端に自由化された国際金融取引が経済全体を揺るがしながら危機に陥っていった経緯を概観してみよう．

　1997年7月，かつて東南アジアの優等生といわれたタイで，一連のアジア金融・経済危機の引き金が引かれた．タイは東南アジア諸国連合（ASEAN）の中でも際立った経済成長を果たし，とくに1980年代後半から1990年代前半までの期間は，東南アジア経済の牽引役を自他共に認めてきた国であった．国内産業の中でも，輸出の伸びに裏づけられた製造業の急激な成長は，逓増的ともいえる追加的な設備投資の増加をもたらした．

　ところが，タイ経済は1980年代後半以降の急激な経済成長と相俟って，国内の貯蓄・投資バランスを完全に失ってしまっていた．とりわけ急激な伸びをみせた製造業を中心として，民間の追加的な設備投資に対する意欲は活発である一方で，設備投資にまわるべき国内貯蓄は十分ではなく，慢性的な資金不足の状況を呈していた．加えて，インフレが国内の資金不足に追随するという現象が当時のタイ経済を特徴づけていたのである．

　アジア通貨危機前のタイでは，通貨であるタイ・バーツは事実上米ドルにリンクされている固定相場制であった．その為替レートは，1米ドル＝約25バーツであり，したがって海外の資金は，為替リスクを負うことなく輸出が好調であったタイ経済を背景にタイ国内に大量に流入した．加えて，ドルで流入してくる資金はバーツに形を変え国内に出回る．固定相場制では，為替レートを維持するために，通貨当局はドルの形で流入する資本に対して，買われるタイ・バーツを売り続けなければならなかった．これは貨幣供給の増加となり，国内にインフレを引き起こす原因となった．このためタイ政府は，インフレの沈静と国内資金不足への対応という2つの政策課題を同時に背負うことになったの

である．

　タイ中央銀行（Bank of Thailand）は，かかる事態に直面し，経済の安定化政策を第一目標に掲げ，金利の引き上げと中央銀行債の新規発行によるインフレの沈静化を試みようとした．また，国内の資金不足に対しては，国内貯蓄率の増加を意図して，国内の商業銀行の地方支店の開設を奨励した．中央銀行によるこれらの金融引き締め政策に対し，タイ大蔵省は高度経済成長の維持を第一目標に掲げ，中央銀行の打ち出した金融引き締め策とはまったく対照的な金融緩和策を打ち出し，国内の資金不足は外国資金の借り入れ促進によって対処すべきとの見解を明らかにする[12]．1989 年時点でのこの経済政策の失敗が，後のタイ経済を襲う金融・経済危機の直接的な要因となっていくのである．

　タイ国内への外国資本の流入を決定的にしたものは，なんといっても 1993 年 3 月のオフショア市場 BIBF（Bangkok International Banking Facilities）の創設であった．これは，国内の資金不足を海外からの資金で賄い，バンコックを東南アジアの一大金融拠点にすることをもくろんで諸外国の銀行に対しタイ国内の金融市場への門戸を開放するため創設されたものである．東京やニューヨークのオフショア市場は，国内金融市場と完全に切り離されており，居住者が非居住者間の取引を仲介する取引が主たる取引である．これに対し，タイでは BIBF を通じ，国外から大量の資金が国内市場へ流れ込んだ．

　タイの輸出は，1995 年までは堅調な伸びを示したが，好調なアメリカ経済を反映したドル高の影響で米ドルにペッグされていたタイ・バーツもまたバーツ高になり，実態よりも過大評価となったバーツに加えて，中国元の切り下げなどの要因も加わって輸出競争力を失い，1996 年には大幅な落ち込みを記録した．結果としての経常収支は，1996 年には GDP 比 8 ％まで拡大した[13]．

　1996 年時点で，とりわけ製造業の成長は頭打ちになっていたにもかかわらず，BIBF から低金利の，しかもドルにペッグされていたゆえに為替リスクのない多額の外国資本が流入してきたことで，輸出産業などの製造業の国内資本設備はすでに過剰状態になり，行き場を失った資本は，住宅，不動産をはじめ

---

[12]　1989 年 12 月 11 日に開かれた政府経済閣僚会議で，商業銀行貸出金利の上限を 15％から 17％に引き上げ，かつ 200 億バーツの中央銀行債を新規に発行するというタイ中央銀行の提案を当時のチャチャイ政権のプラムアン大蔵大臣は退け，インフレ対策から外してしまった．

[13]　輸出の伸びは，1994 年が前年比 20.9％，1995 年が前年比 23.6％であったものが，1996 年には前年比 0.3％にまで落ち込んだ．1996 年の経常赤字額は，147 億ドルであった．

とした非輸出品産業へと流れていった．成長の止まった実体経済（実物経済）と実体経済の成長からタイム・ラグをおいて成長・拡大を続けた金融経済が乖離現象を起こしはじめるメカニズムがそこに存在したのである．

　1991年後半から，タイ国内の不動産市場における供給が急増し，その結果不動産価格の低下を招き，建設および不動産部門は一時資金繰りが悪化するが，この急場を BIBF の創設による短期の資本流入が救った．不動産供給は金融機関を通じた豊富な資金供給を受け増加を続けるが，1995年の非居住者バーツ建て預金にかかる預金準備率の引き上げと，続く1996年の新規短期資金調達にかかる 7％の預金準備率の設定によって，建設・不動産会社への融資が不良債権として顕在化するに至った．不良債権の拡大は，金融機関の資産の減価を意味し，それが自己資本不足を引き起こし，突如として深刻な金融問題となるのである．これがタイにおける不動産バブルといわれる現象の発生と崩壊のプロセスである[14]．

　オフショア市場を通じて潤沢にタイ国内に流入してきた資本は，タイ経済のかげりを背景に，同じく市場を通して海外へ流出していった．固定相場制では，為替レートを維持するために，中央銀行はドルの形で流出する資本に対して，売られるタイ・バーツを買い支えなければならない．1996年以降，市場では断続的にタイ・バーツの売り圧力が強まっていった．通貨当局は市場介入によって流出する資本に対応したが，しだいに中央銀行の外貨準備も底をつく懸念のなかで，とうとう1997年7月2日，売り浴びせられるタイ・バーツを買い支えられなくなった通貨当局は，固定相場制から変動相場制への移行を余儀なくされた．

　しかし，その後もバーツの下落は収まらず，変動為替相場制への移行から1ヵ月もたたない7月29日に，タイはついに IMF への資金要請に追い込まれていった．そしてこの通貨・金融危機が，インドネシア，マレーシアをはじめとした東南アジア諸国の経済を巻き込み，韓国やわが国の経済までを危機に陥らせるアジア通貨・金融危機に発展していったのである．

---

14) 「バブル（bubble）」とは，「資産価格がそのファンダメンタルな要因で決まる水準から，自己現実的な不安定な投機によって乖離する状況」と定義される．翁邦雄『期待と投機の経済分析——「バブル」現象と為替レート』東洋経済新報社，1985年，p.1 から引用．

参 考 文 献

深尾光洋（1983）『為替レートと金融市場――変動相場制の機能と評価――』東洋経済新報社.
浜田宏一（1996）『国際金融』岩波書店.
原田泰・井野靖久（1998）『タイ経済入門（第2版）』日本評論社.
小宮隆太郎・天野明弘（1972）『国際経済学』岩波書店.
小宮隆太郎・須田美矢子（1983）『現代国際金融論（理論編）』日本経済新聞社.
翁邦雄（1985）『期待と投機の経済分析――「バブル」現象と為替レート――』東洋経済新報社.

第12章　マネーの役割

12.1　マネーサプライとはなにか

マネーは，一般的交換手段という最も重要な機能をもち，この他に価値貯蔵および計算単位としての機能を併せもつ．これらに，ドーンブッシュ-フィッシャー（R. Dornbusch and S. Fischer）による繰延払の基準としての機能も加えることができる．これらの機能については，12.2節で詳しく取り扱うことにし，本節では，マネーの定義について述べる．

12.1.1　マネーの定義

マネーサプライとは，民間非金融部門，すなわち家計，企業（金融機関を除く）および地方公共団体が保有する通貨残高である．マネーの定義は，時代とともに拡張されてきた．マネーは，交換手段としての機能に着目して，以下のように定義される．

まず狭義のマネーは，民間非金融部門保有現金通貨と預金通貨の合計で，これを M_1 と呼ぶ．現金通貨は，日本銀行発行の銀行券である千円券，二千円券，五千円券，一万円券といった紙幣と一円貨，五円貨，十円貨，五十円貨，百円貨，五百円貨，記念貨（五百円白銅貨，千円銀貨，五万円金貨）といった貨幣（硬貨）である．

1897年に制定された貨幣法が形式上は残存していたので，これらの硬貨は，1988年3月末までは補助貨幣と呼ばれていた．しかし本位貨幣（究極の価値基準となる金属貨幣）の廃止にともない本位貨幣に対する補助貨幣という呼び名は意味をなさなくなってしまった．そこで1988年4月1日より施行された「通貨の単位及び貨幣の発行等に関する法律」によりこれらの硬貨は，貨幣と

呼ばれるようになった．貨幣は，政府が発行権限を有しているものの，一旦日本銀行に引き渡され流通していき，回収も日本銀行を通じて行われる．

現金通貨は，法律により強制通用力をもった「法貨」である[1]．預金通貨は，強制通用力をもたないが，信用によって流通し，一般的支払手段としての機能をもっている．預金通貨は，当座預金，普通預金，通知預金（最低7日間据置後，2日前の通知で引き出すことができる）など換金自由な要求払預金である．預入期間の指定がない要求払預金に対して，3ヵ月とか1年とか預入期間の指定がある定期性預金はどうであろうか．これも，総合口座に定期預金残高があれば，その残高の範囲内できわめてわずかな金利負担（借入金利マイナス定期預金金利）で現金を借りることができるし，解約して換金することもできる．したがって一般的支払手段としての機能をもっているので，定期性預金もマネーの一種といえる．しかし M_1 と比較すると多少現金化に不便で，準通貨と呼ばれている．準通貨には，定期性預金のほかに外貨建預金，非居住者円預金，MMC（市場金利連動型預金）も含まれる．M_1 に準通貨を加えたものは M_1 よりやや広義なマネーで，M_2 と呼ばれる．

現在の日本では，M_2 に CD（譲渡性預金）を加えた残高をマネーサプライと呼んでいる．CD（Negotiable Certificate of Deposit）は中途解約できないが，第三者に譲渡することによって換金できるので，定期性預金と同様な性質をもっているといわれているが，譲渡によって損失が発生する危険性もある．したがって，M_2 に含めないで別扱いされている．

M_2 に郵便局，農協，漁協，信用金庫，労働金庫等の預貯金や全国銀行信託勘定を加たものを M_3 と呼ぶ．M_3＋CD 残高は，マネーサプライを代表する指標としてはみなされてはいないが，広義のマネーサプライである．

以上のようになにをマネーとみなすかは，人々がマネーとみなすからマネーだ，ということである．そして代表的マネーサプライとして M_2＋CD を使っている，のである．

12.1.2　日本におけるマネーの構成

日本におけるマネーの構成を 2001 年末残でみてみよう（『金融経済統計月報』，

---

[1]　ただし貨幣（硬貨）の場合は，その強制通用力は額面金額の 20 倍までである．したがって，たとえば 1 円貨であれば，21 枚以上の受領は拒否できる．

以下『統計月報』と呼ぶ）．M_1 の 281 兆 8,000 億円のうち，現金通貨が 66 兆 7,000 億円で，預金通貨が 215 兆 1,000 億円である．預金通貨が現金通貨の約 3.3 倍である．マネーサプライ M_2＋CD は 671 兆 7,000 億円，預金は 605 兆円なので，約 90％が預金で 10％が現金である（以上，100 億円を 4 捨 5 入）．このように，現金に比して預金が圧倒的に大きな比率を占めているのが現状である．

12.2 貨幣需要と利子率

12.2.1 貨幣の出現[2]

自らの生活に必要なものはすべて自分で生産し消費する自給自足経済を考えると，そこでは交換はまったく行われない．しかし自給自足経済から分業が行われて自らは有用生産物の一部しか生産しない経済段階に至ると，自分の生産物と他人の生産物を交換して必要なものを入手しなければならなくなる．このような物と物の交換を物物交換もしくは直接交換という．しかし直接交換は交換される生産物が交換される生産物の種類，質，量について交換の当事者双方で一致するという「欲求の二重の一致」を必要とする．この欲求の二重の一致がきわめて困難であることは，とくに説明の必要はないであろう．

このような場合，一般的受容性をもったものが交換の媒介手段として用いられれば，交換は非常に円滑に行われ便利になる．この一般的受容性をもった財こそ貨幣である．

さて分業・交換が発展するにつれて，貨幣も進化を遂げることになる．牛，毛皮，銅，銀，金などのように素材そのものが商品としての価値をもっている商品貨幣から始まり，銀貨や金貨などの鋳造貨幣を経て，銀行券，預金通貨へと発展していったのである．

12.2.2 貨幣の機能

貨幣の機能には，冒頭で述べたように，一般的交換手段（支払手段）としての機能のほかに，計算単位機能，繰延払の基準としての機能，価値貯蔵機能が

---

[2] 以下，貨幣という言葉は 12.1 節で述べた貨幣の定義と異なり，広義の意味に用い，通貨と区別しないで同義に用いることにする．なお金本位制の時代には，通貨は貨幣の代用物ととらえられていた．

ある．貨幣の計算単位機能は貨幣を基準として財との交換比率を定める機能で，貨幣と財の交換比率（円であれば財1単位の円表示価格）を絶対価格と呼ぶ．すべての財の価格が貨幣で定められれば，財と財との交換比率である相対価格も決まることになる．繰延払の基準とは，7年あるいは8年とかいった長期間で返済されるローンを（円やドルなどの）貨幣で定めるということである．価値貯蔵機能は，購買力を将来にわたって保持する機能である．

計算単位機能と繰延払の基準機能は，貨幣が通常もっている機能であって必然的にもっている機能ではない，といわれる．それぞれの例としては，ドーンブッシュ-フィシャーによる例をあげておく．第1は，猛烈なインフレに見舞われた1922～23年のドイツにおいて，マルクは交換手段ではあったが，多くの企業ではドルを計算単位に使用していた．第2は，繰延払の基準として貨幣を用いなくてインデックス・ローンのように支払いが物価に結びつけられているものがある，ということである．

価値貯蔵機能は，不動産や株式のように耐久性をもつ有用な財も，価値貯蔵機能をもつ．したがって貨幣の価値貯蔵機能は，貨幣だけがもつ主要機能ではなく付随的機能であるが，J. M. ケインズ（J. M. Keynes）によって注目されたように，その機能はときには経済に攪乱をもたらすことがある．すなわち，人々は獲得した貨幣をいますぐ生産物の購入に使わなくてよいわけであるから，それが保蔵されていくと，購買力が不足（有効需要不足という）して生産物が売れなくなってしまう．このため生産は減退していき失業者が増えることになる．このような有効需要不足による失業をケインズは，非自発的失業と呼んだ．

12.2.3　貨幣の需要動機

人々が貨幣を保有するのはなぜであろうか．ケインズは，それは主に次の3つの動機に依存するという．3つの動機とは，取引動機，予備的動機，投機的動機（資産としての貨幣保有）である．以下，物価は一定と仮定して，これらについて説明していく．

①貨幣の取引需要

取引貨幣需要は，日々の取引に対して支払いを行うのに貨幣を保有しておく必要があることから生じる．支払いの必要が生じたときすぐ所得（あるいは売上代金）が入る仕組みになっていれば，貨幣を保有しておく必要はまったくな

いが，実際にはそのようにはなっていない．したがって，所得（あるいは売上代金）の受領と支出との時間的間隔を埋めるために，貨幣を保有しておく必要がある．

所得（あるいは売上代金）が大であれば，支払いの必要も大きくなると考えられる．また，所得（あるいは売上代金）の受領の時間的間隔が長くなれば，より多くの貨幣を保有しておかなくてはならない．

いま，所得の受領間隔と貨幣保有残高との関係を，図12.1によってみてみよう．期首に所得 Y を，たとえば，月給30万円受け取って毎日（時間にわたって）均等に支出し，期末にそれをすべて使い果たしてしまう人の場合を想定しよう．この期間平均してこの人が保有している貨幣残高は $Y/2$，すなわち15万円となる．しかし週給で $Y/4$，すなわち7.5万円を4回に分けてこの期間中同額の30万円を受け取る場合を考えてみよう．平均貨幣残高は $Y/8$，3.75万円で，月給のときの1/4になる．

以上から，所得受領の時間的間隔は短期的には変化しない制度的与件と考えれば，取引貨幣需要は所得が増加すれば増加する，といえる．したがって，ケインズは取引貨幣需要が所得の増加関数である，と考えた．

取引貨幣需要の在庫アプローチ　　いま，所得が貯蓄性預金に振り込まれ，利子の付く貯蓄性預金から引き出され，無利子の現金に換えるか当座預金口座に移し替えられる場合を考えよう．貨幣を在庫として保有することは，利子を得ることを犠牲にすることを意味する．この場合の利子を貨幣保有の機会費用と

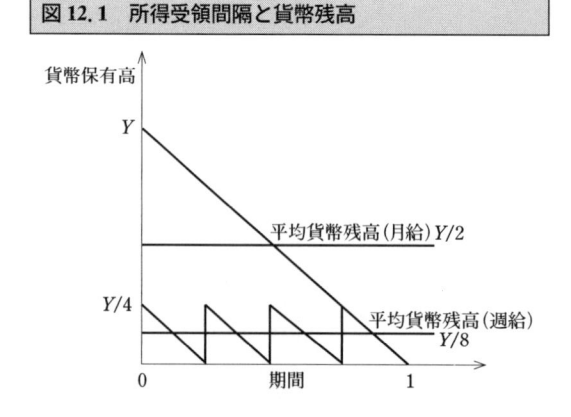

図12.1　所得受領間隔と貨幣残高

いう．他方，貨幣の在庫保有を少なくするのには，換金か口座振替の回数（これを引出回数という）を増やさなくてはならない．図12.1を用いれば，1期間1回の引出しのときの貨幣在庫は，$Y/2$ である．引出回数を4回にすれば，$Y/8$ と，貨幣在庫は1/4ですむ．しかし，引出手続きを行うのには，煩わしさといった費用がかかる．人々が合理的であれば，貨幣保有の機会費用とこの引出費用合計である総費用を最小にするように最適引出回数を決めるであろう．

以上が W. ボーモル（W. Baumol）と J. トービン（J. Tobin）の在庫理論アプローチの概要である．このアプローチによれば，換金か口座振替の費用が大きくなれば引出回数を減らして在庫としての貨幣保有を大きくし，利子率が高くなると貨幣の在庫費用が大きくなるので，引出回数を増やして貨幣保有額を小さくしていったほうが有利となる．このアプローチの貢献は，取引貨幣需要がケインズのいう所得だけでなく，利子率にも依存することを示した点にある．

このようにして，取引貨幣需要 L_1 は，所得 Y の増加関数であることに加えて，利子率 i の減少関数として，次式で表される．

$$L_1 = L_1(Y, i) \tag{12.1}$$

②予備的貨幣需要

人々は将来の予期しない不確実な支出に備えて，貨幣を保有するかもしれない．たとえば，予期しない病気や電化製品の故障への支出に対する備えが考えられる．このような貨幣需要を予備的動機に基づく貨幣需要（略して予備的貨幣需要）という．

予備的貨幣需要 L_2 についても，所得 Y が高ければ，支出への備えも大きくなると考えられる．しかし利子率 i が高くなれば，貯蓄性預金から引き出して現金あるいはいつでも換金できる要求払預金で備えておく費用が高くなるので，人々は貨幣保有額を少なくしていくであろう．

したがって，予備的貨幣需要 L_2 は，所得 Y の増加関数，利子率 i の減少関数として，次式で表される．

$$L_2 = L_2(Y, i) \tag{12.2}$$

不確実性の増大は，同一の (Y, i) に対してより多くの貨幣保有を必要とするから，上記関数の（右方）シフトとして表すことができる．

③投機的貨幣需要（資産貨幣需要）

　取引貨幣需要および予備的貨幣需要は，日常的取引に必要とされる支出であれ，将来の不確実な事態のための支出であれ，支出を目的としているので，交換手段としての貨幣 M_1 に対する需要であるといえる．しかし投機的貨幣需要は，富あるいは資産として貨幣を保有することを目的としており，貨幣の価値貯蔵手段に着目している．なお投機とは，異時点間の裁定である．裁定とは，同一時点で市場間の価格差を利用して売買することから，利益を得ようとすることである．

　人々が資産として貨幣を保有する理由は，すべての資産を貨幣以外の，たとえば長期債券の形で保有しているならば，将来債券価格が下落したとき，損失の危険を一挙に被らざるをえない．しかし貨幣という安全資産で保有していれば，こうした危険を分散して減らすことができる，という理由による．さて資産の安全性という面からみれば，定期性預金と要求払預金や現金との間に安全性の度合いにほとんど差はない．したがって，ここでの貨幣は M_2 に含まれる定期性預金等である（ドーンブッシュ-フィッシャー（1992）p.367）．

　いま簡単化のために，代表的長期債券として償還期限がない永久債券（コンソル公債）を保有するか一部貨幣で保有するかの選択に直面している人々を考えてみよう．債券価格と利子率の間には，債券価格が下落すれば利子率が高くなり，債券価格が上昇すれば利子率が低くなるという関係がある．とくに，永久債券の価格と利子率の間には正確な逆比例の関係がある[3]．

　ケインズは，人々は安全な利子率についてある一定の考えをもっていて，この安全利子率と市場利子率の乖離の程度に依存して，貨幣需要量を決めると考えた．

　安全利子率は個々人によって異なるけれど，安全利子率についての一般的見解が変化しない限り，市場利子率が高ければ，債券価格は，安全利子率に対応する安全価格より低いと考える人が増えていくわけであるから，債券価格の騰

3）（債券額面に対して一定額を支払う）確定利子を R とすると，永久債券価格 A と市場利子率 i との間には，$A = R/i$ の関係がある．A は将来収益の割引現在価値の総和として表される．すなわち，割引率は $1/(1+i)$ であるから，

$$A = \frac{R}{1+i} + \frac{R}{(1+i)^2} + \frac{R}{(1+i)^3} + \cdots = \frac{R}{i}$$

である．

貴，すなわち債券保有からの資本利得を見込み，貨幣需要を減じ債券購入を増加していく人が増えていく．

　市場利子率が低い場合はどうであろうか．この場合，債券価格は安全価格より高いと見込む人が増加して，債券価格の下落（利子率上昇）を見込む人が増えていく．ところで，利子率が安全利子率より低いと考える人は，債券を保有しないであろうか．そうではなく，一種の保険としての利子収入が債券価格下落による損失（資本損失）を超過する額が，安全資産である貨幣からの利子収入を上回ると予想される限り，債券は保有される．ケインズは，安全資産からの利子収入をゼロと考えると，これは心配される利子率上昇の大きさが旧利子率の2乗の範囲内でなければならないことを意味する，と述べた[4]．

　安全利子率に関する人々の見解が変化しない限り，利子率が低下していけば利子収入の資本損失を超過する額が貨幣からの利子収入を下回ると予想する人が増えていき，債券を手放して貨幣を保有する人が増えていくことになる．したがって，投機的貨幣需要L_3は利子率iの減少関数である．

　しかし利子率は，どこまでも下がり続けることができるのであろうか．ケインズは，下限があると考えた．この下限では，ほとんどの人が債券を手放し貨幣を保有しようと考える．すなわち，利子率の変化率に対する貨幣需要量の変化率，すなわち，貨幣需要の利子率弾力性は無限大となる．

④貨幣需要関数

　以上みてきたように，取引貨幣需要L_1と予備的貨幣需要L_2は，所得Yの増加関数，利子率iの減少関数として表された．投機的貨幣需要L_3は利子率iの減少関数であるが，ある利子率の下限で貨幣需要の利子率弾力性が無限大になるということであった．したがって，貨幣需要をLとすると，$L=L_1+L_2+L_3$で表されるが，LもYの増加関数，iの減少関数である．そして投機的貨幣需要L_3の性質を反映して，貨幣需要Lも，ある利子率の下限

---

[4]　このことは，以下のようにして確かめることができる．いま永久債からの確定利子をR，旧利子率をi_0，心配される利子率上昇分をΔiとすると，新利子率はi_1は，$i_0+\Delta i$である．したがって旧債券価格はR/i_0，新債券価格は$R/(i_0+\Delta i)$である．利子収入が債券価格下落の損失を超過する条件は，

$$R>(R/i_0)-R/(i_0+\Delta i)$$

である．これを計算すると$\Delta i<i_0^2+\Delta i\cdot i_0$であるが，不等式右辺2項は非常に小さい値なので無視できる．

図12.2 貨幣需要関数と利子率

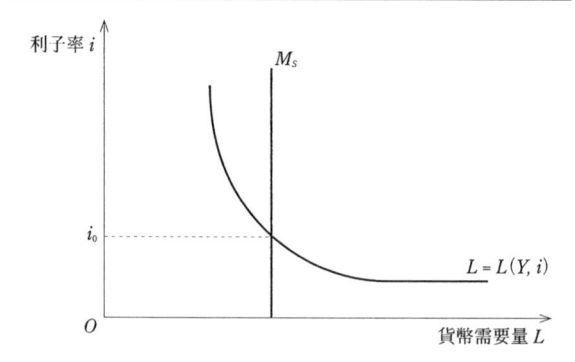

で貨幣需要の利子率弾力性は無限大になる．この状態は，流動性のわなと一般にいわれる．

1990年末頃から2003年3月11日現在にかけて日本経済は，コールレート（翌日物金利）が0％かその近傍，長期利子率（10年物国債の利回り）も2002年11月から2003年3月11日現在まで1％を下回っている状態にある．名目利子率はマイナスにはなりえないことから，長期利子率で代表される名目利子率は下限かその近傍に達してしまっているといえる．この意味で，現在の日本経済は，流動性のわなの状態に陥っているということができるであろう．

貨幣需要関数 L を，Y の増加関数，i の減少関数として次式で表す．

$$L = L(Y, i) \tag{12.3}$$

貨幣需要関数 L は，所得 Y を Y^* で一定とすると，（安全利子率を与えられたものとして）利子率 i の減少関数であるから，図12.2のように，右下がり曲線として，流動性のわなの局面は水平部分として描かれる．所得増加は，同一の利子率でより大きな貨幣需要を必要とするから，曲線の右方シフト（ただし水平部分の高さは不変）として表される．

いま，貨幣供給量が図の M_s で与えられれば，利子率は i_0 に決定される．貨幣供給については，12.3節で述べる．

12.2.4　貨幣の所得流通速度と貨幣数量説

経済取引は貨幣を通じて行われるとすると，次の関係が成立する．

$$M_s V = Py \tag{12.4}$$

ここで，y は実質所得，P は物価水準であり，V は名目所得 Py を生み出す過程で使用される貨幣量 M_s の回転数で，所得流通速度といわれる．(12.4) 式は，貨幣数量方程式と呼ばれる．いま，実質所得 y が貨幣量とは無関係に完全雇用の水準に決定されるとしよう．V を一定とすると，この式から，貨幣供給量 M_s は物価 P を決めるだけである．このような説を貨幣数量説という．そして，このような貨幣観を貨幣ヴェール観と呼ぶ．ケインズは，実質所得 y が相対価格をシグナルとする実物財の需要と供給によって完全雇用の水準に決定され，貨幣供給量は物価だけを決めるにすぎないという古典派経済学を「古典派二分法」といって批判した．

ケインズ派の主張 確かに，経済が完全雇用で生産余力がない状態では，実質所得は短期的には増加できないから，貨幣供給量の増加は物価を上昇させるだけである．しかしそれ以外のたとえば，図 12.2 の貨幣需要関数の右下がりの局面では，貨幣供給量の増加は，(12.4) 式において，一部は利子率の低下により貨幣需要を増加させるので，所得流通速度の低下に吸収されるが，残りの効果は物価と（利子率の低下による投資増加を通じて）実質所得の増加に向かうはずである．流動性のわなの局面は，貨幣供給量の増加によって利子率を低下させるという金融政策が有効ではない，局面である．しかし，財政政策によって有効需要を増加させ，それによる生産の増加を通じて，実質所得 y が増加していく．この場合，投機的貨幣保有量の大きさによっては，貨幣供給量 M_s の増加はなくても所得流通速度 V を上昇させ，利子率の上昇をともなうことなく，生産余力もあるところから，物価 P の上昇を招来しないで，実質所得 y が増加することもありうる．

マネタリストの主張 以上のようなケインジアン（ケインズ派）の主張に対して，マネタリスト（新貨幣数量説論者）の反撃が始まった．それは，1971年 H. ジョンソン (H. Johnson) によって，「マネタリスト反革命」の名で呼ばれた．M. フリードマン (M. Friedman) に代表されるマネタリストの主張の内容は，次のようなものである．

　貨幣供給量の増加は，非常に短い短期には，生産と雇用を増加させる．しかしこれは，労働者および生産者が貨幣賃金と物価の上昇をそれぞれ実質賃金上

昇と貨幣賃金に比しての個別製品価格上昇と，誤って認識することから生じる．人々は期待インフレ率を現実のインフレ率に調整していくので，この誤認はすぐに修正され，生産と雇用は自然失業率と呼ばれる非自発的失業が存在しない完全雇用水準に戻っていく．したがって，非常に短い短期以外（少し長い期間）では，貨幣数量説は成立するわけである．

このような論拠に依拠して，フリードマンは，誤った政府の政策（金融政策）こそが経済に攪乱を引き起こす，と主張する．さらに，所得流通速度は安定しているか予測可能であるという主張がこれに加わる．そこで，政府の採るべき政策は，完全雇用（自然失業率）の所得水準の成長率に合わせてマネーサプライを増加させればよい，ということになる．

論争の帰結 したがって，所得流通速度の安定性（あるいは予測可能性）をめぐって，諸論争が展開された．その結果は，マネタリストの主張に不利な方向に，傾いていった．アメリカの M_1 の定義は現金通貨プラス小切手振出可能預金なので，日本とわずかに異なるものの，（論争では M_1 が問題なので）日本の M_1 に関する所得流通速度を調べてみると，アメリカと同様に所得流通速度は安定的となっていない．1970年代から80年代初頭にかけて隆盛をきわめたマネタリズムは，下火になったといっていいであろう．現在マネタリストの置かれている立場は，J. スティグリッツ（J. Stiglitz）の次の文章によく表されている．

「1980年代に入ると，貨幣の流通速度が予測できない変動を示したり，銀行および金融業の大変動によって金融システムの性質が変化したことにより，多くの経済学者のマネタリズムに対する信頼感は低下することになった」（スティグリッツ（1995）p. 457）．

12.3 日本銀行

12.3.1 日本銀行の役割

日本銀行（日銀）は，唯一日本銀行券を発行できる「発券銀行」，政府以外では市中金融機関のみと取引を行う「銀行の銀行」，および「政府の銀行」としての役割を担っている．そして，以下述べるマネタリーベースの供給をコントロールする金融政策を通じて，「通貨価値の安定」と「信用制度の保持・育

成」という目的の達成に努めている,といわれている.マネタリーベース(ハイパワードマネーともいう)は,銀行など金融機関(以下,銀行)がその数倍の預金通貨を創造する基礎となる通貨という意味で名づけられていて,民間流通現金と銀行の現金準備および日銀当座預金の合計からなる.

　さて,通貨価値の安定については,物価の安定が最優先課題である.物価の安定こそが適正な資源配分と公平な所得分配を通じて国民生活を向上させていく基礎だからである(鈴木(1993) pp.184-185).しかし,対外通貨価値の安定を目指してしばしば為替市場への介入が行われるが,原則的には,変動為替制のもとでは為替相場は市場に任せるべきである.資産価値の安定についても,原則的には市場に任せるべきであるが,1980年代後半のバブルのようなときには適切な措置を採るべきである.極端な投機行為による経済の基礎的条件(ファンダメンタルズという)から離れた異常な資産価格形成は効率的資源配分機能を歪め,不公平な所得分配をもたらす.またバブルの崩壊は,12.4節で述べる膨大な不良債権を発生させ,信用秩序の維持を不安定にする.金融システム全体が不安定化する恐れがあるとき,出資(日銀特融という)して銀行の救済に乗り出すことを最後の貸し手という.この最後の貸し手機能も日銀がもつ重要な機能である.日銀特融は,戦後しばらく発動されなかったが,適正な対策であったかどうかはともかく,1994年12月東京共和信用組合と安全信用組合が経営破綻したさい2度目の発動を皮切りに,その後数度発動された.

　銀行は,家計などの資金余剰部門から企業など資金不足部門へ資金の仲介(間接金融)を行う金融仲介機能と取引の支払・決済を行う支払・決済機能をもっている.信用制度の保持・育成について,金融システムの不安定性が議論されるのは,これらの機能に関してであるが,とくに重要なのは支払・決済機能である.支払・決済が貨幣経済の根幹をなしているからである.日本銀行自ら支払・決済機能の中心に位置し,銀行間取引の決済は,各行の日銀当座預金口座を通じて行われている.

　以下では,日銀がマネタリーベースの供給をコントロールして,マネーサプライにどのような影響を及ぼしているかを,みていく.

12.3.2　マネタリーベースの供給と貨幣乗数

　現金のほとんどは民間非金融部門によって保有され,残りは銀行の現金準備

である．日銀は，現金の圧倒的割合を占める紙幣（2002年6月の流通高は94.1%）を発行するので，現金の供給量をコントロールできると考えられる．日銀当座預金として預けられている銀行の法定準備預金も日銀のコントロール下にある．したがって，日銀は現金と日銀当座預金の合計であるマネタリーベースをコントロールできる，といえる．

マネーサプライをM，マネタリーベースをH，現金通貨をC，預金をD，支払準備金（法定準備預金＋現金準備）をR，現金通貨-預金比率をm，支払準備金-預金比率をrとすると，$M=C+D$，$H=C+R$であるから，

$$\frac{M}{H}=\frac{C+D}{C+R}=\frac{1+m}{m+r}$$

である．よって，

$$M=\frac{1+m}{m+r}H$$

となる．上式の$(1+m)/(m+r)$を貨幣乗数という．$1+m$は1より大きく，$m+r$は1よりかなり小さな値であるから，貨幣乗数は1よりかなり大きくなる．したがって，上式は，マネタリーベースHがその数倍のマネーサプライMを生み出すことを意味する．

mとrが小さいほど貨幣乗数は大きくなる．mは，民間非金融部門の態度，すなわち，マネーのうちどれだけの割合を預金で保有し残りを現金で保有するかの比率によって決まる．rは日銀が定める法定準備率だけでなく，預金が法定準備率の異なる銀行口座間を移動することによっても変動する．さらにrは銀行がどの程度超過準備をもてば日々の営業が円滑に行われるかについての考えによっても左右される．不確実性が強まれば，銀行は超過準備を増やそうとするであろう．しかし超過準備の保有には，貸出から得られる利子収入を犠牲にするという費用がかかる．したがって，銀行は，不確実性の状況に注意を払いながら，超過準備を保有していないときの費用，すなわちコール市場で借りるときの費用（コールレート）や日銀から借りるときの費用（公定歩合）と超過準備を保有するときの費用を考慮のうえ，最適超過準備を決めるであろう．

以上から，日銀はrとmを決めることはできない．したがって，貨幣乗数は不安定にならざるをえないので，マネーサプライを完全にはコントロールできない．

日本の貨幣乗数　「金融経済統計月報」(以下『統計月報』)により,2001年末残高で,日本における貨幣乗数を求める.M_1 が281.7兆円,マネタリベースが88.9兆円であるから,(12.4)式の M と H から計算される M_1 に関する貨幣乗数は,3.17となる.

他方,貨幣乗数に各々の値を代入してみると,M_1 について,現金通貨-預金比率は0.31,支払準備金-預金比率は,0.103であるから,

$$\frac{1+0.31}{0.31+0.103}=3.17$$

となる.M_2+CD に関する貨幣乗数も求めてみる.M_2+CD が671.7兆円であるから,マネタリベース88.9兆円で除すと,貨幣乗数は7.56となる.

銀行の信用創造　2001年末現在で日本では,マネタリベースによって3.17倍の M_1 および7.56倍のマネーサプライ(M_2+CD)が創出されることをみてきた.計算を単純化するために,現金通貨-預金比率 $m=0.25$,支払準備金-預金比率 $r=0.1$ として,銀行がどのような仕組みで預金通貨を創造するかをみる.

銀行は,後述する買いオペレーション(買いオペ)を通じて国債を1億円売り,その代金は当該銀行の日銀当座預金に振り込まれたと仮定する.銀行は,預金や小切手の支払いに必要とされる以上の余分な超過支払準備を抱え込もうとはしない.そこで銀行は日銀の預金口座から現金1億円を引き出し,これを民間企業 A に貸し出すものと仮定する.企業 A は,現金通貨-預金比率$=0.25$ であるから,(当該銀行を含めいずれかの)銀行に $1/(1+0.25)$ 億円$=0.8$ 億円預金し,残りは現金で引き出し $\{1/(1+0.25)\}0.25$ 億円$=0.2$ 億円手元に置く.次に預金を受け入れた銀行は,支払準備金-預金比率$=0.1$ であるから,支払準備金として $\{1/(1+0.25)\}0.1$ 億円を手元に残し,残り $\{1/(1+0.25)\}(1-0.1)$ 億円を民間企業 B に貸し出す.民間企業 B は,$\{1/(1+0.25)^2\}(1-0.1)$ 億円 $=0.576$ 億円を預金し,残り $\{1/(1+0.25)^2\}(1-0.1)0.25=0.144$ 億円を手元に置く.預金を受け入れた銀行は,$\{1/(1+0.25)^2\}(1-0.1)0.1$ 億円を支払準備金とし,$\{1/(1+0.25)^2\}(1-0.1)^2$ 億円を企業 C に貸し出す.企業 C は,$\{1/(1+0.25)^3\}(1-0.1)^2$ 億円を預金し……といった過程が続いていく.

まず,創出された預金を求める[5](単位:億円は省略).

---

5) 以下の計算は,次のように考えるとわかりやすいであろう.

$$\frac{1}{1+0.25}+\frac{1-0.1}{(1+0.25)^2}+\frac{(1-0.1)^2}{(1+0.25)^3}+\cdots=\frac{1}{0.1+0.25}$$

現金通貨は，同様な計算で，上式に現金通貨-預金比率＝0.25 を乗じた値で表される．現金通貨合計は，$0.25/(0.1+0.25)$ である．したがって，これに上式の預金通貨合計 $1/(0.1+0.25)$ を加えて，$(1+0.25)/(0.1+0.25)$（ゆえに $(1+m)/(r+m)$）である．これを計算して，つまり，1億円のマネタリーベースの増加により，その貨幣乗数を乗じた3.6億円のマネー（現金通貨＋預金通貨）が創出されたわけである．

以上は，銀行が民間に貸出を行うことが，ポイントとなる．銀行が優良な貸出先をみつけることができないか，あるいは信用リスク（貸出にともなうリスク）をあまりにも悲観的に考えると，貸出にまわらず，再度国債購入にまわってしまうこともある．この場合には，資金は政府の日銀当座預金に戻っていくので，その限りではマネーの創出はない．政府が当座預金を民間の支払いにあてて初めて，マネーの増加になる．

12.3.3　金融政策

日銀がマネタリーベースの調節を通してマネーサプライに影響を及ぼそうとする主要な金融政策は，公開市場操作，公定歩合操作，準備率操作である．2001年3月より継続されている量的緩和政策も公開市場操作の一種である．以下これらについて説明していく．

公開市場操作　公開市場操作は，銀行だけでなく家計や企業も参加できる公開市場で，割引短期国債（TB），政府短期証券，長期利付国債，手形（CPを含む）等を売買して，金融調節を行う手段である．CP は優良企業が発行する無担保の約束手形である．それは，一定期間後買戻し・売戻しを条件とする売買（現先売買という）操作によっており，翌日物（1日だけ）が中心である．1989年5月に実施され，その後何度か実施されている．上記債券や手形を購入するときは，買いオペレーションといい，マネタリーベースの供給が増加し，逆に売りオペレーションのときはマネタリーベースの供給が縮小する．

$$\frac{1}{(1+0.25)}+\frac{1-0.1}{(1+0.25)^2}+\frac{(1-0.1)^2}{(1+0.25)^3}+\cdots=\alpha+\alpha^2\beta+\alpha^3\beta^2+\cdots=S$$

とおく．$\alpha^2\beta+\alpha^3\beta^2+\cdots=\alpha\beta S$ であるから，上式からこの式を差し引いて $S(1-\alpha\beta)=\alpha$ である．これに $\alpha=1/(1+0.25)$, $\beta=(1-0.1)$ を代入して，S を求めると，$S=1/(0.1+0.25)$ となる．

図12.3 金融政策

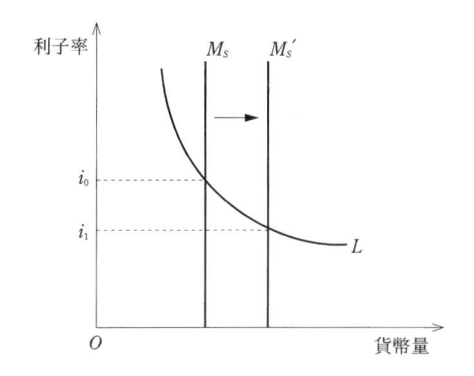

図12.3によって，所得を不変として，公開市場操作の効果をみてみよう．日銀がマネーサプライを M_s から M_s' へ増加させ，利子率を i_0 から i_1 へ低下させたいと考えているとする．買いオペレーションの規模は，銀行の信用創造の項目でみたように，貨幣乗数の逆数ですむので，M_sM_s' の数分の1である．

しかし実際には，正確に目標を達成できるわけではない．242ページで述べた理由で，貨幣乗数が不安定だからである．近年のマネーサプライ指標（M_2＋CD）に関する貨幣乗数は，年末残高でみて，1996年9.91，1998年9.96であるが，2000年8.73，2001年7.56へと低下してきている（『統計月報』）．

公定歩合操作　公定歩合とは，中央銀行（日本では日銀）が市中銀行に貸付を行うときの利子率である．この利子率は，商業手形割引率および国債や債券等を担保とする貸付利子率からなっている．2001年9月19日以降2003年1月20日現在の公定歩合，すなわち「基準割引率及び基準貸付利率」は0.10%である（『統計月報』）．

公定歩合の変更は，その都度公示される．公定歩合操作は，日銀の貸出金利の変更を通じて銀行の準備金を増減させる政策である．したがって，公定歩合操作は，直接準備金を増減させる公開市場操作に比して，間接的である．

公定歩合が下がれば，銀行の資金調達コストが低下し（これを公定歩合のコスト効果という），銀行には支払準備金を増やす誘因が働く．準備金の増加が貸出増加に繋がれば，たとえば，図12.3でマネーサプライを M_s から M_s' へと増加させるであろう．公定歩合の引き上げは逆の影響をもっている．

公定歩合変更は，直接のコスト効果だけではなくて，アナウンスメント効果をももっている．すなわち，日銀の金融政策に対する態度を周知徹底させる効果である．公定歩合が上（下）がれば，銀行は金融引き締め（緩和）を予想し，貸出に消極的（積極的）に動く，ということである．

公定歩合操作は日本の代表的金融政策であったが，近年は，公開市場操作に比重が移り，コスト効果もアナウンスメント効果もあまり働かなくなっている．

準備率操作　準備率操作は，銀行が法定準備率として預金の一定割合を日銀当座預金として預けなくてはならない率，を変更する政策である．預金量や預金の種類によって法定準備率は異なる．預金量が大きくなれば準備率は高く，要求払預金は定期性の預金（CDも含む）より準備率が高く設定される．日銀が準備率を低く（高く）すれば，準備金に余裕（逼迫感）が生まれ，銀行は貸出を増やそう（減じよう）とする．

量的緩和政策　量的緩和政策は，銀行の日銀当座預金を目標額だけ増加するように，長期国債買い切り等を実施するということである．従来に比して，買いオペの対象範囲も広がっているので，現在のところ，支払準備金は確かにほぼ目標通りに増加している．しかし問題は，増加した支払準備金が貸出増加に向かうかどうかである．実際 2001 年 3 月以降貸出はむしろ減少しており，とくにマネタリーベースは対前年同月比（平均残高）で，2001 年 9 月〜2002 年 6 月まで，14.2〜36.3％の増加率であるが，マネーサプライの増加率は 3％台でこれまでの数年とほとんど変らない．これは，両者の差だけ，貨幣乗数増加率がマイナスであった（貨幣乗数が低下した）ことを意味する．

以上の金融政策に加えて，日銀がコール市場に直接介入して，オーバーナイト（翌日物）金利をゼロかゼロ付近にするゼロ金利政策（1999 年 2 月から 2000 年 8 月まで）が採られ，日銀への担保の範囲内で公定歩合で希望額だけ借りられるロンバート型貸出も行われている．

12.4 不良債権問題

12.4.1 不良債権とはなにか

不良債権とは，利子受取りや元本の回収が不可能か困難な貸出である．不良債権の定義は，目的，対象資産，区分方法，担保引当カバー部分の扱い方によ

第12章　マネーの役割　　247

表 12.1　不良債権の概念図と現状（単位：兆円）

リスク管理債権 42.0（＋9.5）	金融再生法開示債権 43.2（＋9.6）	自己査定 71.1			
破綻先債権 3.0（－0.3）	破産更生債権及びこれらに準ずる債権（法的適用を申請して事実上倒産したかこれに準ずる）7.4（－0.3）	破綻先・実質破綻先 7.4			
延滞債権（6ヵ月以上元利の受取りが遅延している債権）22.3（＋4.5）		第Ⅰ分類	第Ⅱ分類	第Ⅲ分類	第Ⅳ分類
	危険債権（経営成績悪化のため元本や利息の受取り困難）19.3（＋4.3）	破綻懸念先 19.3			
		第Ⅰ分類	第Ⅱ分類	第Ⅲ分類	
3ヵ月以上延滞債権 0.6（－0.07）	要管理債権（3ヵ月以上延滞債権及び貸出条件緩和債権）16.5（＋5.6）	要注意先 80.2			
貸出条件緩和債権 16.1（＋5.4）		第Ⅰ分類	第Ⅱ分類		
		正常先　393.4 第Ⅰ分類			

(注)　2002年3月末全国銀行の数字で，（　）内は前年3月末比．
(出所)　金融庁資料と『日本銀行調査月報』2002年8月より作成．

って，リスク管理債権，金融再生法開示債権（以下，再生法開示債権），自己査定の3つに分類されている[6]．リスク管理債権と再生法開示債権は，前者が債権者ベース，後者が債務者ベース，対象資産は後者がやや広い点を除けば，規模の面を含めて似ている．自己査定は，銀行が償却・引当準備を目的として自己資産を査定するためのものである．

　表12.1に3つの分類の概念図が示されている．金融庁資料によると，IからIVまでの分類は，回収の困難な順から，IV（第4分類）：回収不能債権，III（第3分類）：回収に重大な懸念のある債権，II（第2分類）：回収に注意を要する債権となっていて，I（第1分類）は優良担保などがあるため回収の可能性が高い債権とされている．したがって，自己査定分類の回収上の問題債権

---

6)　金融庁資料によれば，リスク管理債権は銀行法等による開示を目的とし，再生法開示債権は再生法等に基づく開示を目的としている．対象資産は，自己査定が総資産と最も広く，再生法開示債権は貸出金のほか貸付有価証券等を含む総与信で，リスク管理債権は貸出金だけである．また担保引当てでカバーされる部分は，リスク管理債権と再生法開示債権には含まれているのに対し，自己査定では分類において勘案されている．なお金融庁が不良債権というときは，再生法開示債権に依拠している．

は，貸出先の財務内容からみた要注意先以下破綻先までとⅡ〜Ⅳまでが重なる部分，71.1兆円である．この債権額とリスク管理債権や再生法開示債権による額（それぞれ42兆円，43.2兆円）との差異は，延滞債権以下と危険債権以下に第Ⅰ分類債権を含むということと，要注意先債権と要管理債権や3ヵ月以上延滞・貸出条件緩和債権との相違によっている．

12.4.2　不良債権はなぜ発生したのか

　不良債権はなぜ発生したのであろうか．それは，バブルの形成・崩壊にともなう資産デフレに起因する．したがって，まず，なぜバブルが形成されたのか，その原因をごく簡単に探ってみよう．

　第1は，1985年9月にドル高を是正するための国際協調（「プラザ合意」）後生じた急激な円高是正措置として，日銀による円売り・ドル買いが実施され，円が過剰に供給されたことである．さらに，1987年2月「ルーブル合意」後には公定歩合が再三引き下げられ，87年2月には史上最低といわれた2.5%になる．そして，それは89年5月3.25%に引き上げられるまで継続された．

　第2は，製造業大企業を中心として，1970年代後半からしだいに顕著になりはじめた，銀行離れである．日本開発銀行の『調査』によって，これをみると，資本金10億円以上製造業大企業の資金調達のうち借入金の占める比率は，70〜73年42.2%，74〜78年27.3%，79〜85年9.1%となり，86〜90年では−1.0%とマイナスになってしまった．

　このため銀行は，新たな融資先を開拓する必要に迫られた．1つは，海外に進出していったことである．そして邦銀の貸出競争に脅威を感じた欧米の銀行は貸出に一定の枠をはめることを試み，その産物が1988年のBIS（国際決済銀行）規制である，といわれている．このさい，邦銀は，株式などの有価証券の含み益（45%を限度）を自己資本に組み込むということを条件に，規制の導入に妥協した．BIS規制の内容は，国際業務を営む銀行は1993年3月までに自己資本比率（自己資本／総資産）を8%以上にしなければならない，というものである．自己資本比率の分母である総資産の大部分は貸出である[7]．分子の自己資本は含み益のほか資本金や準備金などである．有価証券の含み益とは，

---

[7]　正確にいえば，資産額は，保有資産ごとの安全度を示すリスクウエイトを乗じて，それらを合計して算出される．自国国債は最も安全とみなされリスクウエイト0%，貸出は100%である．

有価証券の時価と帳簿価額との差である．もう1つは，銀行が不動産業などの非製造業や中小企業へと，貸出をシフトさせていったことである．

　以上の金融緩和，とくに1987年以降の金融緩和と銀行の土地や株式を担保にした不動産業とそれに関連する建設業への過剰融資が資産インフレに結びついたのである．実際，1985年以降から高率の，とくに，87年から90年まで10％を超えるマネーサプライ増加率が続いた．このマネーが土地や株式の購入に向かい，これらの資産価格を上昇させるとともに，担保価格上昇による資金調達の易化や大企業を中心にしたエクイティファイナンス（株式の発行をともなう資金調達）の促進を通じて，（それらにより調達された資金が直接・間接に資産の購入にまわり）一層の資産価格の上昇を招くという循環を生み出していった．1984年の金融自由化も，先物為替予約によるワラント債（新株引受権付社債）の発行を著しく増加させ，こうした現象を増幅していった，と考えられる．なお，先物とは将来の受け渡しの条件を現在定めておこうとするものである．為替先物の場合，為替相場の変動などによる損失を回避する目的で考案された．

　資産バブルは，資産価格がファンダメンタルズから乖離しているために，いずれは崩壊する．しかも，それは，現状がいつまでも続くであろうという「惰性」と呼ばれる薄弱な確信に基づいているので，ケインズの言葉を援用すれば，その崩壊には投機的確信が弱まるか信用の状態が弱まるか，そのいずれかだけで十分である．事実，1989年5月以降，10月，12月と再三公定歩合が引き上げられるにつれ，日経平均株価は12月ピークをつけた後，下落しはじめ，地価についても，土地基本法や土地関連融資の総量規制の影響も加わり，90年代に入って下落しはじめた．

　土地担保については，地価は絶対下がらないという「土地神話」に支えられていたので，担保価値の査定も甘く，バブルの崩壊・不況によって経営難に陥った企業の貸出金を清算しようとすると，担保資産売却で貸出金の価値をカバーできないという不良債権問題を続出させた．また，株価の下落は，含み益を減少，さらには含み損をもたらすために，BIS基準8％維持が困難か不安を抱える銀行が続出し，クレジットクランチ（貸し渋り）問題が発生した．

12.4.3 不良債権問題の現状

早期に抜本的不良債権処理を行っていれば，不良債権問題がバブル崩壊後10年以上も続くことはなかったであろう．政府も幾度となく対策を打ち出してきたが，問題の抜本的処理は先送りとなってきた．当初土地などの資産価格は回復するという期待も，解決を遅らせた．

不良債権の現状は，再生法開示債権でみると，表12.1にあるように，全国銀行計で2002年3月末43.2兆円（最近公表された2002年9月末の数字は40.1兆円でやや減）で，総与信（主として貸出，他に貸付有価証券，未収利息等）に対する比率は8.4％に達し，前年比（債務者の業況悪化や判定基準の厳格化があり）9.6兆円増加している．また，表には示していないが，全国銀行に信用金庫や信用組合など協同組織金融機関を加えた預金取扱金融機関合計では，同年3月末の不良債権は，52.4兆円となっている（金融庁資料）．

これまで銀行は，不良債権処理をやってこなかったわけではない．『日本銀行調査月報』(2002年8月)によると，全国銀行の不良債権処理額は，1991年度以降2001年度までの累計で，90兆円（破綻行を含む）であり，しかもコア業務純益を上回る処理額が94年度以降8年連続で続いている状態である．その結果，銀行の経営体力は限界にきている，といわれている．

12.4.4 不良債権問題の解決に向けて

2002年2月政府は「早急に取り組むべきデフレ対応策」をとりまとめ，RCC（整理回収機構）による積極的な不良債権買取等の施策を盛り込んだ．また，政府は，2002年4月主要行の破綻懸念先以下の債権について，2年以内，新規発生分は3年以内にオフバランス化をするという緊急経済対策を発表した（以上，金融庁資料）[8]．さらに，BIS基準8％を安定的に維持するため，銀行は保有している事業会社の株式を整理・売却していかなければならないが，そのさいに，含み損（BIS基準では含み損の60％を分子と分母から控除）によって，BIS基準を満たさなくなる銀行が出てくることを恐れた日銀は，2002年9月18日大手銀行を対象に，銀行保有株式を購入するという前例のない政策を

[8) オフバランス化とは，最終処理（直接償却）ともいわれ，不良債権の売却，貸出先企業の法的整理，および債権放棄によって，不良債権を帳簿から切り離してしまうことである．貸倒引当金を設定して処理する方法は，間接償却と呼ばれ，いまだ帳簿に残っている．

発表した．10月に入って公的資金（税金）の銀行への投入も検討されている．また，要管理債権を買い取り再建を支援する産業再生機構も2003年5月に発足することになっている．

　さて，不良債権処理に際して金融システムの金融仲介機能と支払・決済機能の不安定化を懸念するあまり，銀行救済措置が，行き過ぎたものになってはいけない．また逆に，不良債権処理を加速する過程で健全な銀行を潰すべきでないことは，いうまでもない．銀行の貸出先企業についても同様なことがいえる．

　重要なことは，長期的に金融システムをどのように再編するかという視点をもって処理にあたることである．それは，大企業を中心にした銀行離れ，借入れから社債や株式等への企業金融の潮流の変化，に適合したものになる必要がある，ということである．最後に，不況対策は，不良債権処理の過程で生じると予想される雇用悪化を食い止めるためだけでなく，不良債権を円滑に処理するためにも，必要であることを述べておきたい．不良債権を処理しても，不況が深刻化すれば，新たな不良債権が発生してしまうからである．

参考文献

R. ドーンブッシュ・S. フィッシャー，廣松毅訳（1992）『マクロ経済学』（上），マグロウヒル出版．
Freedman, Craig, ed. (2001) *Economic Reform in Japan*, Edward Elgar.
堀内昭義（1998）『金融システムの未来』岩波新書．
J. M. ケインズ，塩野谷祐一訳（1983）『ケインズ全集7 雇用・利子および貨幣の一般理論』東洋経済新報社．
金融庁資料（「平成14年3月期における不良債権の状況等（ポイント）」の表1〜5等）．
宮崎義一（1992）『複合不況』中公新書．
日本銀行『日本銀行調査月報』各年各月．
日本銀行調査局『金融経済統計月報』各年各月．
日本銀行金融研究所（1995）『新版　わが国の金融制度』日本信用調査株式会社．
日本開発銀行（1992）『調査　80年代のマネーフローと今後の企業金融』第162号．
柴沼武・森映雄・藪下史郎・畠間文彦（1993）『金融論』有斐閣．
J. スティグリッツ，藪下史郎・秋山太郎・金子能宏・来立力・清野一治訳（1995）『マクロ経済学』東洋経済新報社．
鈴木淑夫（1993）『日本の金融政策』岩波新書．

第13章　物価と失業

13.1　物価をどのように測定するか

本節では物価がどのように測定されるのかについて述べる．物価の代表的なものに，GDP デフレータがあり，ほかにも消費者と密接な関連をもつ消費者物価指数，卸売業に密接な関連をもつ卸売物価指数等がある．これらの指標がどのように測定されるのか，その測定方法とともに測定方法の限界についても指摘する．

13.1.1　GDP デフレータ

　GDP デフレータ（Deflator）とは，経済全体の物価の動きを表す指標である．GDP デフレータを算出するには，まず GDP を計算する必要がある．GDP を構成している各構成項目の生産量に当該年の価格を掛け，構成項目すべてについて足し合わせるのである．このようにして，生産年時の市場価値で集計された GDP は，名目 GDP と呼ばれ，物価の上昇の部分と生産量の拡大の部分が含まれていることになる．一方，実質 GDP とは，ある基準となる年を決め，基準年の価格で他の年の GDP を評価するものである．例として，1995 年を基準年とすれば，2000 年の実質 GDP は 2000 年の GDP 構成項目の生産物の数量に，1995 年の構成項目の価格を掛けて足し合わせたものとなる．

　このようにして求められた名目 GDP と実質 GDP を用いて，GDP デフレータは次のように算出される．

$$\text{GDP デフレータ} = \frac{\text{名目 GDP}}{\text{実質 GDP}} \times 100$$

　図 13.1 は 1986 年から 2001 年までの GDP デフレータの推移を表したもの

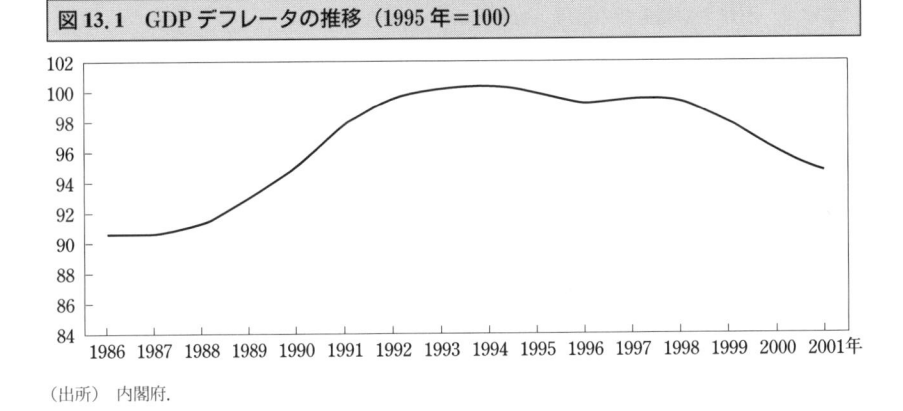

図 13.1 GDP デフレータの推移（1995年=100）

（出所）内閣府.

である．バブル崩壊後の 1994 年（100.4）をピークとして，それ以後は減少傾向にあることがわかる．

13.1.2 消費者物価指数と卸売物価指数

消費者物価指数（CPI：Consumer Price Index）とは，全国の消費者世帯＝家計が購入する財やサービスの価格を総合した指数であり，総務庁によって 1946 年から時系列的に作成されているものである．家計が購入している商品の価格が基準年と比較してどうなっているのかをみる指数であり，家計にとっての物価がどのように動いているのかを知ることができる．具体的には，比較する年の消費財の価格に基準とする年の消費財の消費量を掛けて足し合わせた数値を，基準年の消費財の価格に基準年の消費量を掛けて足し合わせた数値で割って 100 を掛けた数値が物価指数となる．物価指数に算入される品目は，家計の消費支出の中で重要度が高く家計が購入する多数の財・サービス全体の物価変動を代表できること，価格変動の面で代表性があること，継続的に調査が可能であること等の観点から選定される．これらの要件を満たす品目によって，消費者物価指数は次式で計算される．

$$消費物価指数 = \frac{\Sigma P_i^t Q_i^0}{\Sigma P_i^0 Q_i^0} \times 100$$

ここで，P_i^t は i 財の比較年 t 期における価格，P_i^0 は i 財の基準年 0 期における価格，Q_i^0 は i 財の基準年 0 期における消費量である．このような物価指数

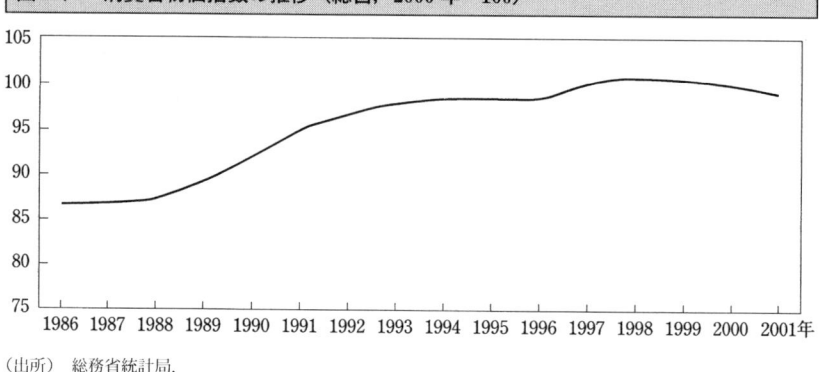

図 13.2　消費者物価指数の推移（総合，2000 年＝100）

(出所)　総務省統計局．

の作成方式はラスパイレス方式と呼ばれる．したがって，消費者物価指数とは，基準年の家計の消費構造を一定なものと固定し，比較年でもそれが変化しないと仮定した場合に，財・サービスの購入に要する総費用額がどのように変化してきているのかを指数値で示したものである．図 13.2 は 1986〜2001 年までの消費者物価指数の推移である．

　図 13.2 によると，わが国の物価は，1991 年のバブル経済崩壊後，急激な円高が進行し，規制改革が実施されたこともあって，指数の上昇幅は年々低下し，1995 年には現基準値で比較可能な年である 1971 年以降初めて下落している．その後，1996 年から 1998 年（101.0）までは消費税率の引き上げ等もあり，わずかながら上昇はしているものの，1999 年（100.7）再び下落しそれ以降は下落を続けている．下落を続けているという現象は 1971 年以降初めてのことである．

　さて，消費者物価指数はこのようにラスパイレス方式で算出され，家計が購入する財・サービスの種類や品質，または購入数量の変化等によって，家計の生計費の変化を測定するものではないものの，基準年が以前になればなるほど，消費者の生活様式が異なってきて，比較年での消費構造が変わる可能性が高くなる．これはラスパイレス方式で作成される消費者物価指数の問題点といえるであろう．もちろん，総務庁も消費構造の変化に合わせて基準年を一定の周期で新しくする「基準改定」を行っているものの，短期間に嗜好の変化等が生じれば改善されないのと同じになる．

図 13.3　卸売物価指数（総合 1 月分，1995 年平均＝100）

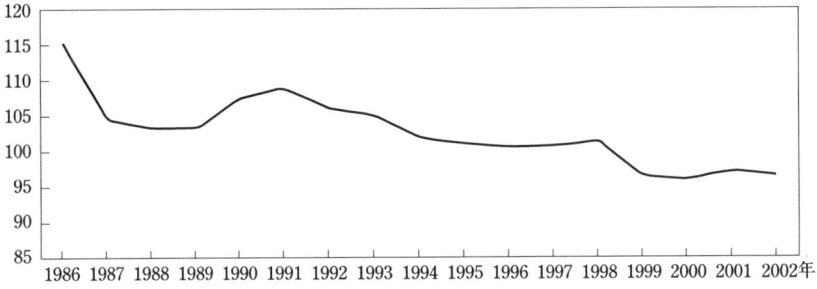

(出所)　日本銀行．

　次に，卸売物価指数（WPI：Wholesale Price Index）とは，企業間で取引されている財の取引価格を総合した指数であり，日本銀行から公表されている．卸売物価指数には，国内卸売物価指数，輸出物価指数，輸入物価指数，およびこれらを総合化した総合卸売物価指数（図 13.3）がある．国内卸売物価指数とは，国内市場向けの卸売製品の物価指数であり，輸出物価指数と輸入物価指数は貿易取引を対象とした物価指数である．作成方法は，消費者物価指数と同様，ラスパイレス方式が用いられている．したがって，卸売物価指数も基準年の企業の取引構造を一定なものと固定し，比較年でもそれが変化しないと仮定したうえで，比較する年の卸売製品の価格に基準とする年の卸売製品の取引量を掛けて足し合わせた数値を，基準年の卸売製品の価格に基準年の取引量を掛けて足し合わせた数値で割って 100 を掛けたものになっている．卸売物価指数において，取引構造を一定と想定しているのは問題であり，近年のわが国の産業構造の変化を勘案して，2000 年基準になる 2003 年 1 月からの公表が，卸売物価指数から企業物価指数へと名称が変更される予定である．

13.2　物価の変動とマクロ経済

　本節では物価の変動とマクロ経済がいかに密接に結びついているのかについて述べる．物価を決定する総需要曲線と総供給曲線を描き，物価がどのように決定されるのか，またインフレと失業の関係を表したフィリップス曲線，失業

率ギャップと GDP ギャップの関係を表しているオークンの法則，インフレーションとはどういう状態か等々について述べる．

13.2.1 総需要曲線

総需要曲線とは，財・サービスに対する集計された総需要と物価水準の関係を示したものである．総需要曲線は IS-LM 曲線より導くことができる．図 13.4 において，貨幣市場の均衡を示す LM_0 曲線と財市場の均衡を示す IS 曲線の交点 E_0 では，貨幣市場と財市場が同時に均衡している．そのときの利子率は r_0，国民所得は Y_0 である．また均衡時の物価水準を P_0 とし，名目貨幣供給量 M を一定とする．ここで，物価水準が P_1 へ下落すると，実質貨幣供給量 M/P は増加するので，貨幣市場で利子率が低下し，民間投資が増加して，その乗数倍の所得が増加することになるので，LM_0 曲線は右方へシフトし LM_1 となる．その結果，IS 曲線と LM 曲線の交点は右方へシフトする（E_1）．国民所得が増加し，Y_1 となる．したがって，物価が下落すれば，国民所得が上昇することになり，右下がりの曲線が得られる．この曲線が総需要曲線 AD で

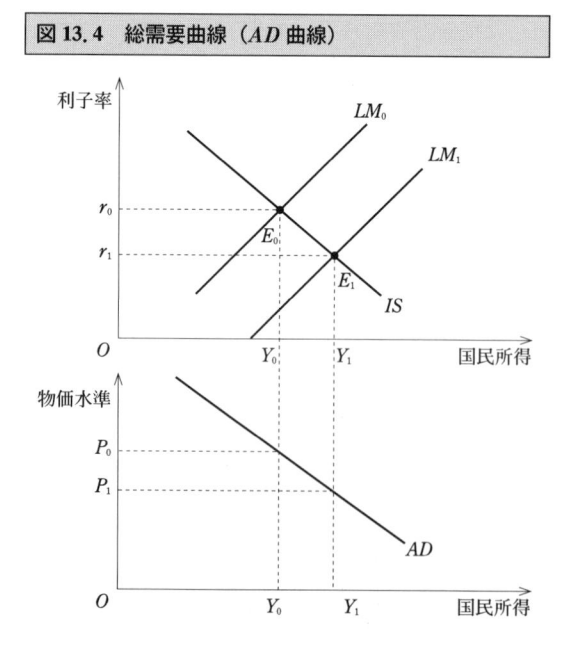

図 13.4 総需要曲線（AD 曲線）

ある.

　AD 曲線は通常右下りであるものの，利子率が十分に低くもうこれ以上下がらないであろうと人々が信じているときには「流動性の罠」が発生し，貨幣需要が無限になるので LM 曲線は水平になり，また利子に対して投資が非弾力性をもつときは IS 曲線が垂直になるので，これらのもとでは AD 曲線は垂直となる.

　なお，AD 曲線は物価以外の要因が変化することによって，総需要が変化すれば，シフトすることになる．消費支出，投資支出，政府支出等の増加は，IS 曲線を右方へシフトさせるので，AD 曲線も右方へシフトする．また，名目貨幣供給量が増加したときも，LM 曲線は右方へシフトするので AD 曲線も右方へシフトすることになる．

13.2.2　総供給曲線

　総供給曲線とは，実質国内総生産と物価水準の関係を表したものである．総供給曲線は，労働市場の動向が大きく関係している．労働供給曲線（N^S）は労働者の労働供給行動を表しており，賃金率が高いほど，より多くの人が働こうとするであろうし，またより長時間働こうとするであろうから，曲線は右上がりになる．一方，労働需要曲線（N^D）は，企業による労働需要を表しており，右下がりとなる．労働需要曲線が右下がりとなるのは，労働需要が賃金率の減少関数であることを示している．賃金が低ければ，企業にとってそれだけ低コストで生産できるので，労働需要が増えることになる．労働の需要と供給によって賃金率が決定し，同時に雇用量も決まる．雇用量が決まれば，生産関数によって生産量も決定される．総供給が変動するのは，失業や操業短縮等の労働力の変動が生じる場合である．図 13.5 はある物価水準で労働需要と労働供給が均衡している場合である．ただし，縦軸は物価水準と雇用量との関係をみるために，実質賃金でなく名目賃金をとっている．名目賃金 w で完全雇用 N_f を達成している．

　物価が上昇すると，名目賃金が一定の場合には実質賃金が下落する．実質賃金が下がれば，雇用量が増大していく．雇用量が増大すれば生産量も増大する．このようにして，物価と総生産の関係は右上がりの曲線となり，これを総供給曲線（AS 曲線）というのである．ただし，図 13.5 のように，既に完全雇用

図13.5　総供給曲線（AS曲線）

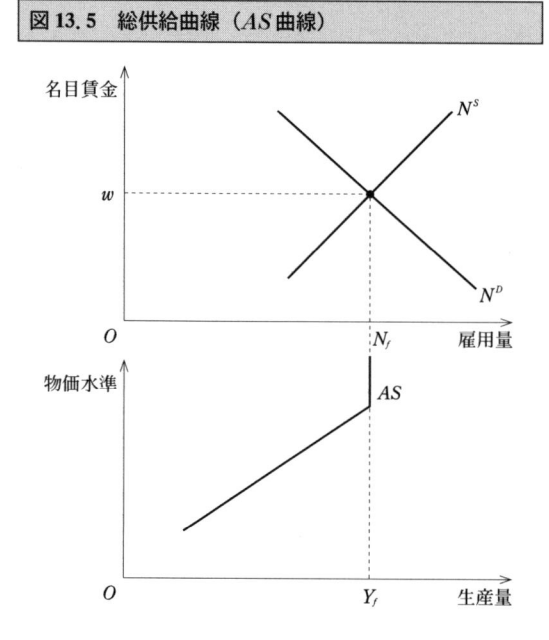

に達していれば，物価水準がいくら上昇し実質賃金が下がっても生産量は増加しない．この場合 AS 曲線は垂直になる．

13.2.3　物価の決定

上述のように，総需要曲線とは，財・サービスに対する集計された総需要と物価水準の関係を示したものであり，財市場と貨幣市場において，均衡をもたらす国民所得（実質国内総生産＝実質 GDP）と物価水準の動きを表した右下がりの曲線である．一方，総供給曲線とは，実質国内総生産と物価水準の関係を示したものであり，労働市場の動きを反映している右上がりの曲線である．

個別の財・サービスの価格は，各々の需要と供給で決定されるのに対して，経済全体の物価水準は，図13.6のように総需要曲線 AD_0 と総供給曲線 AS の交点 P_0 に決定される（生産量は Y_0）．

ここで，政策効果を考えてみよう．消費支出や投資支出の増大，政府支出の増大，輸出の増加，金融政策緩和による貨幣供給量の増大，等々によって総需要が増加すれば，総需要曲線は右方へシフトする．したがって，物価は上昇し，

図13.6 物価水準の決定

図13.7 フィリップス曲線

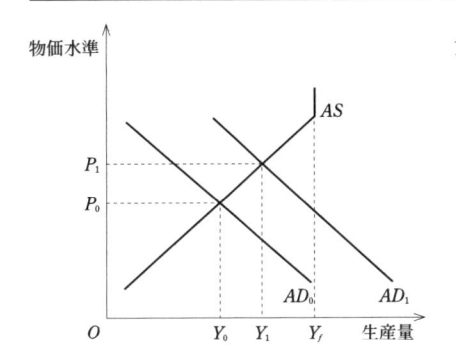

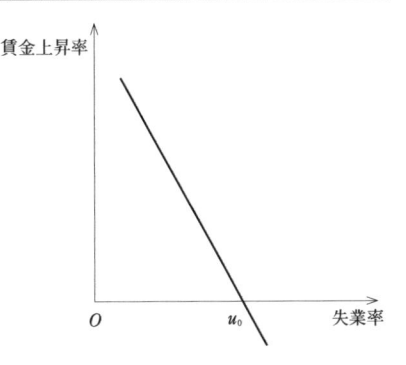

実質総生産は増加することになる．例として，貨幣供給量を政府が増加させるものとしよう．この場合，利子率が下がり，投資が刺激される．投資が増大すれば，乗数プロセスを通して，総需要を乗数倍増加させる．図13.6のAD_0曲線はAD_1曲線へとシフトし，結果的に物価水準と総生産は増加して，各々P_1とY_1になる．ただし，AS曲線の垂直部分でAD曲線が交わるなら，経済は完全雇用下（Y_f）にあるので，総生産はそのままで，物価水準のみが上昇することになる．

13.2.4 フィリップス曲線

イギリスの経済学者フィリップス（A. Phillips）は，1861年から1957年までの約100年間の自国の統計データにより，イギリスにおける貨幣（名目）賃金の上昇率と失業率の関係について調べて，貨幣賃金の上昇率と失業率は負の相関関係にあること，すなわちトレードオフの関係にあることを発見した．図13.7のように，縦軸に貨幣賃金率の上昇率，横軸に失業率をとると右下がりの曲線となり，これはフィリップス曲線と呼ばれる．失業率が低く，労働市場が逼迫しているとき，貨幣賃金の上昇率は大きくなり，逆に失業率が高いときには労働市場が緩み貨幣賃金の上昇率は小さくなるというものである．ここで，貨幣賃金率が普遍であるような，賃金上昇率がゼロとなる失業率は自然失業率と呼ばれる．実際の失業率が自然失業率u_0より低くなると，貨幣賃金は上昇し，さらに失業率が低くなれば，賃金上昇率はさらに高くなるのである．逆に，

自然失業率よりも失業率が上昇すれば，貨幣賃金は下落することになる．

　企業の価格決定方式が単位当たりの費用に純利潤部分を上乗せするというフルコスト原理に従うのであれば，賃金の変化率は物価の変化率と労働の生産性の上昇率との和になる．労働の生産性が一定だとすると，賃金の変化率と物価の変化率とは1対1に対応することになる．したがって，貨幣賃金の変化率と失業率のトレードオフの関係はインフレ率（物価の変化率）と失業率のトレードオフ関係に還元されることになる（これを物価版フィリップス曲線ともいう）．失業率が低いときにはインフレ率は高く，失業率が高いときにはインフレ率が低くなるのである．日本の高度成長期時代にはこのような安定したフィリップス曲線が存在したといえるであろう．しかし，1973年の第1次石油ショックの発生以降，不況の中での物価上昇が生じるというこれまで先進国が経験したことのない現象に直面し，失業とインフレの間のトレードオフ関係は，明確には表れなくなってきた．インフレ率が高くなっても，失業率は一旦低下するものの，しだいに元の失業率の水準に戻るという傾向が出てきたのである．フリードマン（M. Friedman）は，このことを説明するために，長期的には物価上昇率には依存しない失業率があると考えた．どのようなインフレのもとでも長期的にはある一定の値の失業率が存在することを主張したのである．この失業率のことを自然失業率（u_0）という．フィリップス曲線は自然失業率で垂直な直線となり，これは長期フィリップス曲線と呼ばれる．もし，現在，社会が自然失業率の水準にあるなら，一時的に失業率を下げるために景気刺激策をとることは間違った政策となる．なぜなら，景気刺激策をとると，確かに一時的には短期フィリップス曲線（予想インフレ率を織り込んだもの）に沿ってインフレは発生するものの失業率は下がる．しかし，やがて人々はインフレ率を織り込むようになり，そうすると予想インフレ率のより高い短期フィリップス曲線の右方シフトが生じ，失業率は結局元の水準に戻ることになる（図13.8参照）．したがって，景気刺激策の効果がないうえにインフレ率は前よりも上昇しているのである．

　失業率とインフレ率がともに高い状態＝不況下の物価高のことをスタグフレーション（stagflation）という．このスタグフレーションは物価版フィリップス曲線でいうと右上がりになっていることを意味する．しかし，短期的には右下がりであり，それが石油ショック等の経済構造の変化によって自然失業率が右

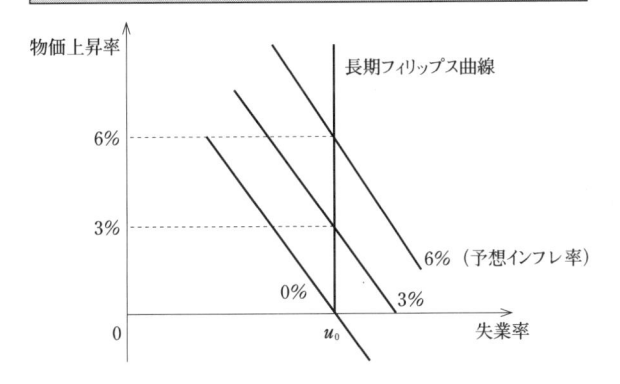

図 13.8　長期フィリップス曲線と自然失業率

方へシフトし，あたかも右上がりになっているようにみえるのである．フィリップス曲線のシフト要因としては，摩擦的失業が増加し自然失業率が上昇する場合や職探しで失業が増加する場合，および失業手当てが長期間にわたって受けられる場合も自然失業率が上昇する．また，賃金等の投入財価格の上昇はインフレ率を上昇させ，インフレの進行によるインフレ期待（予想インフレ率）が右方へシフトする．反対に，情報提供等により職探しが容易になるときや労働者1人当たりの生産性を高める生産技術が進歩したときは左方へシフトする．

13.2.5　オークンの法則

財市場と労働市場がいかに密接に関連しているかを示すものとして，オークンの法則（Okun's law）がある．オークンの法則は，財市場の需給と労働市場の需給の関係＝実質 GDP と失業率の関係を明らかにしたものであり，オークン（A. M. Okun）がアメリカ経済において1％の失業率の減少が3％の産出量の増加をもたらすという経験的な事実を発見したことによる．これを式で表すと，

$$u - u_0 = -\alpha(Y - Y_f)$$

となる．ここで，Y は現実の実質 GDP，Y_f は完全雇用時の実質 GDP，u を現実の失業率，u_0 を自然失業率とする．この式では GDP ギャップ（現実の実質 GDP と完全雇用時の実質 GDP の差）が拡大すればするほど，失業率ギャッ

図13.9 オークンの法則

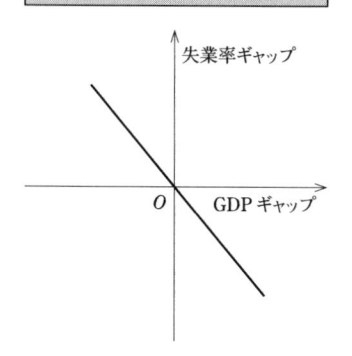

（図：縦軸「失業率ギャップ」、横軸「GDPギャップ」、原点Oを通る右下がりの直線）

プ（現実の失業率と自然失業率の差）が拡大することになる．α はオークン係数と呼ばれるもので，その値が大きいほど，実質GDPの低下がより高い失業率をもたらすといえる．現実の実質GDPが完全雇用時の実質GDPから離れてしまうと，通常は $Y-Y_f<0$ なので，$u-u_0>0$ となり，現実の失業率が自然失業率を上回ることになる．これを図で表すと右下がりの曲線となる（図13.9）．

一般的にアメリカのほうが日本よりオークン係数が大きいといわれている．アメリカではレイオフ（layoff）＝一時解雇制度が確立しているので，産出量を削減する場合にはレイオフによって労働者数を減らし労働雇用量を減少させる傾向があるのに対して，日本では労働時間等の短縮によって労働投入量を減らし結果として労働雇用量を減少させる傾向がある．レイオフは失業に入るので，実質GDPの低下が失業に与える影響が大きくなる．しかし，近年では日本においてもレイオフを実施する企業が徐々に増えおり，それにともなってオークン係数も大きくなるものと思われる．

13.2.6 インフレーション

インフレーションとは物価水準が持続的に上昇していく現象である．インフレの発生原因として考えられるのは，総需要が総供給を上回ることで生じるディマンドプル・インフレーション（demand-pull inflation）と，供給側が発生原因となるコストプッシュ・インフレーション（cost-push inflation）である．

1970 年代初め，田中角栄元首相の唱えた日本列島改造論によって，国中に列島改造ブームが沸き起こったことは，前者の例としてあげられる．このブームによって大規模の公共事業が実施され，それが総需要を大きく増加させ，物価が急騰したのである．さらに，1980 年代後半，地価等の際限のない値上がりでバブルが発生したのも前者の例に入る．後者の例として，1970 年代に発生した石油ショックがある．OPEC（石油輸出国機構）による原油価格の大幅な値上げは，輸入国の石油価格上昇に繋がり，第 1 次石油ショック（1973 年），第 2 次石油ショック（1979 年）を引き起こした．とくに，第 1 次石油ショックでは製品価格に転嫁され，当時の経済が過剰流動性であったこともあり，物価が急騰し「狂乱物価」とも呼ばれた．このようにして生じたコストプッシュ・インフレは物価の上昇と失業，両方をともなうことになる．なぜなら，需要が変化しないで物価が上昇しコストが上昇するので，企業は生産を削減するようになり，そのために雇用が減少し失業が発生するからである．

このことを理論で確認してみよう．

まず，ディマンドプル・インフレの場合，図 13.10 のように，当初の均衡点が E_0，生産量 Y_0，物価水準は P_0 であるとする．そのとき完全雇用生産量は Y_f であり，Y_0 より大きい．ここで，消費，投資あるいは政府支出が増加すれば，総需要曲線 AD_0 は右方へシフトし，AD_1 となる．新しい均衡点は E_1 である．物価水準は P_1 に上昇し，生産量も Y_1 まで増加する．この需要の増加によって生じた物価水準の上昇が，ディマンドプル・インフレである．もちろん，総需要曲線がシフトして AD_2 となれば，均衡点は E_2 となり完全雇用生産量水準 Y_f に達するので，生産量はそれ以上増加しないで，物価水準のみが上昇することになる（P_2）．

一方，コストプッシュ・インフレの場合，原材料等の投入財価格が高騰すると，総供給曲線 AS_0 は左方へシフトして AS_1 となる．新しい均衡点は E_3 である．物価水準は P_3 へ上昇し，生産量は Y_3 へと減少する．このコストの増加によって生じた物価水準の上昇が，コストプッシュ・インフレである．

図 13.10 のように，ディマンドプル・インフレとコストプッシュ・インフレの違いは生産量が増加するか，減少するかにある．インフレは一般的に好景気に起こりやすいが，上述のように，1970 年代以降生じるようになったスタグフレーションではインフレは不況下でも発生することになる．

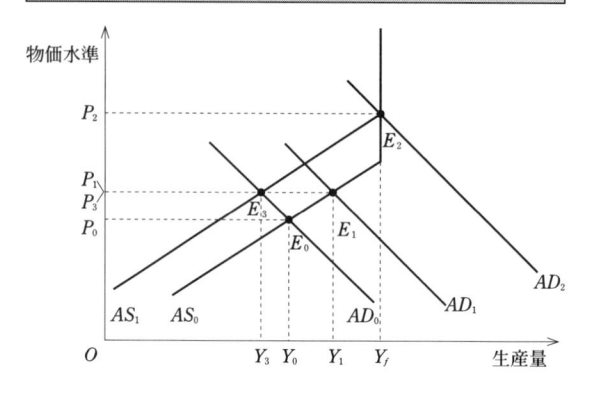

図 13.10　ディマンドプル・インフレとコストプッシュ・インフレ

インフレが生じた場合，インフレは債務者に有利になり，債権者に不利になるという所得分配面に関する問題が生じる．年金受給者の場合も物価スライド制になっていなければ同様であり，高齢者にとっては負担となる．また，インフレは貨幣の価値を下落させるという問題があり，人々は貨幣保有を節約するようになるであろう．さらに，制度的な問題として，メニューを書き換えるメニューコストの問題，インフレによる強制的な徴税の問題もある．

インフレ対策としては，図 13.10 からもわかるように，需要面に関するものと供給面に関するものがある．政府が引き締め政策を実施して，インフレを抑制する場合が需要面のインフレ対策である．財政支出を削減するとともに，マネーサプライを抑制もしくは一定の割合にし，まず人々のインフレ期待をなくす．また，スタグフレーションの状況下にある場合，金融政策でマネーサプライを抑制するとともに，拡張的な財政政策を実施して失業者を救済する必要がある．供給面のインフレ対策として，企業の生産性の向上を図る政策があげられる．投入コストの上昇分を生産性で吸収させるのである．そのために，企業の実施する生産性向上のための投資に補助金を交付したり，減税等を行ったりする．

13.3　デフレスパイラルとはなにか

本節では，1991 年に日本経済を襲ったバブルの崩壊とその後のデフレスパ

イラルに陥った社会状況について述べる．

13.3.1 バブルの崩壊

　日本経済の景気循環は1986年11月を谷にして，戦後2番目に長い第11循環目の景気拡張期に入る（バブル平成景気）．その拡張過程で，日本銀行は1987年までに連続して7回公定歩合を引き下げる．最終的に，公定歩合は当時としては2.5%という低い水準になり，それを日本銀行は1989年の5月まで維持している．このような政策の結果，土地や株等の資産価格の異常な上昇が生み出され，いわゆるバブル（ファンダメンタルズからの乖離）が発生する．株価の高騰は企業の資金調達を容易にし，企業による設備投資や土地投機が盛んに行われた．銀行も積極的に貸出しを増加させ，不動産会社等のリスクの大きい企業にも貸出しを積極的に進めた．このような過度の設備投資によって，しだいに企業の過剰設備が明らかになってくる．しかも，土地投機による地価の上昇もこれまでにないものであり，地価は上昇するものだという「土地神話」まで生まれてしまった．しかし，バブルというからにはいつかははじけるもので，1989年12月に株価が約3万9,000円の史上最高値をつけた後，当年から日本銀行によって段階的に引き上げられていた公定歩合は1990年には6%に達して，株価が下落しはじめる．また，日本銀行が市中銀行の不動産融資の総量規制を行ったこともあり，日本経済は1991年2月を山として景気後退期＝バブル崩壊の過程へと突入する．図13.11は1986年から2001年までの全国用

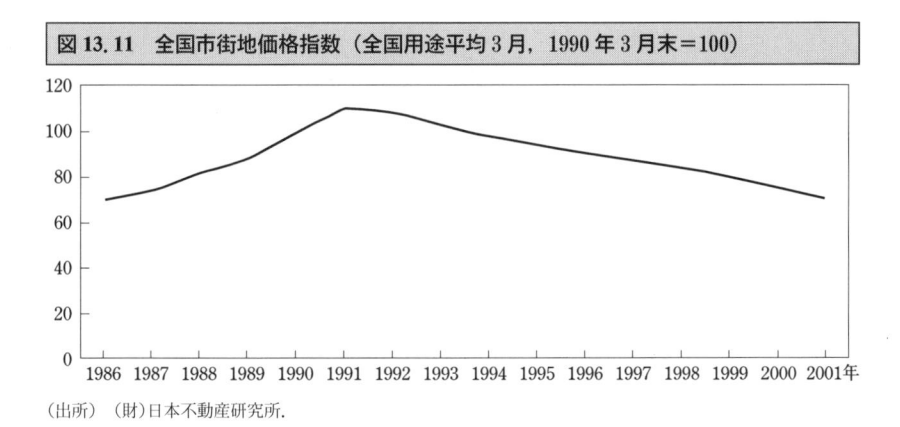

図13.11　全国市街地価格指数（全国用途平均3月，1990年3月末＝100）

(出所)　(財)日本不動産研究所．

途平均の全国市街地価格指数3月分を時系列に示したものである．図ではバブル平成景気のなか，地価が上昇を続け1991年の110.4をピークとして以後減少を続けているのがわかる．

　バブルが崩壊した後，このような地価や株価等の急落な下落という資産デフレが続いている．企業はバブル期に過剰な投資を行ったつけとして，過剰な生産設備と過剰な人員を抱え込むことになった．失業が増加し，地価が下落したため多くの金融機関に不良債権問題が発生している．とくに，不良債権問題は深刻でいまだに解決されておらず，その解決が至上命令となっている．

13.3.2　デフレスパイラル

　1997年7月にタイの通貨であるバーツが急落した通貨危機を発端として，アジア各国の経済状態が悪化した．日本経済も例外ではなく，大手銀行や証券会社の破綻が生じたうえ，同年4月に消費税が3％から5％へと引き上げられたことや特別減税が廃止されたこと，政府が財政構造の改善を目指して実質増税に踏み切ったこと等々により，それ以降の日本経済は不況色を強めていく．全般的に，消費需要が徐々に減少し，景気が悪化していったのである．企業の販売が不振となり，現在の価格では販売できないことから，各企業は自社製品の価格を下げざるをえなくなる．しかし，景気が上昇して消費需要が伸びない限り，たとえ製品価格を下げたとしても，販売額としては伸びない．こうして，徐々に一般物価水準が下落していく．企業にとって，保有している不動産や資産の価格が下がれば，なおさら評価損や売却損が発生する．したがって，企業は収益を確保するために，コストの削減を実施する．すなわち，機械設備等を廃棄することによって投資需要を減少させるのである．また，労働者を解雇することによって雇用量を減少させるとともに，労働者の賃金を引き下げて人件費の上昇の抑制を図る．このことは，ますます家計の所得を減少させるので，財・サービスの購買は困難となり消費需要はますます低迷することになる．しかも，失業者も増加し，失業率が上昇する．企業の売上げはさらに減少し，販売不振に陥る．一段と製品価格を下げることによって，一般物価水準はますます低下していく．このように，一般物価水準が継続的に低下することをデフレといい，上述のような螺旋階段を降りていくように低下していくことをデフレスパイラルという．デフレを図13.10で示すと，物価下落と景気低迷（生産量

減少）が同時に発生するので，総需要曲線が左方へシフトしたことになる．したがって，デフレスパイラルの場合，総需要曲線が連続的に左方へシフトしていることになる．

　日本経済は1999年から2000年秋まで若干の回復はみられるものの，物価水準等を考慮すれば，1998年以降デフレスパイラルに陥っている可能性が高い．昨今，マネーサプライを増加させて，意図的にインフレを引き起こそうとする「調整インフレ論」が台頭してきているのはこのためである．

　デフレの場合，インフレとは逆の問題点が生じる．デフレは債権者に有利になり，債務者には実質負担が増し不利になるという所得分配の問題が生じる．このことをデフレスパイラルとして考えると，借金の返済不能者が一層増えて，いつまでたっても不良債権が解決しないことを意味する．また，デフレは物価が下落するので，ゼロ金利であっても実質金利は上昇することになり，企業収益を圧迫し，企業のスプリットを萎えさせ投資意欲の減退を引き起こす可能性がある．政府にとっても，すでに大量の国債を発行しており，抜本的な構造改革を避けて通れそうにない．

　デフレ対策として，まず総需要を増加させる必要がある．日本銀行は企業の設備投資需要を増加させるために，公定歩合をできるだけ低くすると同時に，マネーサプライを増やす政策をとる．そうすることで，企業の収益の改善を図り，ひいては雇用情勢が改善されて消費需要が増加されることを狙うのである．政府も支出の増加策をとり，政府支出需要の増加を図り，景気の回復を狙う．しかし，実際に企業の収益が改善され，人々の購買力が回復し，景気の回復に結び付くかどうかは，人々のデフレ予想が払拭され，資産デフレも止まり，不良債権問題および企業の過剰設備等が適切に処理でき，それらが消費や投資の増大に結びつくかどうか等々によるであろう．

13.4　失業の発生と雇用政策

　本節では，まずわが国の昨今の失業率の現状について，主要な外国諸国と比較しながら述べる．失業がどのように発生するのか，その対策についても言及する．

13.4.1 失業率の推移

統計上，15歳以上の人口のうち働く意思をもっている労働者を労働力人口という．労働力人口のうち，実際に働いている人を就業者，働いていない人を完全失業者という．完全失業率は労働力人口のうち失業している人のパーセントを示したものであり，完全失業者を労働力人口で割ることによって求められる．

$$完全失業率 = \frac{完全失業者}{労働力人口} \times 100$$

もともと，日本の失業率は他国と比較すると低いのが特徴であった．高度成長期には1%台，高度成長期終了後の1970年代後半以降の安定成長期においても2%台の失業率を維持していた．しかし，バブル崩壊後，失業率はしだいに上昇し1995年からは3%台に突入し，1998年には4%台へ，そして，ついに2001年には5%まで上昇してしまうのである（図13.12参照）．2002年3月には5.7%（原数値）と，戦後最も高くなっている．

図13.12は1997〜2001年の日本，アメリカおよびヨーロッパ主要国の完全失業率を表したものである．一般に，ヨーロッパ主要国の失業率は1970年代後半になると急上昇を続け，1980年代に入ると10%前後に達し，その後一旦低下するものの，1990年代前半に再び高くなり，以後減少傾向となる．しかし，それでも2001年でドイツの失業率は9.4%，フランスは8.8%，イタリア

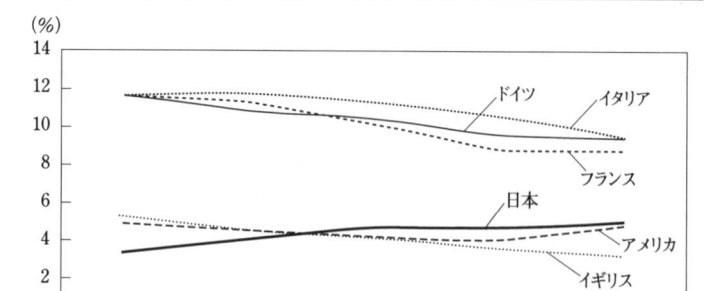

図13.12 主要国の完全失業率（年内月平均値，季節調整済み）

(出所) 内閣府．

9.5%である．イギリスはヨーロッパ諸国の中では失業率が低く，1ケタ台を続けており，2001年には3.2%と日本（5.0%）やアメリカ（4.8%）よりも低い数値を示している．ヨーロッパ諸国の高い失業率は，失業者が大量に発生しているのにもかかわらず，賃金が下がらないことがその原因であるといわれている．労働組合が強く，賃金に硬直性があること，および失業保険制度が充実していることもあろう．アメリカの失業率は，これまで日本よりも高い傾向で推移してきたものの，近年は減少傾向にあり1999年には4.2%となった．この数値は日本の4.7%を下回り，ここにきて初めてアメリカの失業率のほうが低くなった．失業率の日米逆転が起こったのである．

13.4.2 失業の発生

上述のように，日本経済はバブル崩壊後，失業率がしだいに上昇し，2002年3月には原数値ながら5.7%という高い数値になっている．失業が発生するということは，当該家計にとって深刻な問題のみならず，経済社会全体にとっても労働という資源を無駄にすることになり重大な損失となる．

失業の発生原因として，景気の後退によるものがまずあげられる．景気の後退によって企業の生産活動が停滞するために，雇用意欲が減退し労働需要が減少する．労働時間を短縮し新規雇用を控えるとともに，パートや正規労働者の解雇までも実施するようになる．失業の発生が景気後退によるものであれば，政府は景気刺激策をとり，景気後退をできる限り短期間に終わらせるようにする．そうすれば，企業の生産活動は再び活発になり，労働需要も増えるであろう．また，景気が悪化し労働需要が減少したとしても，それにともなって，賃金も減少すれば失業はなくなる．しかし，現実には賃金は下方硬直性の傾向があるので，賃金の減少は期待できないであろう．このような失業は非自発的失業といわれる．

一方，たとえば若年層が一旦は就職しても，もっと自分に合う職を探そうとして，企業を離れる場合は自発的失業といわれる．若年層の場合，比較的求人数が多いこともあって，新たな職探しが割合容易にできる．中高年層にとっても，より適職を探すために，現職を離れるのはもちろん自発的失業である．

離職して，すぐに次の仕事に就けなくて職探しを行っている期間は失業者のままでいることになる．このような失業は摩擦的失業といわれる．とくに，昨

今のようにIT産業の興隆というように経済の産業構造が著しく変化している場合に，衰退産業からが成長産業へ労働者が移るとき大量に摩擦的失業が発生する．また，地域間においても，発展している地域と停滞している地域があるとき，停滞している地域から労働需要がある発展している地域へと労働者が流れる場合，一時的な摩擦的失業が発生する．しかも，職を求めている失業者と求人をしている雇用者の間で，企業側が求める技能に違い，あるいは失業者が欲している地域等に違いがあれば，労働の需給はマッチしないので失業は解消しなくなる．したがって，公的な職業紹介所や職業斡旋は重要な役割を果たすことになる．

このように，産業構造等の変化により，常にある程度の失業が発生する場合，その失業率を前述のように自然失業率という．したがって，現実の失業率は自然失業率に比べて，景気が過熱するとより低くなり，景気が悪化すると高くなる傾向にある．技術革新が進むなか，産業構造が大きく変化する場合，あるいは失業保険等社会保障が充実するほど自然失業率は上昇する傾向をもつ．

13.4.3 雇用政策

前項で述べたように，失業は当該家計のみではなく，国にとっても大切な資源の無駄ということになる．失業が発生したとき，またその失業を最小限に食い止めるためには，どのような対策をとればよいのであろうか．雇用政策としては，政府の行う景気刺激策が有効であるが，以下では制度面における雇用政策を検討する．

まず，失業者に対する職業を紹介・斡旋する職業紹介所を充実・強化する必要があるであろう．職業紹介所同士の協力や連携が欠かせない．単に職を紹介するのみでなく，昨今のように技術進歩が著しい場合には，新たな技術が身につけられるような職業能力の開発も大切になる．とくに，中高年層に対する職業訓練は新産業に適応するためには不可欠となるであろうし，そうでなくても失業者が以前とは異なる職を確保できる可能性があるという点で，労働の流動化を促進することにもなる．したがって，労働者の就業機会が増すことにつながる．

また，近年増加傾向にあるパートタイム労働者の地位向上，雇用保険制度の見直し等の制度の整備も必要であろう．フルタイム労働者との時間当たり賃金

を平等化する等を含めたパートタイム労働者の労働条件を改善することは，失業者に対する雇用機会を創出する一手段となりうる．雇用保険制度については，持続的な，安定的なセーフティネットとしての役割が果たされるように整備する必要がある．失業者に給付される失業保険は失業中の家計を下支えする効果があるものの，ある一定期間，就業時の所得の一定割合を支払うことは，同時に失業を増やす効果もあるといわれている．したがって，失業者の再就職の意欲をそがないような必要な給付，期間等の支給条件を検討する必要があろう．

失業率が高まる場合，ワークシェアリングの包括的な導入も1つの手段として考えられる．労働時間を短縮して，仕事を分かち合うのである．それによって雇用の減少を避けることができる．さらに，ワークシェアリングによって，労働費用が節減できれば，新たな労働者を雇用することも可能である．そのためには，経営者側と労働者側が十分に納得のできるまで協議をする必要がある．

13.5　日本の雇用の今後

本節では日本経済がたどってきた雇用環境がどのようなものであったかについて簡単に外観するとともに，併せて今後の雇用課題について4つの観点から述べることにする．

13.5.1　雇用の現状

戦後の日本経済において，主として1960年代から1970年代初め頃までの高度成長期の時代において，わが国の労働市場では，終身雇用制度と年功序列賃金体系が多くの企業でみられた．とくに，大企業においてホワイトカラーが終身雇用，年功序列賃金体系に組み込まれていたのである．高度成長期においては，地方からの中卒者が多数東京や大阪等の大都会へ労働力として流れ，日本経済は急速な発展を遂げるのである．しかし，1970年年央以降，日本経済は低成長期時代へ入り，一旦戦後2番目に長いバブル景気を経験するものの，そのバブルが1991年に弾けて，現代まで基調としては低成長が続いている．このような状況下で，しだいに日本の労働市場の特徴であった終身雇用制度と年功序列賃金体系が失われつつある．とくに，現在のような高齢化社会において，年功序列賃金体系を維持することは難しくなっている．終身雇用制度のもとで

の過剰雇用が発生し，現在，企業ではリストラによる労働者の削減を行ったり，早期退職を勧告したりすることによって，適正な雇用量を確保しようとしており，失業者が徐々に増えている．

13.5.2　今後の課題

雇用の今後の課題として，以下の4つの観点から述べてみよう．

現在，日本社会は急速な高齢化社会を迎えようとしている．それにともなって，労働力人口の年齢構成が大きく変化し，高齢者の労働人口が大幅に増加するものと予想されている．しかし，一般的に，わが国では高齢者の就業意欲は高いものの，求人倍率は低く，高齢者の就業機会は低いのが現状である．しかも，1994年の年金法の改正によって，厚生年金の年金支給開始年齢が2001年度から段階的に65歳まで引き上げられているので，高齢者の就業問題は今後とくに重要となるであろう．

女性の進出について，わが国で初めて「男女雇用機会均等法」が施行されたのは1986年である．この均等法によって女性の雇用環境は大きく改善され，多くの女性が就業するようになったのである．1998年には改正「男女雇用機会均等法」が成立している．労働市場をみると，パートタイマーをはじめとする非正規の労働者の増加が近年とくに著しい．この傾向は今後も変わらないであろう．しかし，男女間において，依然として賃金格差もみられ，是正をする必要があろう．

次に，近年の情報通信技術（IT）の発展には，目を見張るものがある．いまや，半導体産業の衰退は全産業の衰退を意味するといっても過言でないような状況になりつつある．近い将来．情報通信技術産業が日本経済を牽引する原動力となるであろう．雇用に関しても，情報技術関連職種の雇用者数は着実に伸びている．とくに，システムエンジニアやプログラマー等の職種は需要が多い．1990年代以降，アメリカでは情報関連サービス業の雇用が増えており，日本においても今後雇用の拡大が期待される分野である．

最後に，国際化の進展のなか，経済のグローバル化が叫ばれているが，とくに日本企業の対外直接投資の国内雇用への影響もある．人件費の安い発展途上国に注目し，現地法人の設立や現地企業の経営権を買収によって得て，当該国に生産拠点を移し，直接経済活動を行うものである．そうなると，日本国内に

おいては，いわゆる産業の空洞化が引き起こされる可能性がある．しかし，投資先国と国内の市場を分け，国内では付加価値の高い製品を生産し，当該国では比較的低価格の製品の販売を進める等の戦略を立てれば，空洞化は生じない．しかも，垂直的な分業を行えば，全体として雇用が高まる可能性もある．いずれにしても，産業の空洞化を引き起こさないような戦略が必要であろう．

参考文献

浅子和美（2000）『マクロ安定化政策と日本経済』岩波書店.
樋口美雄（2001）『雇用と失業の経済学』日本経済新聞社.
猪木武徳・大竹文雄編（2001）『雇用政策の経済分析』東京大学出版会.
工藤和久・井上正・金谷貞男（1999）『マクロ経済学』東洋経済新報社.
中谷巌（2000）『入門マクロ経済学』（第4版），日本評論社.

第14章　経済成長

14.1　日本の経済成長

14.1.1　経済成長とその測定

　経済が成長しているときは，経済活動は以前より増して活発になっている．経済活動は財・サービスの生産・分配・消費に関係している．経済活動が活発になれば，財・サービスの生産が増加する．したがって，経済成長の度合を財・サービスの生産面からとらえることが可能である．それで，一般に，経済成長率を実質 GDP の増加率で表す．すなわち，経済成長率を年率でとらえる場合，

$$経済成長率（対前年度比）\% = \frac{実質 GDP の年間増加分}{前年度実績 GDP} \times 100$$

で計算される．実質 GDP の年間増加分は，今年度の実質 GDP から前年度の実質 GDP を差し引いたものである．最近では，どの国でも実質 GDP は計算されているが，そのようなデータのない場合は，鉱工業生産などで，代用されてきた．

14.1.2　戦後の日本の経済成長率

　第2次世界大戦後の日本の経済成長率をグラフにしたのが図 14.1 である．経済成長率は一様でなく変化に富んでおり，その変化の様相から戦後日本経済の足どりがつかめる．

　戦後の日本の経済成長は，1950 年に勃発した朝鮮戦争による特需がきっかけになった．その後，神武景気を皮切りに経済成長率が 10%を超える高度成長への道を歩む．1973 年に発生した石油ショックは，第2次大戦後順調に伸びてきた世界経済に大打撃を与えた．日本経済も例外ではなく，高度成長がゼ

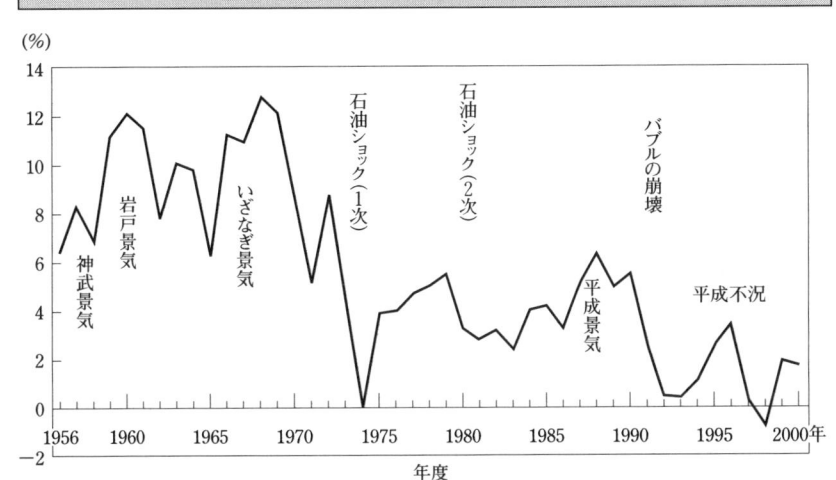

図 14.1　日本の経済成長率　(1956〜2000年)

（出所）　内閣府経済社会総合研究所編『国民経済計算年報』2002年などによる．

ロ成長へと転落した．その後，回復するが，もはや 10% 台の成長を記録することなく，バブル崩壊によって平成景気が終止符をうってから，長い沈滞が続いている．

14.2　経済成長の要因

14.2.1　経済成長と人口

　人口が増加すると，増加した人口を養うための衣食住への需要が増大する．人口増はまた働き手の増加でもあるので，生産活動を活発にし，経済活動が盛んになる．したがって，人口の増加を経済成長の第1の要因としてあげてもよいだろう．

　イギリスは，産業革命発生の国であり，世界で最初に工業化し経済を飛躍的に発展させた国である．それで経済成長と人口の関係を，イギリスを例にとってみてみたのが，図 14.2 のグラフである．経済の成長と人口増加が密接に関連していることが読み取れる．また，人口の増加以上に経済が成長していることも，すなわち，1人当たり実質 GDP が着実に増加していることもわかる．

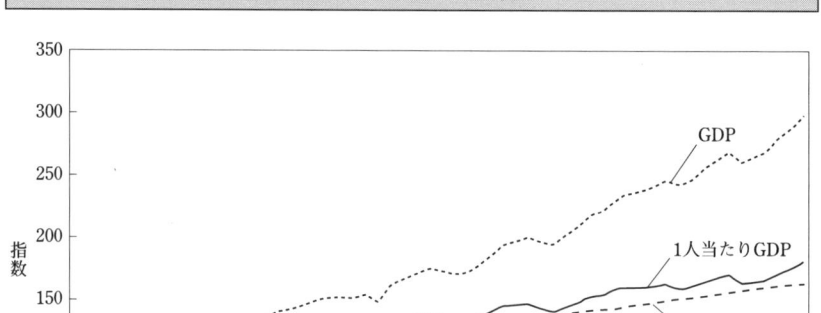

図 14.2　イギリスの経済成長と人口（1855〜1913 年）

（出所）　Mitchell, B. R., *British Historical Statistiss*, Cambridge University Press, 1988.

14.2.2　経済成長と労働の生産性

　人口が増加しなくとも，あるいは多少減少していても，1人当たり実質GDPが増加すれば経済は成長する可能性がある．1人当たりの実質GDPが増加するということは，①人口総数のうち生産活動に参加する人の割合（就業人口割合）が増加することと，②生産現場からいえば，労働者1人当たりより多くの財・サービスを生み出しているということである．経済学的な用語では，労働の生産性が向上するということである．労働の生産性が向上し，1人当たり実質GDPが増加するということは，とりもなおさず経済的な意味で国民の生活水準が向上することで望ましいことである．その意味では，労働の生産性向上は経済成長の基本的要因であるばかりでなく，むしろ目的であるといえよう．
　このあとは主にこの労働の生産を向上させる要因を考察することで経済成長の要因を探ることになる．もちろん，女性の社会進出や高齢化などで就業人口割合が変化することも経済成長に及ぼす影響は見逃せない．

14.2.3　資本蓄積

　労働者が以前より一生懸命に働けば労働の生産性は向上する．また，労働者の技能や技術が向上してもその生産性はあがる．その面ではジョブトレーニングはもちろんのこと労働者の教育水準や労働者のモラルも労働の生産性に寄与する．これらは，目に見えない労働生産性を向上させるソフト的要因である．一方，目にみえるハード的要因として機械化があげられる．ロボットを導入するなどで工場がオートメーション化し，コンピュータを導入してオフィスが自動化することなどは，労働の生産性を著しく向上させる．

　経済学用語では，工場などの設備を含めて機械や機器などの生産のために使用される財は，衣食住などに関する生活を維持し豊かにする財・サービス（消費財）と区別して，生産財あるいは実物資本（略して単に資本）と呼ばれる．機械化は当然のことながら，労働者1人当たりが使うこのような資本財（資本装備率）を増やすことになる．

　資本装備率を高め機械化するには，資本財を生産していかなくてはならない．資本財は生産のために使用されるが，設備や機械などはそれが使用されたからといって原材料など（中間財）のようになくならない．古くなったり，破損して消却されたもの（資本減耗）以外は存続していく．毎年新しく生産された資本財が中間財として使用されたものや資本減耗として消却されたものを上回る部分は，蓄積されていく．資本が蓄積されていくプロセスにおいて新しく増加した分は資本形成あるいは投資と呼ばれる．

　労働の生産性を高め経済成長を持続していくには資本蓄積が必要不可欠である．また，経済が成長すれば生産物のうち投資に振り向けられるものが増え，資本蓄積が進み経済が成長する．資本蓄積と経済成長の間には好ましい相乗効果がある．経済成長のプロセスを資本蓄積のプロセスと同義語のように扱われることがあるが，それはこのためである．

14.2.4　技術進歩

　工場やオフィスの機械化が労働生産性を高める．あるいは労働の生産性を高めるために機械化するといったほうが正解であるが，機械化を行う場合，より性能の優れた機械を使用すると一層生産性が上がる．したがって，技術が進歩しより性能の優れた設備，生産方法を生み出すことは，経済成長の第3の要因

である．

　現実の経済では，企業は激しい競争にさらされており，労働の生産性を高めるために新しい技術を導入しようという誘因が常にある．しかし，新しい技術を導入するには資金が必要であるし，新しい技術を導入するには生産方法の変革をともなうので，労働者をそれに適応させるための訓練期間も必要である．企業にとっては，新しい技術が，それが画期的なものであればあるほど，決断を必要とする．企業内部の意思決定にまつわる問題は別にして，新技術が導入され，技術の進歩が促進される経済状況とはどういうものであるかを考えてみよう．

　まず第1は，市場が競争的であることである．企業の生産する製品が市場をほぼ独占している場合は，企業はあえて冒険をしない．これに対してライバル企業と激しく競争しているときには，技術開発競争に負けるということは，市場からの撤退を意味する．とくに，ドッグ・イヤーと呼ばれるほど変化の激しい現代経済社会では，総合的な意味で技術開発競争に勝ち抜くことが，市場にとどまれる絶対的条件である．

　第2は分業が進展することがある．分業は連携・共生を必要とするので，第1の条件と若干矛盾しないとはいえないが，このことは重要である．生産ラインに関しては，従来，生産性を向上させる技術は規模の経済性，すなわち大量生産システムと関わるものが多い．最終生産物や原材料生産に関して分業体制が整えば，各生産者がそれぞれの生産物に特化でき生産量が拡大する．そして，大量生産することで生産コストを引き下げるための技術を採用できる．

　第3は，新しい市場が開拓されることである．たとえば，冷戦が終結しいままで交易があまりなかった社会主義国が開放されることなどで市場を拡大し，さらには自由貿易が拡大し関税がなくなり貿易がやりやすくなるなどして，販路が拡大すると大量生産への技術が求められるようになる．また，市場は経済が成長することによっても拡大する．経済成長は人々の所得水準を高めて購買力を拡大させるとともに，企業投資意欲も刺激するので，消費と投資への需要をともに増大させる．

　第4は，新しいライフスタイルや社会的欲求がでてくることである．現実の経済成長や発展をみると，既存の財・サービスを単純に拡大再生産してきて実現されたものではない．常に新しい製品やサービス形態が創出されてきている．

既存の財・サービスを単純に拡大再生産しただけでは経済が成長しないことは，少し考えただけでも想像がつく．

たとえば，朝食にパンを2枚，卵を1個，牛乳1杯をとる人を考えよう．経済が単純に拡大再生産し続けてもし4倍になったとしたら，やがて，この人は，パン8枚，卵4個，牛乳4杯をとることになる．このようなことは不可能である．したがって，経済成長は常に新製品やイノベーションをともなうものである．一般に，新製品の普及は，ロジスティック曲線と呼ばれるS字型の曲線をたどるといわれている．図14.3を参照すればわかるように，はじめは徐々に遅いペースで進むが，急に高い率で普及し，最後には飽和点に達する．

新製品が現れると新しいライフスタイルを可能にするが，逆に新しいライフスタイルは新製品の開発を触発する．たとえば，都市へ人口が集まり核家族化が進み，女性が社会に進出することは，家庭家電製品の普及を促す．自動車の普及は「モータリゼーション」に基づくライフスタイルを築き上げている．また，社会全体として解決を迫られている問題も，技術開発を誘発する．たとえば，ガンの治療薬や予防薬の開発もそうであり，環境問題が深刻になってきた

図14.3　耐久消費財の普及率

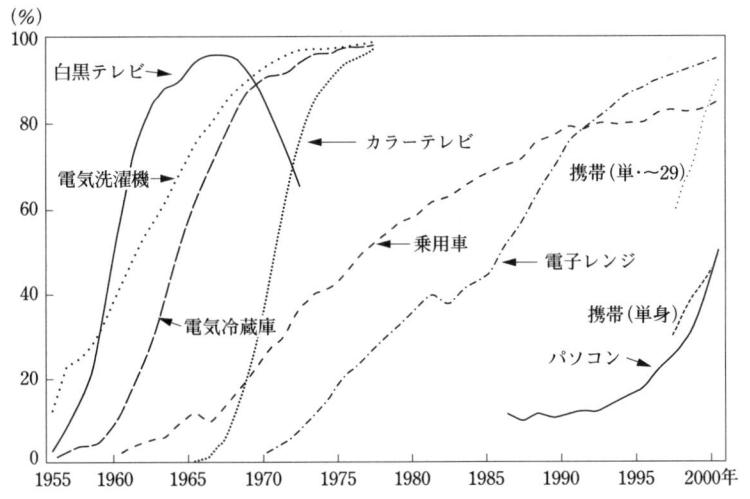

(出所)　内閣府経済社会総合研究所「消費動向調査年報」,「四半期報」, 井出満「家計と暮らし」
『統計』2002年1月号, 財団法人日本統計協会.

現代では，環境を改善する技術を開発することに盛んに取り組んでいる．

このように考えていくと，新しい技術や新製品の開発は，人間の夢を実現しようとする努力から生まれ，それが経済成長の長期的要因になっている．たとえば，現在の社会で飛行機がなかったらどうであろうか．いまの経済的繁栄は考えられない．しかし，最初に飛行機を作ろうと思った人は，まったく夢のようなことを実現しようとしていたのである．この人間の夢を実現しようとすることは，おしなべて社会全体の幸福に貢献することかもしれないので，これが最も重要な要因であるかもしれない．思えば，バブル崩壊後，日本経済は沈滞しているが，この最大の原因は，日本全体が現実的になりすぎ，目先のことにとらわれすぎていて，壮大な夢を描いていないことにあるのかもしれない．

14.2.5 政府の役割

経済は資本蓄積にともない労働の生産性が向上することによって成長するが，この場合必要となる資本蓄積は，工業やオフィスの機械・設備などの私的な資本蓄積だけでは十分ではない．生産された製品は輸送されねばならず工場やオフィスへの通勤も便利でなければならない．そのためには，道路や鉄道，港湾，空港などの整備が必要である．不特定多数の人がその便益を享受するような社会資本（インフラストラクチャー，略してインフラ）の充実が欠かせない．社会資本はその便益を受ける人を特定するのが難しいし，また同時に通常ある人がそれを利用している場合でも，他の人が同時に利用できる．たとえば，道路，鉄道など極端に混雑しない限り，同時に使用することが排除されない．

経済の成長には技術革新が重要であるから，経済が成長するには，公正で競争的な市場が形成されなけれならない．市場をこのような状態に保つには法整備と監視の体制が整ってなければならない．さらには，生産技術や経営能力を改革していくには，教育と研究の体制を整えなければならない．このように，社会資本におけるハードとソフトが充実していかなければならないが，一般にこれらの役割は政府が担うものとされている．とくに経済発展の初期の段階では，この役割を政府が負わなければならない．経済が高い発展段階に達したときには，非営利組織（NPO）などが政府に代わってその役割を負うようになっていくとみられている．したがって，経済が発展していくには，その国の政情が安定して，政府が社会資本の充実に力を注げる状態でなければならない．

その意味では，経済と政治は相互に密接に関係している．かつて，日本は，「経済は一流であるが，政治は三流である」といわれた．しかし，いまは経済も一流から落ちて二流か三流になっているといわれている．これは，ひょっとすると，政治が三流であり続けたツケがまわってきた結果であるかもしれない．

14.3 経済成長の理論

14.3.1 外生的要因と内生的要因

笑い話に「風が吹いたら桶屋が儲かる」とか，近年話題になった複雑系経済学に「北京で蝶が羽ばたけば，ニューヨークの株が下がる」という話がある．これらは，それらが示す話の筋道が納得できるかどうかはともかくとして，現実の出来事はさまざまな要因が絡み合って起きているということのたとえと考えれば意味がある．諸々の要因が相互に絡みあっているという考え方は，一般均衡論に代表されるように，経済学ではなじみの深いものである．したがって，経済成長を説明する場合も，諸々の要因が相互に依存していることを前提とする．

しかしながら，経済成長を規定するすべての要因の相互依存を一度に同時に説明するのは困難である．そこで一見して経済成長と関係薄いものや，経済成長にともなって変化するが，その変化が緩慢なものを一応切り離し，相互依存性の強いものを適宜選び出して分析する方法がとられてきた．この場合，当該理論あるいはモデルの中でその相互依存関係が説明される要因を内生的要因（あるいは内生変数）と呼び，そうでないものを外生的要因（あるいは外生変数）と呼ぶ．したがって，どの要因を内生変数とするか，そしてどれを外生変数にするかは，経済成長のどの局面・様相を説明するのか，たとえば，長期的なのか短期的なのか，資本蓄積の面からならなのか，人口動態からなのか，技術の視点からなのか，あるいは国際関係からなのかによって異なる．

14.3.2 資本蓄積と投資の二重性

最も単純であるのが有力な経済成長を説明するモデルは，資本蓄積と経済成長率の相互関係を説明するもので，2つの内生変数しかないものである．人口や技術そしてその他の諸々の要因が変化しなくても，資本蓄積が進み労働生産

性が上昇すれば経済は成長する．そして，経済成長は資本の蓄積を推し進める．この相乗効果が成立する条件をみつけだすのが，このモデルの目的である．

資本蓄積のプロセスにおいて，新たな資本の増加分は投資と呼ばれるが，この投資は需要を誘発すると同時に生産能力（供給）を高めるという二重性をもつ．企業が新しく工場を建てたり，生産設備を拡充するということは，建設業や機械メーカーへの新たな需要が発生することである．そして，それらの工場や設備が完成されたら生産能力が高まることになる．しかし，この投資計画が実行されることで発生する需要と供給能力には，時間的ずれもあり，またその需要に関わる企業や産業も異なるのが一般的である．たとえば，家電メーカーが新たに工場を建てることにしたとき，それを受注するのは建設業や機械メーカーであるが，新工場で生産される電気製品の買い手は一般家庭である．

したがって，一般に，投資が活発になれば需要を増大させ経済を好況に導くが，新たに増加した生産能力に見合う需要が生まれるかどうかとは別のことである．ここに，需要と供給の不均衡が生じる可能性があり，経済を不安定にする原因となる．経済が持続して成長を続けていくには，投資の二重性から発生する需給の均衡が持続しなければならない．

14.3.3　黄金時代と不安定性

投資の二重性が生み出す需給が均衡して経済が順調に長期的に成長し続けることができれば望ましいのではあるが，それが続くような状況は「黄金時代」と呼ばれる．技術の進歩を考えない場合には，この場合の資本蓄積成長率は，貯蓄率と利潤率の積になることがかかわっている．なぜなら，乗数理論によれば，

$$総需要の増分＝投資の増分／貯蓄率$$

が成立する．ここでは，長期を考えているので，限界貯蓄率と（平均）貯蓄率は等しくなるものとした．一方，実現した投資は資本の増分であり，それが生産能力すなわち（次年度）供給能力を増加させる分は，

$$資本の限界生産力×実現した投資$$

で表される．企業利潤を最大にするように行動すれば，資本の限界生産力は，

利潤率に等しくなる．よって，実現するであろう投資（今年度）の前年度中に実現した投資を上回る部分（投資の増分）の前年度投資に対する伸び率は，貯蓄率と利潤率の積になる．もし両者の価が一定で長期間続いたなら，資本蓄積率もこれに等しくなる．結局は，やがて産出高も同じ率で成長するようになる．

　黄金時代は，実現できたらこうなるということで，それではその現実性はどうであろうか．理論的には，否定的なものと肯定的なものと両者があるが[1]，現実の経済では，否定的で，黄金時代は実現されていないとみるべきであろう．企業間競争の諸力がどうしても過剰投資へと向かい，結果として需要不足からくる不況に陥り，投資需要も細るという悪循環を生むことになる．

14.3.4　技術進歩の内生化

　技術の進歩がない場合，黄金時代が続いて資本が順調に蓄積され経済が成長していても，資本の蓄積が大きくなることで資本の限界生産力が低下し，利潤率が下落して，成長が鈍化する．経済成長率が人口増加率と資本の減耗率以下になれば，資本蓄積も止まり，経済成長も終わる．こうならないためには，技術が進歩し資本の限界生産力が低下しないようにしなければならない．

　それでは，技術の進歩はどのようにして生じるのであろうか．経済成長モデルとしては，それを外生的にしかとらえられないものとして扱うものと，それをできるだけモデル内で説明しようとするものに分けられる．外生的に説明しようとするものには，発明の天才や経営の変革者が出現するのを経済学的要因以外のもの，すなわち，政治的なもの，文化的なもの，社会一般的なものから主として説明しようとする．また，人々の生活を大きく変革することになる基本的な技術革新は，周期性をもって現れるとする見方もある．いわゆる経済成長の長期波動説に関連するもので，50年周期を主張するコンドラチェフの波

---

[1]　黄金時代の経済は，企業が生産したものがちょうど売り切れ，生産計画がうまくいっているので，企業は満足する．そして，この成長率が一定なら，生産計画もこれに合わせて変更しない．その意味でこの成長率は保証されている．ハロッド（R. F. Harrod）は保証成長率と呼んだ．しかし，彼は，この成長率は安定的ではないと考えた．すなわち，一度，この現実の成長率がこれから離れると，二度とはこれに戻らないというのである．それは，次のように企業が行動するものと仮定することから説明される．

　現実の成長率が保証成長率より高ければ，企業の製品は売り切れ，なお注文がくるので，次期の生産計画を上方に修正する．この結果，投資需要が高まり，総需要が総供給を上回り，一層の生産が刺激される．逆もまた真であるから，一度，保証成長率から離れると，元には戻らない．

図 14.4 成長の限界

技術進歩

人口増加＋資本減耗率

利潤率×貯蓄率

成長の限界　　　　　資本蓄積

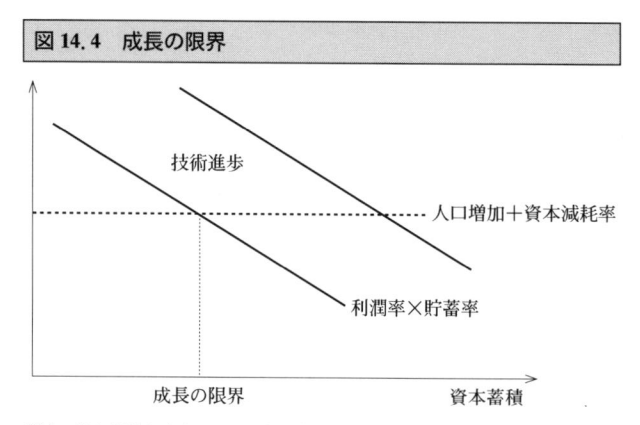

（注）資本蓄積がすすむことで利潤率と貯蓄率が低下すれば，やがて成長の限界に達する．技術進歩によって，利潤率が上方に移行すれば，資本蓄積と経済成長の新しい関係が生じ，また経済が成長する．

が有名である．

　技術進歩を内生化しようとする試みは，比較的新しい．初期のアイデアとしては，アロー（K. Arrow）のラーニング・バイ・ドゥーイングによるものがある．これは，同じ能力の機械であっても，労働者がそれを使ううちに習熟度を高め生産効率を高めるというものである．したがって，時間の経過とともに生産性が高まり，経済成長率の低下を防ぐというものである．現実には，この効果は否定されないだろうが，習熟度そのものは急速に限界に達すると考えられ，これだけでプラスの経済成長率が永続するものとは思えない．もっと現実的には，次のように考えられる．

　企業は他の企業との競争に勝ち抜くには，自社の生産性を高めなければならない．現実の市場での競争は，技術開発能力（R＆D）によって決まるといっても過言ではない．企業は社運をかけて技術の開発を常に行っていて，これに資本と人材を投入している．そして，技術開発力はこれに投入される資本と人材でおよそ決まると考えられる．新しく開発された技術は，新しい生産設備に組み入れられ，すなわち資本に体化されて，生産性の向上となる．したがって，経済成長率は，どれだけ生産の現場に資本と労働力が投入されるかと，技術開発にどれだけそれらが投入されるかの配分に依存することになる．

14.3.5　経済成長と産業構造

　経済成長をモデル化して分析する場合，とくに数学的な手法で分析される場合，経済全体で1つの財・サービスが生産されていると想定される（マクロモデルあるいは一部門モデル）が多い．これは，短期的には，現実の経済を映し出しているとみてもいいが，長期的には問題であり，経済成長の実相を反映するとは考えられない．前に述べたように現実の経済は技術開発力を原動力として成長している．そして，技術開発は，新しい生産方法と同時に新製品を次々に生み出している．したがって，経済成長は新しい生活スタイルを生み出し，産業構造も変えていく．

　加速的な経済成長への始まりは，工業化によって成し遂げられるから，第2次産業の発展という形をとる．ある国の経済が工業化したかどうかの判断として，農林水産業の第1次産業従事者を第2次・第3次産業従事者が上回ったかどうかで判断できる．

　工業化によって家庭電化製品や自動車など生活スタイルを変革する製品が普及することで，サービスへの新しい需要が生まれ，第3次産業が膨れ上がってくる．大量に生産された製品を効率よく消費者に届けるための流通サービスや生活の都心化にともなう家事サービスや観光・娯楽サービスなどである．また，教育や医療，福祉などの充実がより一層求められてくる．一般的にいってモノが豊富になるにつれて，モノよりもサービスへの需要へ，そして衣食住そのものに直結したモノよりも，人生を豊かにし楽しくしてくれる文化的サービスへの需要が増大する．これと同時に，金融市場の発展，政府部門の拡大などによって，第3次産業が拡大しくる．

　図14.5をみればわかるように，イギリス，アメリカなど最も早く工業化を成し遂げた国々では，第3次産業の発展はめざましく，この産業への従事者は全体の50%をはるかに超え70%以上に達している．このような状況から，先進経済は，ポスト工業化（脱工業化）しているといわれている．ポストとは「後」という意味で，したがって，工業化のあとにくるものということになる．

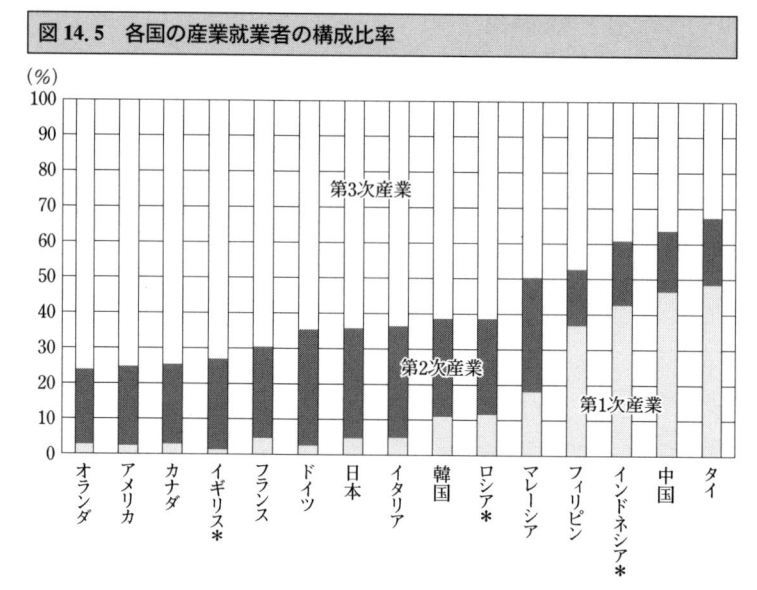

図 14.5　各国の産業就業者の構成比率

(注)　フランスは 1994 年，その他の国は 1999 年（＊印），もしくは 2000 年の数字である．
(出所)　総務省統計局・統計研修所『世界の統計』2002 年．

14.4　環境と経済成長

14.4.1　持続可能

　世界全体で工業化がすすんでいなかったときは，工業化が進み経済が成長しても，それが地球環境や生態系に深刻な影響をもたらすことは認識されなかった．もちろん，都市化が進み住環境が悪くなったり，工場の廃液や廃煙が周囲の生態系を脅かすことは，局所的には認識されていたが，地球規模で認識されるようになったのは，ここ 30 年から 40 年のことである．地球環境は，科学技術の発展によって，人間の生活を豊かにし便利にすると考えられた殺虫剤などの石油化合物によって汚染されてきた．とくにそれらの毒性によって，生物そのものが死滅する危険もさることながら，環境ホルモンと呼ばれる作用によって生殖機能が害されることが指摘されている．この環境ホルモンの作用は，濃度がきわめて薄い状態で効果がでるということでより深刻である．なぜなら，生命に直接害がある毒物は，それを薄めるということで害がでないようにして

きたからである．したがって，環境ホルモンのことを考えると薄めて処理するという方法はとれず，完全に使用しないという方法しかないことになる．

　生命や生殖機能を害する悪魔的物質の生産を止めたとしても，地球環境は安全ではない．二酸化炭素のように無害であっても，温暖化の原因になってしまうものがある．地球温暖化は，海面が上昇して，人間が住める空間を狭めるだけでなく，気候変化やそれにともなう生態系の攪乱で，人間の生活に深刻な影響をもたらすだろうといわれている．石油などの資源が有限であるという制約を待たずとも，無制限に経済を拡張することは，やがて人類全体への破局をもたらす可能性が大であることである．このような破局を回避するために，環境や生態系に負担をかけない範囲で経済を運営していくべきであるとするのが，持続可能な経済成長という考え方である．

14.4.2　宇宙船地球号の経済学

　限られた草原で羊を飼って生活している家族を考えてみよう．羊の毛や肉を売って収入を得ているので，羊が多ければ多いほど収入が増える．この家族は，したがって，羊の数を増やそうと努めるであろう．しかし，無条件に増やすわけにはいかない．羊が草原の草を翌年回復しないまで食べてしまうほど増えれば，家族はもうこの草原で生きていけなくなる．この草原で飼える羊の頭数は，草原の草が再生できる範囲におさえておかなければならない．

　このたとえでわかるように，地球全体で考えたときには，経済成長も地球環境や生態系を破壊しない範囲でなければならない．草原の例よりもさらに悪いことには，草原で生きていけなかった家族は，まだ他の所に移り住めるという選択が残っているが，地球で住めなくなった人類には移り住める惑星はない．われわれ人間には，宇宙船の乗組員のように，地球という閉ざされた空間に住んでいて，地球上で起こった問題は地球上で解決しなくてはならない．

14.4.2　技術の選択

　環境を壊すとわれわれの社会は持続できなくなる．そうかといって，人間が生きていくためには生産活動を避けては通れない．そこで，生産活動を行っていても，できるだけ環境を悪化させない，できたら環境をより良い方向に保全しながら，生産活動を行うことである．これは，生産方法の問題，そして，ど

図14.6　技術の種類

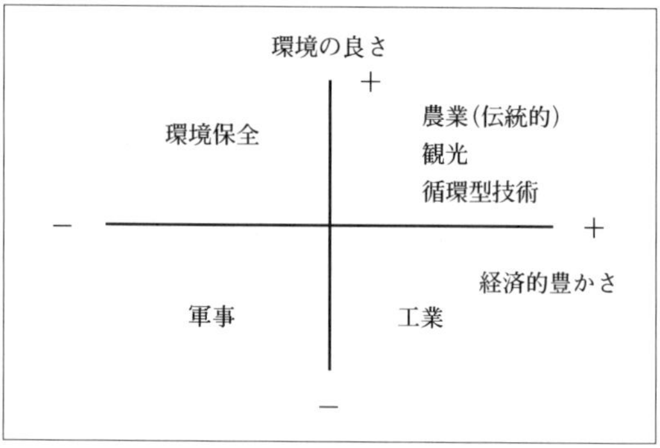

```
                    環境の良さ
                        +
        環境保全       │  農業(伝統的)
                       │  観光
                       │  循環型技術
     ──────────────────┼────────────────── +
        −              │
                       │           経済的豊かさ
                軍事   │   工業
                        −
```

(出所)　内藤正明『エコトピア』p. 14 より．

ういう技術を選ぶかの問題である．

　図14.6はこの観点を明瞭にするのを助けてくれる．この図では，横軸に経済的豊かさをとり，縦軸に環境の良さをとっている．原点を境にして，右側に生活に必要な財・サービスを生産する技術，左側には生活を豊かにするものではないものを示す．また，原点を境にして，上方では環境を保全するもの，下方では環境を破壊するものを示す．

　一般的には，従来の工業技術はわれわれの生活に役立つものを生産するが，環境に悪いものを同時に排出する．ゴミ処理汚水浄化や排煙浄化など環境保全技術は，環境の保全に役立つが直接的に生活に役立つものを生み出さない．

　農薬や化学肥料に頼らない伝統的農業は，田畑自体が，米麦などの食料を生産すると同時に，さまざまな動植物を育くみ，生態系を豊かにする存在でもある．したがって，このような場合経済的豊かさと環境保全の両面を実現する．持続可能な社会を実現するには，このような技術を開発し，使用しなければならないし，このような技術に立脚する産業を振興しなければいけない．

　ゴミを利用した発電だとか，廃棄物のリサイクルなどの技術もこの分野に属することになる．ただこの場合，輸送にかかるエネルギーや環境負荷を考えた場合，総合的にはどうなるか判断がつかなくなる．しかし，投入→産出＋排出のワン・ウェイから，排出をできるだけ少なくするか，それを再び投入する道を探る循環型技術は経済と環境を両立される．また，21世紀は観光の時代と

もいわれるが，広い意味で考える観光業は経済と環境を両立されるものと期待できる．美しい自然，魅力ある街並み，歴史的遺産等が観光の資源であるからである．この対称にあるのが軍事産業であって生活に役立つものを生産しないし，戦争自体環境を破壊する．

14.4.3　文化の重要さ

先進国の産業構造をみると，圧倒的に第3次産業の割合が高まって，サービスの生産がモノの生産を上回っている．この傾向は経済の持続可能性にどう関わるであろうか．モノ自体の生産がおさえられるのでこのことに関しての環境負荷は軽減されている一方で，サービス需要が高まると人々の移動や外での活動が活発になり，エネルギー消費が高まる恐れがある．しかし，大筋においては良い方向にいくのではないかと思われる．

家具・家電・自動車など日常生活を支える物的な基盤が整うと，人々の関心は，健康・スポーツ・芸術などに移っている．これらのことは，より深く文化と関わりあいがあり，文化の振興なくしては，これらに関連する産業の発展はありえない．これら産業の発展なくしては都市の経済はいうに及ばず，先進国の経済成長はありえない．

エネルギーや資源を浪費しないで生活の質を高めるには，科学技術の革新がなければならないが，いままでの科学技術は，結果としてむしろエネルギーや資源をより多く使用させることになってきた．なぜなら，省エネルギー技術が進んでも，それが新製品の開発や普及を刺激して，全体としてのエネルギー使用につながるからである．したがって生活スタイルの抜本的な変更を目指さないにして，もある程度文化面から科学技術開発をリードしていかないと，自然環境との折り合いがうまくいかない．いずれにしても，生活の質を高めながら自然環境を保全するには，文化の役割が大きい．

14.5　アジアの成長をめぐって

14.5.1　アジアの時代

18世紀にイギリスで発生した産業革命以後，世界全体で経済の成長が始まった．もちろん，世界同時的でなく，伝播するように国々に広がっていった．

まず，イギリスの工業化はヨーロッパ大陸に渡りフランス，ドイツへと，大西洋を渡ってアメリカ合衆国へ，そして地球の裏側の日本へ達した．工業化ができるかどうかは，経済的要件だけでは決まらず，政治的な要件や国際関係が複雑にからむ．結果として20世紀初頭までには，すでに工業化を実現した国とそうでない国との経済力や軍事力に大きな開きが生じた．そして，前者の国々は，過剰な生産物のはけ口として，また原材料の供給源として，後者の国々を植民地化した．この構図が生み出す利権争いが，2つの世界大戦へと結びついた．第2次大戦後，植民地から独立した国の多くは工業化を目指した．その意味で，これらの国は発展途上国と呼ばれるようになった．

発展途上国の工業化は必ずしも順調ではなく，1970年代までは先進工業国との格差は縮まらず南北問題といわれた．しかし，1970年の半ばから第1次石油ショック後，不況に陥っていた先進工業国を尻目に，いくつかの発展途上国が急速に工業化した．とくに，ヨーロッパの中ではポルトガル，スペイン，旧ユーゴスラビア，ギリシア，中南米ではブラジル，メキシコ，アジアでは韓国，台湾，香港，シンガーポールが注目された．これらは新興工業国群（NICs）と呼ばれるようになった．

その後，1980年台の初め頃から，ヨーロッパや中南米の新興工業国群の発展が足踏みしたに対して，アジアの新興工業国群は順調に成長した．それで，これらは特別に「アジアNIC」と呼ばれた．後に，香港，台湾は中国との関係で国と呼ぶのは問題なので新興工業経済群（NIEs）と呼ばれるようになった．東アジアでは，NIEsに続き，ASEAN（東南アジア諸国連合）が工業化し，中国，ベトナムが急速に台頭してきた．さらにインドの台頭もめざましく，21世紀は，アジアが世界経済の牽引力になるという点では，衆目の一致するところである．

14.5.2　アジアの成長・要因と今後

非西欧文化国である日本が，アジアの中でいち早く工業化を成し遂げた要因については，さまざまな見方もあると思われるが，日本と同じように資源に恵まれていないNIEsが，工業化したことは，日本だけが特殊ではないといえる．日本とNIEs，そして近年急速に発展してきた中国も含めて，これからの地域が儒教文化圏に属するということで，儒教の特性から発展の要因をみつけだそ

うという試みもなされている.しかし,ASEAN 諸国やインドなど非儒教文化圏の国々も成長してきているので,儒教の特性を強調するだけでは十分ではない.経済の成長・発展には,単独もしくは少数の要因ではなく,さまざまな要因が絡み合っていて,それぞれがそれぞれの国において独自の影響力が発揮されたとみるべきであろう.

それでも,やはり,共通のものとしては,政治と社会の安定が必要条件である.経済の成長・発展には,インフランストラクチャーの整備が欠かせないし,整合性ある政策がなければ急速な発展は不可能である.そのためには,国内のこともさることながら,国際間に良好な関係が成立しなければならない.国際間の協調は,安全保障の問題ばかりでなく,環境問題や 1997 年のアジア通貨・金融危機のようなグローバリゼーションがもたらす弊害への対応に欠かせない.この点がうまくいくならば,アジアの膨大な人口や多様な文化と自然は成長を支える大きな要因である.

参考文献

浅羽良昌 (2002)『サービス大国への挑戦』ミネルヴァ書房.
G. M. グロスマン,E. ヘルプマン著,大住圭介監訳 (1998)『イノベーションと内生的経済成長』創文社.
財団法人九州経済調査協会編 (2002)『循環型社会と新しい資本』九州経済調査協会.
小竹一彰編 (1996)『アジアを知る,九州を知る』九州大学出版会.
篠原三代平 (1994)『戦後 50 年の景気循環』日本経済新聞社.
和田貞夫 (1975)『経済成長と資本の理論』東洋経済新報社.

索　引

ア　行

IS曲線　186
アジア通貨・金融危機　226,291
ASEAN（東南アジア諸国連合）　290
アナウンスメント効果　246
R＆D　124,284
RCC（整理回収機構）　250
安全利子率　236

一国経済　163
一般訓練　50
一般的受容性　232
インフラストラクチャー（インフラ）　280

売りオペレーション　244

永久債券　236
営業余剰・混合所得　167
エクイティファイナンス　249
SNA　155
　　93――　156,168
X非効率　120
NNI　→　国民純所得
NDP　→　国内純生産
FOB　209
M_1　230
M_2　231
M_3　231

OJT　51
黄金時代　282
オークンの法則　261
汚染権　140
汚染者負担の原則　144,149,151
Off-JT　51
オフショア取引　224
オフバランス化　250
卸売物価指数　255

カ　行

買いオペレーション　244
海外　165
外貨準備増減　209
外国為替　218
外国為替市場　219
外生的要因　281
外生変数　281
外部経済　132,138
外部性　71,95,132
　　ストック――　148,149
外部不経済　131,132,138,143-146,149
開放経済　207
価格支配力　111
価格受容者　43,79
価格変化率　19
下級財　21
拡大再生産　279
家計生産関数　53
家計生産モデル　53

索　引

加重限界効用均等式　36
寡占市場　111
仮想市場評価法　135,136
価値貯蔵機能　233
カネ　157
貨幣ヴェール観　239
貨幣乗数　242
　　日本の――　243
貨幣の機能　232
貨幣保有の機会費用　234
貨幣数量説　238
可変費用　41
　　平均――　42,43
可変要素　38
為替　218
為替相場　220
為替レート　220
　　先物――　222
　　直物――　221
　　実質――　222
環境基本法　129
観光の時代　288
勘定行列形式　163
勘定連結形式　163
間接税　160
完全競争均衡　114
完全競争市場　77,111
完全失業率　268

機会主義　53
企業秘密　127
技術開発競争　278
技術開発能力（R&D）　284
技術進歩の内生化　284
希少性　4,100
規制
　　経済的――　118
　　社会的――　118
規制緩和　9
規制の失敗　121
規範的経済学　3

規模に関して収穫一定　115
規模に関して収穫逓減　115
規模に関して収穫逓増　115
規模の経済　47,117
規模の不経済　48
規模の利益　47
逆選択　52
供給関数
　　個別短期――　45
　　市場の――　45
供給独占市場　111
供給の価格弾力性　45
競合性　100
京都議定書　130,150,151
共有資産　146
居住者　208
　　非――　208
均衡価格　75
銀行間取引　219
均衡国民所得　178,180
均衡取引量　75
銀行の銀行　240
銀行の信用創造　243
金融再生法開示債権　247
金融資産　158
　　非――　158
金融仲介機能　241
金融取引　158
　　非――　158

グッズ　4
繰延払の基準機能　233
クレジットクランチ　249
クロス・カレンシー取引　224

経済的利害の中心　166
経済の安定化機能　195
計算単位機能　233
経常移転　160
経常勘定　209
経常収支　209

ケインズ 233
ケインズ派の主張 239
限界回収費用 142
限界効用 33
限界削減費用 137,139,140,141
　——曲線 138,139
限界収入 113
限界消費性向 175,185
限界生産性原理 61
限界生産力（MP） 38,39
　——逓減の法則 39
限界損害費用 137,140
　——曲線 138,139
限界代替率（MRS） 32
　技術的——（MRST） 40,41
　——逓減の法則 32
限界的評価 32
限界排出削減費用 141,142
　——曲線 141
限界費用 43,113
　私的—— 144
　私的——曲線 131,138,139
　社会的—— 140,144
　社会的——曲線 131,139
　長期——曲線 47
限界費用価格形成 109
　——原理 119
現金準備 241
現金通貨 231
現先売買 244
建設国債 191

公開市場操作 244
公害対策基本法 129
公共財 100
合計特殊出生率 69
構造的赤字 197
公定歩合操作 245
公定歩合のコスト効果 245
後方屈曲型労働供給関数 58
効用 32

　基数的—— 32
　序数的—— 32
効用関数 32
効用最大化条件 35
枯渇性資源 146
互換性 122
国際金融取引 224
国際金融論 208
国際収支 208
国際収支表 208
国際マクロ経済学 208
国内純生産（NDP） 167,171
国内総生産（GDP） 170
国民勘定 160
国民経済計算体系 188
国民純所得（NNI） 167
国民総所得（GNI） 167
コース 99
コストプッシュ・インフレーション 262
固定費用 41
　平均—— 42
固定要素 38
古典派二分法 239
雇用者報酬 161
雇用政策 270
コール市場 246
混合型経済 120

サ　行

最後の貸し手 241
在庫品の変動 160
在庫理論アプローチ 235
財・サービス 156,169
財産所得 160
最終生産物 160
財政赤字
　実質—— 197
　名目—— 197
再生可能資源 148
再生可能な自然資源 147

索　引

再生不可能な資源　146
裁定　236
最適汚染水準　137
最適需要条件　35
最適所得課税　204
最適生産量　44
先物　249
サービス収支　209,210
産業再生機構　251

CIF　209
CD　231
CB　244
GNI　→　国民総所得
GDP　→　国内総生産
GDPデフレータ　252
死荷重　87,114
時間選好率　134
資源配分　3
資源配分機能　195
自己査定　247
資産　157
　　——の安全性　236
　　——の境界　157
資産インフレ　249
資産デフレ　248
市場均衡　75
市場の失敗　117,130
市場メカニズム　76
自然環境保全法　129
持続可能性　134
持続的発展　151
実証的経済学　3
自然失業率　240,260
自然独占　107,118
持続可能　287
失業　269
私的財　100
支払・決済機能　241
支払準備金　242
資本勘定　209

資本収支　211
資本装備率　277
資本蓄積　281
シャウプ勧告　202
社会会計　155
社会勘定　160
社会資本　280
社会的厚生　114
社会的余剰　85,131,132
奢侈財　21
自由財　5,130
終身雇用　50,63
従量課税　144
儒教文化圏　290
需要　13
　　個人の——　14
　　市場の——　14
　　——の価格弾力性　18
　　——の減少　16
　　——の所得弾力性　21
　　——の増加　15
　　——の変化　16
需要曲線　14
需要量　14
　　——の減少　16
　　——の増加　16
　　——の変化　16
　　——変化率　19
循環的赤字　197
純貯蓄　164
準通貨　231
準備率操作　246
上級財　21
証券投資　225
乗数　217
乗数過程　183,184
乗数効果　182,185
消費者物価指数　253
消費者余剰　82,114
消費ベース課税　204
所得収支　210

所得と富の再分配機能　195
所得流通速度　238
商品の差別化　25
情報の非対称性　52
情報の不完全性　121
所得に関して逆進的　145
所得の分配・使用勘定　160
ジョンソン　239
新・環境基本計画　129
新興工業経済群（NIEs）　290
新興工業国群（NICs）　290
人的資本理論　50
神武景気　274
信用制度の保持・育成　240
信用リスク　244

スタグフレーション　260
ストック　156

生産勘定　160
生産関数　37,38,114
　　短期──　38
　　長期──　38
生産資産　158
　　非──　158
生産者余剰　82,114
生産物　37
生産・輸入品に課される税　160
生産要素　37,38
　　──価格比　41
　　──の組み合わせ　39
　　──の分割不可能性　47
税収中立　146
制度単位　164
　　居住者──　165
制度部門　165
製品　37
政府の銀行　240
政府の失敗　121
石油ショック　8,274
世代重複モデル　70

絶対価格　233
ゼロ金利政策　246
選好　30
　　──の順序　31
選好関数　32
戦略的補完性　71

総供給曲線　257
操業停止点　44
総固定資本形成　160
総資本形成　160
総需要曲線　256
相対価格　233
総付加価値　160,164
損益分岐点　44

タ　行

第1次所得　161
　　──バランス　167
代替財　25
短期　38
炭素税　138,143
　　──の逆進性　145
弾力的　20

地球温暖化　150
地球環境問題　149
蓄積勘定　161
知的財産権　124
中間生産物　160
長期　38
長期波動説　284
長期利子率　238
直接投資　225

通貨価値の安定　240

TB　244
ディマンドプル・インフレーション　262
デフレスパイラル　266

デポジット制度　138,142,143

投機　236
投機的貨幣需要　236
統計上の不突合　171
等産出量曲線　39
投資乗数　183
等費用直線　41
等量曲線　39,41
特殊訓練　50
独占均衡　113
特例国債　191
土地神話　249
特化の利益　47
特許　124
トーナメント・モデル　67
トービン　235
トラベル・コスト法　135
取引　157
取引貨幣需要　233
ドーンブッシュ　230

ナ 行

内生的要因　281
内生変数　281
ナッシュ均衡　71

二重性　282
日銀特融　241
日本銀行　240
日本におけるマネーの構成　231

ネットワーク外部効果　122
ネットワーク外部性　26
ネットワーク効果　25
ネットワーク産業　122
年功序列　50

ハ 行

排出削減量　141,142
排除性　100
排出許可証　140,141,142
排出許可証取引制度　138,140
派生的需要　59
バーゼル条約　150
発券銀行　240
バッズ　5
パートの壁　53
バブル崩壊　265,280
バランス項目　161

BIS規制　248
非営利組織（NPO）　280
ピグー　98
ピグー税　138
非自発的失業　233
非弾力的　20
必需品　21
ビルト・イン・スタビライザー　196
費用関数　41
　短期――　41,42
　長期――　46
費用曲線　43
　長期――　46
費用最小化原理　40
標準化　124
費用逓減産業　106,118
費用便益分析　132,133,134

ファンダメンタルズ　241
フィッシャー　230
フィリップス曲線　260
不完全競争市場　111
複占市場　111
含み損　250
負債　158
双子の赤字　212

プライス・テイカー　43,79,111
ブランド効果　24
ブランド志向　24
不良債権　246
　　——処理額　250
　　——問題　10
フリードマン　239
フリー・ライダー　136
フリー・ライド　145
フロー　156
文化の役割　289

平均費用　42
　長期——曲線　47
平均費用価格形成　110
　　——原理　119
閉鎖経済　207
ヘドニック法　135

貿易収支　209
包括的所得課税　204
法定準備預金　242
包絡線　46
補完財　25
補償原理　134
補助貨幣　230
ポスト工業化（脱工業化）　285
ホテリング　109
ボトルネック独占　122
ボーモル　235
ボーモル・オーツ税　138,140
本位貨幣　230

マ　行

マネーサプライ　230
マネタリストの主張　239
マネタリスト反革命　239
マネタリーベース　241,242

無差別曲線　31
　　——群　31
　　——の傾き　31

モノ　157
モラル・ハザード　53
モントリオール議定書　150

ヤ　行

有価証券の含み益　248

預金通貨　231
予算空間　34
予算制約　34
予算線　34
欲求の二重の一致　232
予備的貨幣需要　235
45度線分析　174,176,179,181

ラ　行

利潤　43
リスク管理債権　247
流動性のわな　238
量的緩和政策　246
リンダール　103
リンダール・メカニズム　105

レモンの原理　52

労働の生産性　276
ロジスティック曲線　279
ロンバード型貸出　246

ワ　行

ワシントン条約　150

編者略歴

武野　秀樹（たけの　ひでき）
兵庫大学経済情報学部教授
主要著作
『国民経済計算の基礎』東洋経済新報社，1970年．
『国民経済計算』有斐閣，1983年．

新谷　正彦（しんたに　まさひこ）
西南学院大学経済学部教授
主要著作
『日本農業の生産関数分析』大明堂，1983年．
The Process of Agricultural Growth in Thailand: Analysis of Long-Term Economic Statistics for the Period of 1950-1997, Kyushu University Press, 2003.

駄田井　正（だたい　ただし）
久留米大学経済学部教授
主要著作
『経済学説史のモデル分析』九州大学出版会，1989年．
A Framework of Economic Models in the Medium-run, 1997.

細江　守紀（ほそえ　もりき）
九州大学大学院経済学研究院教授
主要著作
『公共政策の経済学』（編著）有斐閣，1998年．
『法の経済分析』（共編）勁草書房，2001年．

現代経済学のコア
経済学概論

2003年4月15日　第1版第1刷発行
2005年3月10日　第1版第2刷発行

編者　武野　秀樹
　　　新谷　正彦
　　　駄田井　正
　　　細江　守紀

発行者　井村　寿人

発行所　株式会社　勁草書房

112-0005 東京都文京区水道2-1-1　振替 00150-2-175253
（編集）電話 03-3815-5277／FAX 03-3814-6968
（営業）電話 03-3814-6861／FAX 03-3814-6854
日本フィニッシュ・中永製本

©TAKENO Hideki, SHINTANI Masahiko, DATAI Tadashi, HOSOE Moriki　2003

ISBN4-326-54778-2　Printed in Japan

JCLS　＜㈱日本著作出版権管理システム委託出版物＞
本書の無断複写は著作権法上での例外を除き禁じられています。
複写される場合は、そのつど事前に㈱日本著作出版権管理システム
（電話03-3817-5670、FAX03-3815-8199）の許諾を得てください。

＊落丁本・乱丁本はお取替いたします。

http://www.keisoshobo.co.jp

今泉博国・駄田井正・薮田雅弘・細江守紀　監修
現代経済学のコア
A5判／並製／平均320頁

　現代経済学の今日的成果を取り入れた標準的教科書シリーズ，大学間の活発な交流をつうじた教育効果のある共通テキストをめざすとともに，大学でのカリキュラムの系統性に対応して，1・2年次，2・3年次，2・3・4年次，3・4年次および大学院むけにと分類し，そのレベルにあったテキストづくりをおこなう．

1・2年次
＊武野秀樹・新谷正彦・駄田井正・細江守紀編『経済学概論』3,045円
＊藤田渉・福澤勝彦・秋本耕二・中村博和編『経済数学』3,360円
＊永星浩一・福山博文編『情報解析と経済』3,045円

2・3年次
＊時政勗・三輪俊和・高瀬光夫編『マクロ経済学』3,045円
＊江副憲昭・是枝正啓編『ミクロ経済学』3,045円
　新谷正彦・佐伯親良・内山敏典編『計量経済学』
　大矢野栄次・長島正治編『国際経済学』
＊内田滋・西脇廣治編『金融』2,835円
＊水谷守男・古川清・内野順雄編『財政』2,835円

2・3・4年次
＊駄田井正・大住圭介・薮田雅弘編『現代マクロ経済学』3,045円
＊細井守紀・今泉博国・慶田收編『現代ミクロ経済学』3,045円
　緒方隆・須賀晃一・三浦功編『公共経済学』

3・4年次および大学院
　時政勗・薮田雅弘・今泉博国・有吉範敏編『環境経済学』
　大住圭介・川畑興求・筒井修二編『経済成長と動学』
　細江守紀・村田省三・西原宏編『情報とゲームの経済学』

＊は既刊．表示価格は2005年3月現在，消費税は含まれておりません．